Linux Firewall
Schnellkonfiguration

Till R. Dierkesmann

Linux Firewall
Schnellkonfiguration

mitp

Bibliografische Information Der Deutschen Bibliothek –
Die Deutsche Bibliothek verzeichnet diese Publikation in der
Deutschen Nationalbibliografie; detaillierte bibliografische
Daten sind im Internet über <http://dnb.ddb.de> abrufbar.

ISBN 3-8266-1584-0
1. Auflage 2006

Alle Rechte, auch die der Übersetzung, vorbehalten. Kein Teil des Werkes darf in irgendeiner Form (Druck, Fotokopie, Mikrofilm oder einem anderen Verfahren) ohne schriftliche Genehmigung des Verlages reproduziert oder unter Verwendung elektronischer Systeme verarbeitet, vervielfältigt oder verbreitet werden. Der Verlag übernimmt keine Gewähr für die Funktion einzelner Programme oder von Teilen derselben. Insbesondere übernimmt er keinerlei Haftung für eventuelle aus dem Gebrauch resultierende Folgeschäden.

Die Wiedergabe von Gebrauchsnamen, Handelsnamen, Warenbezeichnungen usw. in diesem Werk berechtigt auch ohne besondere Kennzeichnung nicht zu der Annahme, dass solche Namen im Sinne der Warenzeichen- und Markenschutz-Gesetzgebung als frei zu betrachten wären und daher von jedermann benutzt werden dürften.

Printed in Germany
© Copyright 2006 by mitp, REDLINE GMBH, Heidelberg
www.mitp.de

Lektorat: Ernst-H. Pröfener
Satz und Layout: DREI-SATZ, Husby
Druck: Media-Print, Paderborn

Inhaltsverzeichnis

	Einleitung	7
1	Kleine Einführung in Netzwerk-Protokolle	9
1.1	Einleitung	9
1.2	Grundbegriffe	9
1.3	IP-Adressen verstehen	9
1.4	Netzwerk-Maske	12
1.5	Subnetze	12
1.6	Routing	14
1.7	Tiefgreifendere Grundlagen	16
2	Begriffsklärung im Firewall-Umfeld	21
2.1	DMZ	21
2.2	Exploit	21
2.3	Firewall	22
2.4	Internet	22
2.5	IP-Spoofing	22
2.6	LAN	23
2.7	Man-In-The-Middle-Attack	24
2.8	Proxy	25
2.9	SNMP	25
2.10	VPN	25
2.11	Server	26
3	Programme für die Administration	29
3.1	FW-Builder	29
3.2	IPSec mit FreeS/WAN bzw. OpenSwan	49
3.3	iptables	62
3.4	snort	77
3.5	sudo	79
3.6	ssh	80
3.7	vi	84
3.8	SuSE Linux: Maschinen-Grundkonfiguration zur Security	86

4	**Firewalls**	97
4.1	Kleine Firewall-Lösungen	97
4.2	Firewall-Konfigurationen für den professionellen Einsatz	106
4.3	Log auf der Firewall	154
5	**Netzwerk-Konfiguration und -Diagnose**	157
5.1	Netzwerk-Konfiguration	157
5.2	Netzwerk-Diagnose	175
6	**Kleine Einführung in Anti-Spam**	185
6.1	Juristische Überlegungen	185
6.2	Filterarten	186
6.3	SMTP-Server	188
A	**Maschinen/Subnetze**	197
A.1	Class B	197
A.2	Class C	198
B	**Protokoll-Liste**	199
B.1	Assigned Internet Protocol Numbers	199
C	**Port-Liste**	203
D	**CD-ROM**	209
D.1	scripts	209
D.2	www.fwbuilder.org	209
E	**RFC**	211
E.1	RFC 1918	211
	Abkürzungsverzeichnis	221
	Stichwortverzeichnis	223

Einleitung

Eine Firewall, zu deutsch «Brandschutzmauer»[1], soll den internen PC oder das interne Netzwerk vor dem Internet schützen. Gerade in einer Firma ist es immer problematisch, wenn das Netz nur durch einen so genannten «NAT-Router» geschützt ist. Mit etwas Know-how, das bei Crackern[2] meist vorhanden ist, kann der Router überwunden werden und das Netz ist für den Cracker offen. Nicht viel besser sieht es mit einer falsch konfigurierten Firewall aus. Einmal hatte mir ein Bekannter voll Stolz seine Firewall präsentiert. Bei der Kurzkontrolle stellte ich dann fest, dass die Firewall-Regeln nicht nur einen Cracker nicht aufhalten konnten, sondern dass sie sogar komplett offen war. Dasselbe gilt für einen falsch oder nicht konfigurierten ADSL-Router. Die meisten Besitzer dieser Geräte machen sich oft aus Unwissenheit nicht mal die Mühe, das Gerät richtig zu konfigurieren. Selbst ein korrekt konfigurierter ADSL-Router ist nur ein Notnagel, wenn nicht gleichzeitig eine Firewall darauf läuft. Besser ist, den Router als «Bridge» zu benutzen und stattdessen eine Firewall zum Schutz einzusetzen.

Wenn eine private Maschine direkt im Internet hängt und richtig konfiguriert ist, kann sie auch Angriffen standhalten, solange keine neuen Sicherheitslücken bekannt werden. Einzelne Maschinen können auch mit einer einfachen Firewall geschützt werden. Bei einem Netz hingegen ist das zu wenig.

Es ist immer ein «Hase-und-Igel»-Spiel zwischen den Programmierern, die Patches für Fehler in Programmen schreiben müssen, den Antiviren-Herstellern und den Crackern. Deshalb ist es wichtig, möglichst wenig Angriffsfläche zu bieten. Sie dürfen dabei nicht vergessen, dass die Cracker fast immer schneller sind, wenn es darum geht, neue Sicherheitslücken auszunützen. Bis dann der Patch verfügbar ist, vergeht immer etwas Zeit, in der die Cracker schon fleißig «üben». Schlimmer noch – manche großen Software-Firmen versuchen zu verhindern, dass Sie etwas über die Sicherheitslücken erfahren, bis sie die Programmkorrekturen nachgeliefert haben. Die Cracker hacken währenddessen des öfteren schon fleißig auf diese Sicherheitslücken ein. Da bietet dann eine Firewall einen guten Schutz, indem sie – bei richtiger Konfiguration – nur den von Ihnen erlaubten Traffic durchlässt.

---

1   Die wörtliche Übersetzung «Feuerwand» bzw. «Brandschutzmauer» gibt die Bedeutung der Firewall nur unzureichend wieder. Deshalb verwendet der Autor im Buch den englischen Begriff.
2   In der Szene werden Hacker als die «Guten» bezeichnet, Cracker hingegen sind die «Bösen».

Wenn Sie eine Firewall für unnötig halten, überlegen Sie, welche Schäden entstehen, wenn

- Ihre Maschine kompromittiert wird und Sie sie neu aufsetzen müssen.
- Ihre Daten wie Passwörter, allfällige Kreditkarten- und Konten-Informationen gestohlen werden. Mit diesen kann ein Dieb innerhalb kürzester Zeit (je nach Infos Minuten (!)) Ihr Konto leer räumen und Sie somit schwer schädigen.
- Ihre Maschine oder gar das Netz für ungesetzlichen Datenaustausch wie Kinderpornografie missbraucht wird. Juristisch kommen dann zuerst Sie dran, denn Sie müssen dann beweisen, dass nicht Sie den Datenaustausch ermöglicht haben.
- Ihr Mail-Server als Spam-Relay missbraucht wird. In diesem Fall haben Sie hinterher größte Schwierigkeiten, Ihren Mail-Server wieder für den Mail-Versand freizubekommen – oft ist dann Ihre Domain in Blacklists eingetragen.
- Ihr Kunde eine E-Mail – angeblich von Ihnen – erhält, dieses aber einen Virus oder Wurm enthält. Wenn Sie Pech haben, haben Sie damit den Kunden verloren.

Viele kommerzielle Firewalls sind teuer. Für den Privatgebrauch sind diese sowieso unerschwinglich. Oft steht aber noch ein etwas älterer PC herum, der für die aktuellen Betriebssysteme und Programme zu klein ist, für eine Firewall aber sehr wohl noch ausreichend ist.

Firmen hingegen haben sehr wohl den Bedarf nach einer professionellen Firewall, manchmal aber kein oder nur wenig Geld für oft sehr teure Lösungen. Vor allem in KMUs[3] sind die großen Lösungen zu viel des Guten.

In vielen KMUs gibt es keinen oder nur einen einzigen Administrator, der dann die normalen Server und PCs zu betreuen hat. Da auch das des öfteren ein «Nebenjob» ist, ist der Administrator mit der Betreuung der Firewall oft vollends überfordert.

Und – warum sollten Sie viel Geld für spezielle Firewall-Software ausgeben, wenn Linux sehr gute Lösungen bietet. Dann zahlen Sie «nur» die Konfiguration, wenn Sie die nicht auch selbst erledigen.

Die in diesem Buch beschriebenen Verfahren und Konfigurationen sind nach bestem Wissen und Gewissen des Autors entstanden. Da aber Fehler nie auszuschließen sind, geschieht die Verwendung auf Ihre Verantwortung.

---

3   Abkürzungsverzeichnis auf Seite 221.

Kleine Einführung in Netzwerk-Protokolle

1.1 Einleitung[4]

Hier bekommen Sie eine Grundeinführung, die Sie benötigen, um Routing zu verstehen. In diesem Zusammenhang wird Ihnen hier gezeigt, wie Adressen und Subnetze berechnet werden.

1.2 Grundbegriffe

Damit Sie die Grundbegriffe verstehen, werden diese hier noch beschrieben:

Adresse Die eindeutige numerische ID, die einer Maschine oder einer Netzwerkkarte im Netz zugewiesen wird.

Subnetz Ein Teil eines Netzes, das sich dasselbe Subnetz teilt.

Subnetz-Maske Eine 32-Bit-Kombination, um zu beschreiben, welcher Teil einer Adresse auf das Subnetz verweist und welcher Teil dem Host «allein» gehört.

Interface Eine Netzwerkkarte.

Wenn Sie nicht planen, eine Verbindung ins Internet aufzubauen, sei Ihnen trotzdem dringend empfohlen, nur reservierte Adressen gemäß RFC1918[5] zu verwenden.

1.3 IP-Adressen verstehen

Eine IP-Adresse ist eine Adresse, die ein Netzwerk-Device auf einem Netzwerk eindeutig identifiziert. Die Adresse setzt sich aus 32 Bits zusammen, die in einen Netzwerk-Teil und einen Host-Teil zerlegt werden. Die Aufteilung wird durch die Subnetzmaske definiert. Die 32 Bit werden in vier Octets aufgetrennt. Ein Octet

---

[4] Eine gute englische Beschreibung finden Sie auch auf http://www.cisco.com/warp/public/701/3.html#ustand_ip_add.
[5] Sie finden die RFC 1918 auf Seite 211.

sind 8 Bits. Jedes Octet wird in das Dezimalsystem umgerechnet und dann durch einen Punkt vom nächsten getrennt. Deshalb wird eine IP-Adresse im Dezimalformat, getrennt mit Punkten, ausgedrückt, z.B. 192.168.1.10. Der Wert jedes Octets beträgt

Dezimalsystem	0–255
Binärsystem	00000000–11111111

Das Binärsystem ist vergleichbar mit dem Dezimalsystem, im Dezimalsystem betragen die Zahlen einer Ziffer 0–9, im Binärsystem hingegen nur 0–1. Eine dezimale 2 drückt sich deshalb binär aus als 10. Eine kleine Tabelle zum Veranschaulichen:

Dezimal	Binär
1	1
2	10
3	11
4	100
5	101
6	110

Das Ganze in einer nochmals anderen Form:

```
1   1   1   1 1 1 1 1
128 64  32  16 8 4 2 1  (128+64+32+16+8+4+2+1=255)
```

Daraus ergibt sich für die IP dezimal und binär:

```
192      .168     .1       .10
11000000.10101000.00000001.00001010
```

Es wird historisch zwischen fünf verschiedenen Netzen – Class A bis E – unterschieden. Heute spielen nur Class A bis C eine Rolle. Die Klasse wird durch die drei ersten Bits der IP bestimmt. Die Class D und E sind zur Information ebenfalls auf der Grafik[6] enthalten:

---

6 Vgl. http://www.cisco.com/warp/public/701/3.html.

IP-Adressen verstehen

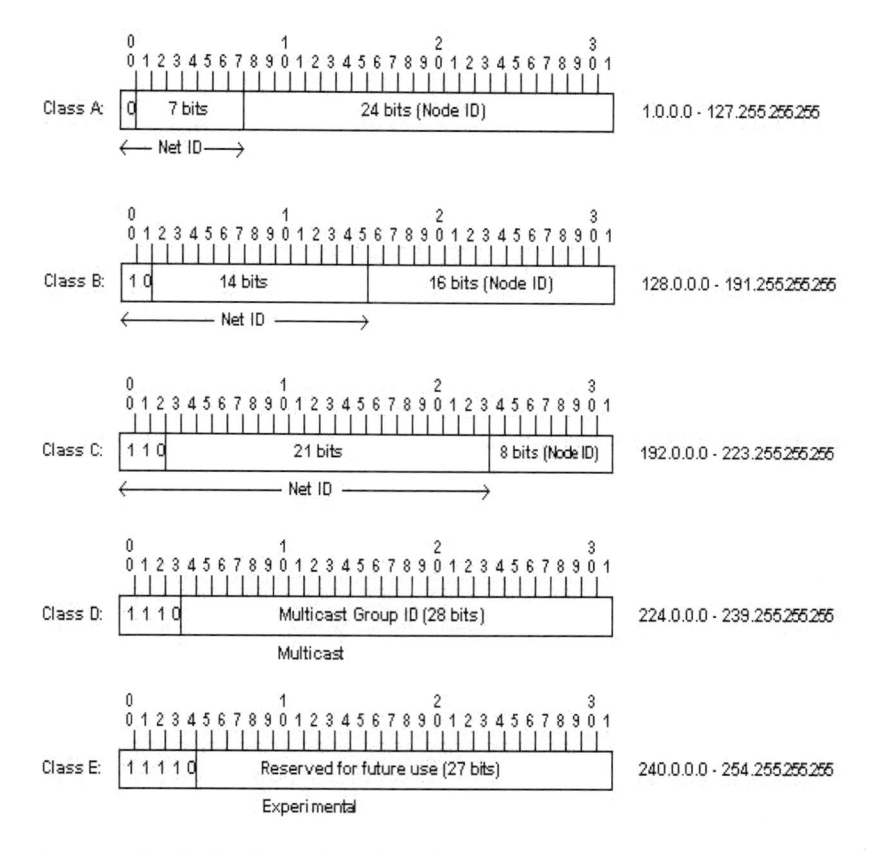

```
              0                   1                   2                   3
              0 1 2 3 4 5 6 7 8 9 0 1 2 3 4 5 6 7 8 9 0 1 2 3 4 5 6 7 8 9 0 1
Class A:    | 0 |   7 bits    |            24 bits (Node ID)              |    1.0.0.0 - 127.255.255.255
            <- Net ID ->


              0                   1                   2                   3
              0 1 2 3 4 5 6 7 8 9 0 1 2 3 4 5 6 7 8 9 0 1 2 3 4 5 6 7 8 9 0 1
Class B:    | 1 0 |    14 bits       |         16 bits (Node ID)          |    128.0.0.0 - 191.255.255.255
            <-------- Net ID -------->


              0                   1                   2                   3
              0 1 2 3 4 5 6 7 8 9 0 1 2 3 4 5 6 7 8 9 0 1 2 3 4 5 6 7 8 9 0 1
Class C:    | 1 1 0 |           21 bits              |  8 bits (Node ID)  |    192.0.0.0 - 223.255.255.255
            <----------- Net ID ------------>


              0                   1                   2                   3
              0 1 2 3 4 5 6 7 8 9 0 1 2 3 4 5 6 7 8 9 0 1 2 3 4 5 6 7 8 9 0 1
Class D:    | 1 1 1 0 |           Multicast Group ID (28 bits)            |    224.0.0.0 - 239.255.255.255
                                  Multicast


              0                   1                   2                   3
              0 1 2 3 4 5 6 7 8 9 0 1 2 3 4 5 6 7 8 9 0 1 2 3 4 5 6 7 8 9 0 1
Class E:    | 1 1 1 1 0 |       Reserved for future use (27 bits)         |    240.0.0.0 - 254.255.255.255
                                  Experimental
```

Die Unterschiede drücken sich auch in der Anzahl der zur Verfügung stehenden Adressen aus:

Class A	erstes Bit	16777214
Class B	erstes und zweites Bit	65534
Class C	erstes bis drittes Bit	256

Kapitel 1
Kleine Einführung in Netzwerk-Protokolle

1.4 Netzwerk-Maske

Die Netzwerk-Maske (Englisch «network mask», kurz «netmask») definiert, welcher Teil der IP zum Netz gehört und welchen Teil die Maschinen unter sich aufteilen dürfen. Die Class A bis C haben verschiedene Default-Masks:

```
Class A: 255.0.0.0
```

```
Class B: 255.255.0.0
```

```
Class C: 255.255.255.0
```

Die Netz-ID ist damit jeweils auf das erste, das erste und zweite und das erste bis dritte Octet festgelegt. Bei unserem Beispiel aus dem Class C-Netz darf also das letzte Octet für die verschiedenen Maschinen verändert werden.

```
192     .168    .1      .10
11000000.10101000.00000001.00001010
Netz-ID                  | Host-ID
```

Sobald eine Maschine aus diesem Netz raus möchte, muss deshalb das Routing für die Adressen außerhalb dieses Netzes gesetzt werden.

1.5 Subnetze

Subnetze erlaubt es Ihnen, ein einzelnes Class-Netz in verschiedene logische Netze aufzuteilen. Ein Subnetz ist logisch ein eigenes Netz. Wenn Sie das Netz nicht aufteilen, bekommen Sie ein Problem, wenn Sie Teile des Netzes hinter einem Router haben, da die dort laufenden Maschinen von den Maschinen vor dem Router nicht erreicht werden können und umgekehrt (von einer Spezialkonfiguration mal abgesehen).

Jeder Maschine im Subnetz wird der Gateway des Subnetzes als Default-Gateway angegeben, und dieser weiß dann (nach entsprechender Konfiguration), wo die anderen (Sub-)Netze erreichbar sind.

Subnetze werden aufgeteilt, indem die Netzmaske mit weiteren 1 aufgefüllt wird:

```
192.168.1.0     -   11001100.00001111.00000101.00000000
255.255.255.224 -   11111111.11111111.11111111.11110000
                    -------------------------|sub|----
```

Subnetze

Durch diese Erweiterung ist die Subnetzmaske 255.255.255.224. Die 240 ergibt sich aus den drei Bits, die die dezimalen Zahlen 128+64+32 repräsentieren. Zum Errechnen der Anzahl Subnetze, die Sie aus einem ganzen Netz erzeugen können:

256−224=32   -> 32 Adressen

256/32=8 Subnetze.

Damit haben wir die folgenden Subnetze erzeugt:

Netz	Netzmaske	IPs
192.168.1.0	255.255.255.224	1 bis 30
192.168.1.32	255.255.255.224	33 bis 62
192.168.1.64	255.255.255.224	65 bis 94
192.168.1.96	255.255.255.224	97 bis 126
192.168.1.128	255.255.255.224	129 bis 158
192.168.1.160	255.255.255.224	161 bis 190
192.168.1.192	255.255.255.224	193 bis 222
192.168.1.224	255.255.255.224	225 bis 254

Von der theoretischen Anzahl Adressen können immer zwei nicht verwendet werden:

- die Netzwerkadresse   erste Adresse des Bereichs
- die Broadcastadresse   letzte Adresse des Bereichs

Es gibt noch eine zweite Variante, die 255.255.255.224 zu schreiben. Dazu werden einfach die Anzahl Einsen der Netzmaske zusammengezählt, was die Länge der Netzwerk-ID ergibt:

```
255.255.255.224 - 11111111.11111111.11111111.11110000 - 27
```

Deshalb bedeuten die folgenden Schreibweisen dasselbe:

```
192.168.1.0/255.255.255.224
192.168.1.0/27
```

Die Aufteilung der acht Netze kann dann z.B. so aussehen (hier nur sieben Netze):

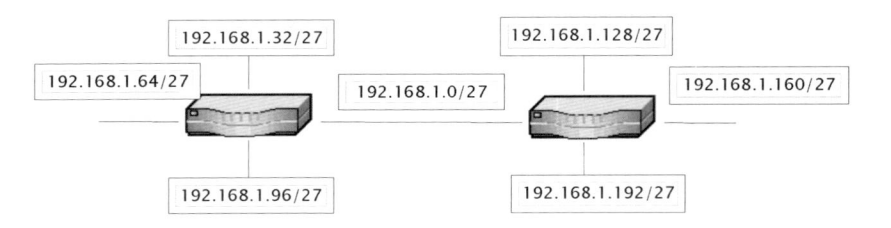

Kapitel 1
Kleine Einführung in Netzwerk-Protokolle

```
              192.168.1.32/27              192.168.1.128/27
192.168.1.64/27                                              192.168.1.160/27
                          192.168.1.0/27
              192.168.1.96/27              192.168.1.192/27
```

Bitte beachten Sie, dass jeder Router vier Netze hat. Die drei Netze, die am jeweils anderen Router hängen, müssen dem Router mitgeteilt werden, da er sonst nicht weiß, wohin mit den Anfragen an diese Netze.

Zur Anzahl der übrig bleibenden IPs: Es bleiben für jedes Netz 30 IPs zur Verfügung, wie wir oben gesehen haben. Jeweils eine IP geht für den Router «verloren», sodass hier noch 29 IPs für verschiedene Maschinen übrig bleiben.

1.6 Routing

Die Maschinen müssen wissen, wie sie andere Netzwerke erreichen. Im einfachsten Fall braucht es dafür einen einzelnen Default-Gateway. Firewalls oder dedizierte Router hingegen müssen «wissen», an welche Maschine sie für welches Netz das IP-Päckchen abgeben müssen. Dafür dient das Netzwerk-Routing. Eine Maschine läuft auf der IP 192.168.1.3. Da kann die Routing-Tabelle z.B. folgendermaßen aussehen:

```
Kernel IP Routentabelle
Ziel            Router          Genmask             Flags   Mss Fenster irtt Iface
192.168.12.2    0.0.0.0         255.255.255.255     UH      0   0       0    tun2
192.168.12.22   0.0.0.0         255.255.255.255     UH      0   0       0    tun4
192.168.1.0     0.0.0.0         255.255.255.0       U       0   0       0    eth0
192.168.2.0     192.168.1.2     255.255.255.0       U       0   0       0    eth0
127.0.0.0       0.0.0.0         255.0.0.0           U       0   0       0    lo
0.0.0.0         192.168.1.1     0.0.0.0             UG      0   0       0    eth0
```

- Diese Maschine «residiert» in einem 192.168.1.0/24-er Netz, das direkt über eth0 erreichbar ist.
- Der Default-Gateway ist die Maschine 192.168.1.1.
- Das Netz 192.168.2.0/24 ist über den Router 192.168.1.2 erreichbar.
- Es bestehen die zwei Tunnel «tun2» und «tun4», auf denen dann die Maschinen 192.168.12.2 und 192.168.12.22 erreichbar sind.
- «lo» ist das interne Interface für «localhost».

Jede Maschine hat eine eindeutige ID auf der Netzwerkkarte, die MAC-Adresse. Die Maschinen, die «direkt» erreichbar sind auf eth0, werden dadurch erreicht, dass die Maschine einen arp-Request rausschickt, der etwa folgendermaßen lautet:

Frage: Hallo, wer hat 192.168.1.15?
Antwort: Ich habe 192.168.1.15 und die MAC 00:06:04:58:F8:54.

Und schon weiß die Maschine, dass sie alles, was für 192.168.1.15 bestimmt ist, an die MAC 00:06:04:58:F8:54 senden muss.

Im «Fachchinesisch» beim Sniffen (`tcpdump arp -n`) auf der Netzwerkkarte sieht das so aus:

Frage: `arp who-has 192.168.1.15 tell 192.168.1.3`
Antwort: `arp reply 192.168.1.15 is-at 00:06:04:58:f8:54`

Angenommen, eine Maschine mit der IP 192.168.5.1 ist ebenfalls direkt ohne Router erreichbar. Das ist zwar nicht schön, aber durchaus möglich mit dem Befehl:

```
route add -host 192.168.5.1 dev eth0
```

Normalerweise würde die Maschine 192.168.5.1 Requests an ihre Adresse nicht beantworten, da sie die Antwort über den Gateway routen müsste, und arp-Requests werden nicht geroutet. Diese Maschine hat zwei Netzwerkkarten und ist über eth1 mit diesem Netz verbunden. Deshalb muss auf der Maschine 192.168.5.1 der Befehl ausgeführt werden:

```
route add -host 192.168.1.3 dev eth1
```

So wissen beide Maschinen, dass sie den arp-Request auf eth0 bzw. eth1 propagieren müssen und das IP-Päckchen nicht beim Gateway abgeben dürfen.

Häufiger kommt folgender Fall vor: Ein Client erhält über DHCP eine eigene IP, z.B. die 192.168.1.225 mit einer Netzmaske 255.255.255.255. Damit könnte die Maschine über das Netz nur sich selbst (!) erreichen. Damit sie nun weiß, wo sie die IP-Päckchen abgeben kann, muss der Gateway ihr mitgeteilt werden. Dafür braucht es aber zwei (!) Befehle:

```
route add -host 192.168.1.3 dev eth0
route add default gw 192.168.1.3
```

Damit ist nun die Maschine 192.168.1.3 der Gateway des Clients. Bei manchen Spezialkonstellationen müssen Sie hinten noch «`dev eth0`» anhängen. Solche Dinge machen z.B. viele Internet-Provider, wenn sie über DHCP die IPs verteilen. Damit versuchen sie sicherzustellen, dass die Clients sich nicht gegenseitig stören.

1.7 Tiefgreifendere Grundlagen

Wenn Sie sich für die tief greifenderen Grundlagen interessieren, wie Netzwerke überhaupt funktionieren, sind die folgenden Informationen für Sie bestimmt nützlich. Auch wenn Sie mal schwerwiegendere Probleme im Netzwerk-Bereich aufspüren müssen, kann Ihnen das Folgende nützlich sein. Anderenfalls überspringen Sie dieses Kapitel.

1.7.1 OSI-Modell [7]

Das OSI-Schichtenmodell ist die Basis des Netzwerk-Verkehrs. Hier bekommen Sie einen Überblick:

	OSI-Schicht	Englisch	Einordnung	Protokollbeispiel	TCP/IP-Schicht	Einordnung	Protokollbeispiel
7	Anwendung	Application	Anwendungsorientiert	FTAM	Anwendung	Ende zu Ende (Multihop)	HTTP FTP HTTPS NCP
6	Darstellung	Presentation					
5	Sitzung	Session		ISO 8326			
4	Transport	Transport	Transportorientiert	ISO 8072	Host to Host		TCP UDP ICMP IGMP SPX
3	Vermittlung	Network		CLNP	Internet		IP IPX
2	Sicherung	Data Link		HDLC	Netzwerk	Punkt zu Punkt	Ethernet Token Ring FDDI ARCNET
1	Bitübertragung	Physical		X.21			

Anscheinend herrscht aber über Einzelheiten des OSI-Modells Uneinigkeit, denn je nach Referenz wird ICMP auf Ebene 3 gesehen und nicht wie hier auf Ebene 4.

---

7 Vgl. `http://de.wikipedia.org/wiki/OSI-Modell`.

Schicht 7 Anwendungsschicht

(engl. application layer, auch: Verarbeitungsschicht, Anwenderebene): Die Verarbeitungsschicht ist die oberste der sieben hierarchischen Schichten. Sie stellt den Anwendungen eine Vielzahl an Funktionalitäten zur Verfügung (zum Beispiel Datenübertragung, E-Mail, Virtual Terminal, Remote login etc.).

Schicht 6 Darstellungsschicht

(engl. presentation layer, auch: Datendarstellungsschicht, Datenbereitstellungsebene): Die Darstellungsschicht setzt die systemabhängige Darstellung der Daten (zum Beispiel ASCII, EBCDIC) in eine unabhängige Form um und ermöglicht somit den syntaktisch korrekten Datenaustausch zwischen unterschiedlichen Systemen. Auch Aufgaben wie die Datenkompression und die Verschlüsselung gehören zur Schicht 6.

Schicht 5 Sitzungsschicht

(engl. session layer, auch: Kommunikationssteuerungsschicht, Steuerung logischer Verbindungen, Sitzungsebene): Um Zusammenbrüche der Sitzung und ähnliche Probleme zu beheben, stellt die Sitzungsschicht Dienste für einen organisierten und synchronisierten Datenaustausch zur Verfügung. Zu diesem Zweck werden Wiederaufsetzpunkte, so genannte Fixpunkte (Check Points), eingeführt, an denen die Sitzung nach einem Ausfall einer Transportverbindung wieder synchronisiert werden kann, ohne dass die Übertragung wieder von vorne beginnen muss.

Schicht 4 Transportschicht

(engl. transport layer, auch: Ende-zu-Ende-Kontrolle, Transport-Kontrolle): Zu den Aufgaben der Transportschicht zählen die Segmentierung von Datenpaketen und die Stauvermeidung (engl. congestion control). Die Transportschicht ist die unterste Schicht, die eine vollständige Ende-zu-Ende-Kommunikation zwischen Sender und Empfänger zur Verfügung stellt. Sie bietet den anwendungsorientierten Schichten 5–7 einen einheitlichen Zugriff, sodass diese die Eigenschaften des Kommunikationsnetzes nicht zu berücksichtigen brauchen. Fünf verschiedene Dienstklassen unterschiedlicher Güte sind in Schicht 4 definiert und können von den oberen Schichten benutzt werden, vom einfachsten bis zum komfortabelsten Dienst mit Multiplexmechanismen, Fehlersicherungs- und Fehlerbehebungsverfahren.

Schicht 3 Vermittlungsschicht

(engl. network layer, auch: Paketebene): Die Vermittlungsschicht sorgt bei verbindungsorientierten Diensten für das Schalten von Verbindungen und bei paketorientierten Diensten für die Weitervermittlung von Datenpaketen. Die Datenübertragung geht in beiden Fällen jeweils über das gesamte Kommunikationsnetz hinweg und schließt die Wegesuche (Routing) zwischen den Netzknoten mit ein. Da nicht immer eine direkte Kommunikation zwischen Absender und Ziel möglich ist, müssen Pakete von Knoten, die auf dem Weg liegen, weitergeleitet werden. Weitervermittelte Pakete gelangen nicht in die höheren Schichten, sondern werden mit einem neuen Zwischenziel versehen und an den nächsten Knoten gesendet. Zu den Aufgaben der Vermittlungsschicht zählt der Aufbau und die Aktualisierung von Routingtabellen sowie die Flusskontrolle. Auch die Netzadressen gehören zu dieser Schicht. Da ein Kommunikationsnetz aus mehreren Teilnetzen unterschiedlicher Technologien bestehen kann, sind in dieser Schicht auch die Umsetzungsfunktionen angesiedelt, die für eine Weiterleitung zwischen den Teilnetzen notwendig sind. Hardware auf dieser Schicht: Router.

Schicht 2 Sicherungsschicht

(engl. data link layer, auch: Verbindungssicherungsschicht, Verbindungsebene, Prozedurebene): Aufgabe der Sicherungsschicht ist es, eine sichere, das heißt weitgehend fehlerfreie Übertragung zu gewährleisten und den Zugriff auf das Übertragungsmedium zu regeln. Dazu dient das Aufteilen des Bitdatenstroms in Blöcke und das Hinzufügen von Folgenummern und Prüfsummen. Durch Fehler verfälschte oder verloren gegangene Blöcke können vom Empfänger durch Quittungs- und Wiederholungsmechanismen erneut angefordert werden. Die Blöcke werden auch als Frames oder Rahmen bezeichnet. Eine so genannte Flusskontrolle macht es möglich, dass ein Empfänger dynamisch steuert, mit welcher Geschwindigkeit die Gegenseite Blöcke senden darf. Die amerikanische Ingenieursorganisation IEEE sah die Notwendigkeit, auch den konkurrierenden Zugriff auf ein Übertragungsmedium zu regeln, was im OSI-Modell nicht vorgesehen ist. Hardware auf dieser Schicht: Bridge, Switch (Multiport-Bridge).

Schicht 1 Bitübertragungsschicht

(engl. physical layer): Die Bitübertragungsschicht ist die niedrigste Schicht. Die physische Schicht stellt mechanische, elektrische und weitere funktionale Hilfsmittel zur Verfügung, um physische Verbindungen zu aktivieren bzw. zu deaktivieren, sie aufrechtzuerhalten und Bits darüber zu übertragen.

Das können zum Beispiel elektrische Signale, optische Signale (Lichtleiter, Laser), elektromagnetische Wellen (drahtlose Netze) oder Schall sein. Die für sie verwendeten Verfahren bezeichnet man als übertragungstechnische Verfahren.

Geräte und Netzkomponenten, die der Bitübertragungsschicht zugeordnet werden, sind zum Beispiel die Antenne und der Verstärker, Stecker und Buchse für das Netzkabel sowie das Kabel selbst, der Repeater, der Hub, das T-Stück und der Endwiderstand (Terminator).

Auf der physischen Schicht wird die digitale Bitübertragung auf einer leitungsgebundenen oder leitungslosen Übertragungsstrecke bewerkstelligt.

Die gemeinsame Nutzung eines Übertragungsmediums kann auf dieser Schicht durch statisches oder dynamisches Multiplexen erfolgen.

Dies erfordert neben den Spezifikationen bestimmter Übertragungsmedien (zum Beispiel Kupferkabel, Lichtwellenleiter, Stromnetz, Luft) und der Definition von Steckverbindungen noch weitere Elemente. Darüber hinaus muss auf dieser Ebene gelöst werden, auf welche Art und Weise überhaupt ein einzelnes Bit übertragen werden soll.

Damit ist Folgendes gemeint: In Rechnernetzen wird heute Information zumeist in Form von Bitfolgen übertragen. Selbstverständlich sind dem Übertragungsmedium selbst, zum Beispiel einem Kupferkabel im Falle elektrischer Übertragung oder auch der Luft im Falle von Funkübertragung, die Werte 0 und 1 unbekannt. Für jedes Medium muss daher eine Codierung dieser Werte gefunden werden, beispielsweise ein Stromimpuls von bestimmter Spannung oder eine Funkwelle mit bestimmter Frequenz, jeweils bezogen auf eine bestimmte Dauer. Für ein spezifisches Netz müssen diese Aspekte präzise definiert werden. Dies geschieht mithilfe der Spezifikation der Bitübertragungsschicht eines Netzes.

«Eselsbrücken» zum OSI-Modell

Um sich die sieben Schichten Application, Presentation, Session, Transport, Network, Data Link und Physical einfacher einzuprägen, können Sie sich diese über eine «Eselsbrücke» merken:

Application	Presentation	Session	Transport	Network	Data Link	Physical
All	people	seem	to	need	data	processing
Alle	Personen	schuften	täglich	nach	der	Pause

1.7.2 TCP/IP-Referenzmodell [8]

Zur Gliederung der Kommunikationsaufgaben werden in Netzwerken funktionale Ebenen, so genannte Schichten, unterschieden. Für die Internet-Protokoll-Familie ist dabei das **TCP/IP-Referenzmodell** maßgebend. Es beschreibt den Aufbau und das Zusammenwirken der Netzwerkprotokolle aus der Internet-Protokoll-Familie und gliedert sie in vier aufeinander aufbauende Schichten. Man spricht daher auch von einem Protokollstapel (protocol stack).

Das TCP/IP-Referenzmodell ist auf die Internet-Protokolle zugeschnitten, die den Datenaustausch über die Grenzen lokaler Netzwerke hinaus ermöglichen („Internetworking"). Es wird weder der Zugriff auf ein Übertragungsmedium noch die Datenübertragungstechnik definiert. Die Internet-Protokolle sind vielmehr dafür

---

8 Vgl. http://de.wikipedia.org/wiki/TCP/IP-Referenzmodell.

zuständig, Datenpakete über mehrere Punkt-zu-Punkt-Verbindungen (Hops) weiterzuvermitteln und auf dieser Basis Verbindungen zwischen Netzwerkteilnehmern über mehrere Hops herzustellen.

TCP/IP-Schicht	OSI-Schicht	Beispiel
Anwendungsschicht	5-7	HTTP
Transportschicht	4	TCP, UDP
Internetschicht	3	IPv4, IPv6
Netzwerkschicht	1-2	Ethernet

Um Probleme der Netzwerkkommunikation im Allgemeinen zu betrachten, greift man stattdessen auf das OSI-Referenzmodell zurück.

Anwendungsschicht

Die Anwendungsschicht umfasst alle Protokolle, die mit Anwendungsprogrammen zusammenarbeiten und die Netzwerkinfrastruktur für den Austausch anwendungsspezifischer Daten nutzen.

Transportschicht

Die Transportschicht stellt eine Ende-zu-Ende-Verbindung her. Das wichtigste Protokoll dieser Schicht ist das Transmission Control Protocol (TCP), das Verbindungen zwischen jeweils zwei Netzwerkteilnehmern zum gesicherten Versenden von Datenströmen herstellt.

Internetschicht

Die Internetschicht ist für die Weitervermittlung von Paketen und die Wegewahl (Routing) zuständig. Auf dieser Schicht und den darunter liegenden Schichten werden Punkt-zu-Punkt-Verbindungen betrachtet. Die Aufgabe dieser Schicht ist es, zu einem empfangenen Paket das nächste Zwischenziel zu ermitteln und das Paket dorthin weiterzuleiten. Kern dieser Schicht ist das Internet Protocol (IP), das einen unzuverlässigen, verbindungslosen Paketauslieferungsdienst bereitstellt.

Netzwerkschicht

Die Netzwerkschicht ist im TCP/IP-Referenzmodell spezifiziert, enthält jedoch keine Protokolle der TCP/IP-Familie. Sie ist vielmehr als Platzhalter für verschiedene Techniken zur Datenübertragung von Punkt zu Punkt zu verstehen. Die Internet-Protokolle wurden mit dem Ziel entwickelt, verschiedene Subnetze zusammenzuschließen. Daher kann die Host-an-Netz-Schicht durch Protokolle wie Ethernet, Token Ring oder FDDI ausgefüllt werden.

Kapitel 2

Begriffsklärung im Firewall-Umfeld

Viele Begriffe sind für Administratoren im Firewall-Umfeld selbstverständlich. Aber was bedeuten nun die Abkürzungen? Deshalb hat der Autor hier die wichtigsten Begriffe noch einmal aufgeschlüsselt. Wenn Sie sich bereits damit auskennen, können Sie diesen Absatz überspringen.

2.1 DMZ

In einer professionellen Umgebung dürfen die internen Maschinen normalerweise nie direkt mit dem Internet verbunden sein. Deshalb wird eine DMZ, eine «DeMilitarized Zone», dazwischengeschaltet. Darunter versteht man eine Zwischenzone zwischen LAN und Internet. Die DMZ ist nicht so stark abgesichert wie das Intranet, aber andererseits den Angriffen des Internets nicht schutzlos ausgeliefert. Das ist vergleichbar mit einer Burg, die nicht nur durch eine Mauer, sondern zusätzlich durch einen Graben gesichert war.

Die DMZ beherbergt einmal Maschinen, die als Gateway zwischen LAN und Internet fungieren. Zum Weiteren werden hier die Maschinen platziert, die einen Dienst im Internet anbieten sollen, wie z.B. ein DNS- oder Web-Server.

2.2 Exploit

Das Wort «Exploit» kommt aus dem Englischen und bedeutet «ausnützen». Unter einem Exploit versteht man einen Fehler in der Software, der es einem Angreifer ermöglicht, mit wenig Aufwand die Maschine zum Absturz zu bringen oder gar zu übernehmen.

Sobald Sie sich ungeschützt im Internet bewegen, sind Sie gefährdet. Manchmal genügt aber der Zugriff über Ihren Browser auf eine bösartige Web-Seite, und Ihre Maschine wird übernommen. Wenn Sie Pech haben – und das haben viele Zeitgenossen –, merken Sie nicht einmal etwas davon, dass die Maschine nicht mehr wirklich unter Ihrer Kontrolle ist.

2.3 Firewall

Der Begriff Firewall hat sich mittlerweile auch im Neudeutschen eingebürgert, sodass er fast nicht mehr erklärt werden muss. Die passendste deutsche Übersetzung ist «Brandschutzmauer». Eine Brandschutzmauer trennt zwei Gebäude oder Gebäudeteile, damit im Fall eines Brandes dieser nur in einem Teil wüten kann und nicht auf den zweiten Gebäudeteil überspringt.

So soll eine Firewall das eigene Netzwerk vor dem Internet oder anderen Netzwerken schützen.

2.4 Internet

Das Internet ist auch bekannt unter dem Begriff Web, das eigentlich eine Abkürzung von World Wide Web, kurz WWW, ist. Web ist er englische Ausdruck für Netz. Der Ausdruck heißt also «weltweites Netz».

Historisch ist das Internet aus dem Arpanet, einem amerikanischen militärischen Netz, entstanden. Heute kommt es uns als selbstverständlich vor. Dabei war noch 1995 die ersten Version von Windows 95 oder OS/2 teilweise noch nicht einmal mit einem vernünftigen Netzwerk-Client ausgerüstet.

2.5 IP-Spoofing [9]

IP-Spoofing bezeichnet in Computernetzen das Versenden von IP-Paketen mit gefälschter Quell-IP-Adresse.

Der Header jedes IP-Pakets enthält dessen Quelladresse. Dies sollte die Adresse sein, von der das Paket gesendet wurde. Indem er den Header so fälscht, dass er eine andere Adresse enthält, kann ein Angreifer das Paket so aussehen lassen, als ob es von einer anderen Maschine gesendet wurde. Dies kann von Eindringlingen dazu genutzt werden, Sicherheitsmaßnahmen wie z.B. IP-adressbasierte Authentifizierung im Netzwerk auszutricksen oder zum Verschleiern des eigenen Rechners.

Diese Art von Angriff ist am effektivsten, wenn zwischen den Maschinen in einem Netzwerk Vertrauensbeziehungen bestehen. In manchen Firmennetzen ist es durchaus üblich, dass interne Systeme sich gegenseitig vertrauen, sodass ein Benutzer sich ohne Benutzernamen und Passwort einloggen kann, wenn er von einer anderen internen Maschine auf das Netzwerk zugreift und daher bereits auf einem anderen Rechner eingeloggt ist. Indem nun eine Verbindung von einer vertrauenswürdigen Maschine gefälscht wird, könnte ein Angreifer den Zielrechner angreifen, ohne sich zu authentifizieren.

---

9 Vgl. http://de.wikipedia.org/wiki/IP-Spoofing.

2.5.1 Gegenmaßnahmen

Paketfilter sind eine mögliche Gegenmaßnahme gegen IP-Spoofing. Das Gateway zu einem Netzwerk sollte eine eingehende Filterung vornehmen: Von außen kommende Pakete, die Quelladressen von innen liegenden Rechnern haben, werden verworfen. Dies verhindert, dass ein externer Angreifer die Adresse einer internen Maschine fälschen kann. Idealerweise sollten auch ausgehende Pakete gefiltert werden, wobei dann Pakete verworfen werden, deren Quelladresse nicht innerhalb des Netzwerks liegt; dies verhindert, dass IPs von externen Maschinen gespooft werden können [...].

Einige Protokolle auf höheren Schichten stellen eigene Maßnahmen gegen IP-Spoofing bereit. Das Transmission Control Protocol (TCP) benutzt beispielsweise Sequenznummern, um sicherzustellen, dass ankommende Pakete auch wirklich Teil einer aufgebauten Verbindung sind. Die schlechte Implementation der TCP-Sequenznummern in vielen älteren Betriebssystemen und Netzwerkgeräten führt jedoch dazu, dass es dem Angreifer unter Umständen möglich ist, die Sequenznummern zu erraten und so den Mechanismus zu überwinden. Alternativ könnte er versuchen, zum Man in the Middle zu werden.

2.5.2 Sicherheits-Implikationen

IP-Spoofing lässt sich für sich genommen nur beschränkt zum Einbruch in andere Systeme benutzen, da alle Antwortpakete des angegriffenen Rechners an die gefälschte Adresse gesendet werden. Umgekehrt lässt sich dieses Verhalten jedoch auch als «Waffe» benutzen, wenn mit gespooften Paketen SYN-Flooding betrieben wird; hierzu sendet man gefälschte Pakete an bestimmte Rechner und die Antwortpakete landen bei dem als Quelladresse angegebenen Opfer, dessen Verbindung dadurch möglicherweise lahmgelegt wird. Die Identität des tatsächlichen Angreifers ist dabei nur schwer feststellbar, da die Quelle der Antwortpakete natürlich der vorher überrumpelte arglose Rechner ist.

2.6 LAN

LAN steht für «Local Area Network», übersetzt «lokales Netzwerk». Damit bezeichnet man das Intranet, also das interne Netz.

In größeren Firmen kann das LAN auch wieder unterteilt sein in verschiedene Bereiche wie Server-LAN, Client-LAN etc. Eine Unterteilung oder Auslagerung mancher Maschinen in spezielle Bereiche kann z.B. dann Sinn machen, wenn bestimmte Maschinen Spezialaufgaben haben, bei der sie viel Netzwerk-Traffic untereinander verursachen. Das würde die anderen Maschinen stören, die nicht mit dieser Maschine kommunizieren.

2.7 Man-In-The-Middle-Attack [10]

Darunter versteht man einen Angriff durch jemanden, der sich zwischen die Maschinen hängt und den Netzwerkverkehr belauscht. Im Verkehr können sich genügend Informationen wie Passwörter etc. befinden, die es dem Angreifer leicht machen können, einen Einbruch in das private Netz zu bewerkstelligen. Auch die so genannte IP-Spoofing-Attacke fällt darunter.

Der Angreifer steht dabei entweder physikalisch, aber heute meist logisch, zwischen den beiden Kommunikationspartnern und hat dabei mit seinem System komplette Kontrolle über den Datenverkehr zwischen zwei oder mehreren Netzwerkteilnehmern und kann die Informationen nach Belieben einsehen und sogar manipulieren. Diese Sonderstellung kann auf verschiedene Arten erreicht werden:

Der Angreifer hat Kontrolle über einen Router, durch den der Datenverkehr geschleust wird. Dies funktioniert sowohl im Internet als auch im LAN.

Im Ethernet modifiziert der Angreifer die ARP-Tabellen der Opfersysteme und leitet dadurch den gesamten Datenverkehr durch sein System durch. Diese Methode funktioniert nur im LAN, ermöglicht aber auch das Abhören des Datenverkehrs an Switches. Diese Methode funktioniert immer dann, wenn der Angreifer und das Opfer im gleichen lokalen Netz sind. Das ist aber auch bei Kabelnetzanbietern und z.B. bei öffentlichen WLAN-Hotspots gegeben.

Der Angreifer hängt am selben Netzwerkbus wie das Opfer, wodurch sowieso alle Pakete bei ihm ankommen. Das funktioniert allerdings nur noch bei Netzwerken mit Busstruktur, wie z.B. Ethernet mit Hub.

Eine weitere Angriffsmethode, die ebenfalls ein gemeinsames lokales Netz voraussetzt, ist das Vorspielen eines falschen DHCP-Servers. Durch Angabe einer falschen Gateway-Adresse zum Internet kann die Kommunikation durch einen Rechner des Angreifers geleitet werden.

Ebenfalls möglich ist im speziellen Fall des öffentlichen WLAN-Hotspots das Vortäuschen eines falschen WLAN Access Points. Auch in diesem Fall leitet der falsche Access Point die Daten dann zum korrekten Access Point weiter.

Durch DNS-Cache Poisoning gibt der Angreifer eine falsche Zieladresse für die Internet-Kommunikation vor und leitet dadurch den Verkehr durch seinen eigenen Rechner.

Am effektivsten lässt sich dieser Angriffsform mit einer Verschlüsselung der Datenpakete entgegenwirken, wobei allerdings die Fingerprints der Schlüssel über ein zuverlässiges Medium verifiziert werden sollten. Es muss eine gegenseitige Authentifizierung stattfinden, die beiden Kommunikationspartner müssen auf

---

10 Vgl. http://de.wikipedia.org/wiki/Man-In-The-Middle-Angriff.

anderem Wege ihre digitalen Zertifikate oder einen gemeinsamen Schlüssel ausgetauscht haben, sie müssen sich «kennen». Sonst kann z.b. ein Angreifer bei einer ersten SSL- oder ssh-Verbindung beiden Opfern falsche Schlüssel vortäuschen und somit auch den verschlüsselten Datenverkehr mitlesen.

2.8 Proxy

Ein Proxy leitet den Verkehr zwischen Maschinen im einfachsten Fall einfach weiter. Im Zusammenhang mit dem WWW dient der Proxy unter anderem als Zwischenspeicher, damit Daten nicht mehrfach übertragen werden müssen. Ein Proxy kann auch mit verschlüsselten Verbindungen umgehen, wenn das Client-Programm wie z.B. ein Web-Browser die Verbindungsanfrage über den Proxy laufen lässt.

Ein «transparenter Proxy» bezeichnet einen Proxy, der vom Client – also vom Mitarbeiter – nicht bemerkt wird. Schwierigkeiten machen hier verschlüsselte Verbindungen, da der Proxy diese nicht entschlüsseln kann.

Der Proxy kann außerdem als Filter wirken, sodass verbotene Seiten oder Viren/Würmer einfach gefiltert werden können. Sie können noch weiter gehen und – sehr zum Ärger der betreffenden Dienstleister – Werbung ausblenden.

2.9 SNMP

SNMP steht für «Simple Network Message Protocol», also einfaches Netzwerk-Meldungs-Protokoll. Das SNMP-Protokoll wird oft zur Überwachung verschiedener Maschinen und ihrer Konfiguration benutzt. Da es unverschlüsselt ist, sollte man es im «öffentlichen» Internet möglichst nicht verwenden. Wenn ein Angreifer die Firewall via SNMP scannt, bekommt er unter Umständen genügend Informationen, um einen Angriff auf das Netz zu starten.

2.10 VPN

VPN steht für «Virtual Private Network», also virtuelles privates Netzwerk. Darunter versteht der Netzwerker eine verschlüsselte Verbindung zwischen zwei oder mehr Maschinen. Die verschlüsselte Verbindung kann ganze Netze tunneln, damit sind die Netze auf beiden Seiten transparent für jede der beiden Seiten verfügbar. Weil man oft nicht genau weiß, was die Gegenseite konfiguriert hat, ob dort z.B. nur eine einzelne Maschine steht oder ob dort ein ganzes Netz «wartet» und wie es gegenüber anderen Netzen abgesichert ist, wird oft auch die getunnelte Verbindung über Firewall-Regeln begrenzt.

2.11 Server

2.11.1 DHCP-Server

DHCP steht für «Dynamic Host Configuration Protocol». Der DHCP-Server sorgt dafür, dass die PCs im LAN beim Booten automatisch eine eigene IP, den DNS-Server und die entsprechenden Routing-Tabellen bekommt. Dadurch entfällt die mühsame Konfiguration vieler Maschinen durch den Administrator, da die Maschinen beim Starten des Netzwerktreibers die Informationen selbstständig anfragen.

2.11.2 DNS-Server

DNS steht für «Domain Name Service». Ein DNS-Server ist ein Server, der die Namen (z.B. www.heise.de) in eine IP-Nummer umsetzt. Die Computer kommunizieren untereinander über die IP-Nummern, nicht über die Namen. Da aber der Mensch sich die IPs schlecht merken kann, sorgt der DNS-Server für die entsprechende «Übersetzung»:

```
trd@test:/tmp> host www.heise.de
www.heise.de has address 193.99.144.85
```

Das funktioniert in beide Richtungen. Bei der Abfrage einer IP beim DNS-Server zeigt dieser bei entsprechender Konfiguration, welcher Name zur IP gehört:

```
trd@test:/tmp> host 193.99.144.85
85.144.99.193.in-addr.arpa domain name pointer www.heise.de.
```

2.11.3 FTP-Server

FTP steht für «File Transfer Protocol». Ein FTP-Server bietet Dateien im LAN oder im Internet an.

2.11.4 HTTP-Server

HTTP steht für «HyperText Transfer Protocol». Der HTTP-Server – das kann ein Apache unter Linux sein oder ein IIS von Microsoft – bietet Web-Inhalte im Netz an. Deshalb wird er oft auch als Web-Server bezeichnet. Die bekanntesten Web-Server dürften der IIS[11] und der Apache sein.

Eine Verschlüsselung erfolgt über SSL (Secure Sockets Layer), deshalb heißt die verschlüsselte Variante des HTTP-Protokolls HTTPS.

---

[11] Internet Information Server (Microsoft)

2.11.5 NTP-Server

NTP steht für «Network Time Protocol». Das ist ein Dienst, der anderen Maschinen als Server zur Zeitsynchronisation dient. Diese Maschine wiederum holt sich die Zeit von einem externen Zeitserver wie z.B. `time.ethz.ch` oder `swisstime.ethz.ch`. Auch viele große Firmen und Universitäten wie die Universität Freiburg bieten diesen Dienst an. Viele NTP-Server lassen sich über den DNS abfragen. Bei der Universität Freiburg hat der Autor einfach den Befehl

```
host time.uni-freiburg.de
```

eingegeben und eine gültige IP-Nummer zurückbekommen.

Der NTP-Server läuft meist als zusätzlicher Dienst auf einer anderen Maschine, da dieser die Maschine kaum belastet.

2.11.6 Proxy-Server

Ein Proxy-Server kanalisiert den Web-Traffic, wenn viele Leute über einen Browser ins Internet möchten. Dadurch eignet er sich gut, um mit einem Virenscanner Viren und Würmer, die über den Browser auf die Maschine möchten, herauszufiltern. Wird diese Maschine kompromittiert und steht sie in der DMZ, ist das Intranet noch nicht in Gefahr.

Beachten Sie bitte, dass ein Proxy oft nicht wirklich in der Lage ist, verschlüsselte Verbindungen zu überprüfen. Deshalb ist HTTPS mit Vorsicht zu genießen, und auf eine Maschine gehört ein Virenscanner, wenn sie zum Surfen benutzt wird.

2.11.7 SMTP-Server (Mail-Server)

SMTP steht für «Simple Mail Transfer Protocol». Ein SMTP-Server ist ein Mail-Server. Er sendet und/oder empfängt Mails von bzw. für eine Domäne und leitet diese weiter, wenn der Empfänger nicht auf diesem registriert ist. Bei korrekter Konfiguration kann ein Mail-Server nicht von jedermann als Mail-Relay missbraucht werden. Früher war das kein Thema, aber seit die Spam-Flut überhand nimmt, ist die richtige Konfiguration sehr wichtig.

Kapitel 3

Programme für die Administration

Der Autor stellt Ihnen verschiedene Firewall-Varianten vor. Für einen Privatmann ist eine Minimal-Firewall am einfachsten und kostengünstigsten. Je nach Anforderungen kann aber selbst für einen Pivatmann eine separate Firewall Sinn machen. Das kann dann eine einzelne Firewall mit grafischem Aufsatz sein. Wenn eine Arbeitsmaschine mit Linux als Betriebssystem zur Verfügung steht, kann diese auch separat als Administrationsmaschine verwendet werden.

Bei einer KMU hingegen kommt es stark darauf an, inwieweit eine DMZ benötigt wird. Die DMZ ist ein Bereich, der nicht so stark geschützt ist wie das Intranet. In dieser sind häufig WWW-, FTP-Server, dazu VPN- und Mail-Gateways. Je nach Gefährdungsstufe und Sicherheitsanforderungen ist es des Weiteren sinnvoll, eine DMZ auf mehrere Subnetze zu verteilen. In diese Kategorie gehört dann auch eine Konfiguration mit interner und externer Firewall.

3.1 FW-Builder

Für die meisten Menschen ist es schwierig, sich durch eine Programm-Struktur durchzukämpfen. Von der Logik her ist auch ein Firewall-Script ein Programm. Dafür ist es dann sehr vorteilhaft, wenn man sich nicht durch Programm-Code wühlen muss, sondern die Firewall-Konfiguration grafisch sieht.

FW-Builder ist eine Administrations-Software, die eine sehr gut aufgebaute objektorientierte Oberfläche hat.[12] Damit lassen sich auch größere Firewall-Umgebungen verwalten. Wenn jemand Checkpoint kennt, ist die Ähnlichkeit frappierend.

3.1.1 Installation

FW-Builder können Sie von der Web-Page www.fwbuilder.org downloaden. Dort finden Sie auch für die diversen Linux-Derivate die passende Version.

Die neuere Version für SuSE 9.1 sieht z.B. so aus (hier auf SuSE 9.2):

---

12 Für Leute, die Checkpoint kennen: Sie werden sich wundern, wie ähnlich FW-Builder ist, und sich sofort «heimisch» fühlen.

Kapitel 3
Programme für die Administration

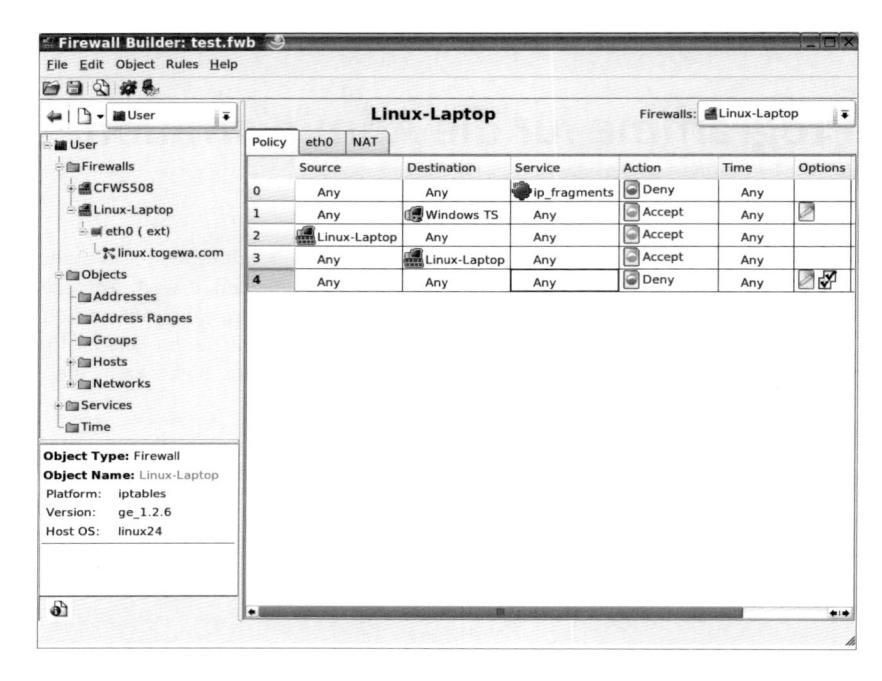

[Screenshot: Firewall Builder: test.fwb — Linux-Laptop Policy mit Regeln 0–4]

Zusätzlich verlangt das Programm noch einige weitere Packages, die vorher auf der Administrations-Maschine installiert werden müssen. Weil es aber mühsam ist, die Abhängigkeiten über «Try and Error» herauszubekommen, ist es besser, die Abhängigkeiten zuerst zu überprüfen und die benötigten Packages mit YaST zu installieren.

Zunächst laden Sie alle RPMs von FW-Builder für SuSE 9.1 herunter – das sind z.B. folgende RPMs:

```
fwbuilder-2.0.5-1.suse91.i586.rpm
fwbuilder-ipf-2.0.5-1.suse91.i586.rpm
fwbuilder-ipfw-2.0.5-1.suse91.i586.rpm
fwbuilder-ipt-2.0.5-1.suse91.i586.rpm
fwbuilder-pf-2.0.5-1.suse91.i586.rpm
libfwbuilder-2.0.5-1.suse91.i586.rpm
```

Legen Sie für diese ein eigenes Verzeichnis an und kopieren Sie die Packages dort hinein. Nun müssen Sie für diese Packages die Abhängigkeiten auflösen:

```
rpm -q --requires -p *.rpm | sort -u
```

Das Ergebnis sieht so aus:

```
libX11.so.6
libXext.so.6
libc.so.6
libc.so.6(GLIBC_2.0)
libc.so.6(GLIBC_2.1)
libc.so.6(GLIBC_2.1.2)
libc.so.6(GLIBC_2.1.3)
libc.so.6(GLIBC_2.2)
libc.so.6(GLIBC_2.3)
libcrypto.so.0.9.7
libdl.so.2
libfwbuilder = 2.0.5
libfwbuilder.so.6
libfwcompiler.so.6
libgcc_s.so.1
libgcc_s.so.1(GCC_3.0)
libm.so.6
libnetsnmp.so.5
libpthread.so.0
libpthread.so.0(GLIBC_2.0)
libpthread.so.0(GLIBC_2.1)
libpthread.so.0(GLIBC_2.3.2)
libqt-mt.so.3
libssl.so.0.9.7
libstdc++.so.5
libstdc++.so.5(CXXABI_1.2)
libstdc++.so.5(GLIBCPP_3.2)
libstdc++.so.5(GLIBCPP_3.2.2)
libutil.so.1
libutil.so.1(GLIBC_2.0)
libxml2.so.2
libxslt.so.1
libz.so.1
rpmlib(CompressedFileNames) <= 3.0.4-1
rpmlib(PayloadFilesHavePrefix) <= 4.0-1
```

Hier erscheinen einige Libraries mehrfach. Das muss Sie nicht beunruhigen. Wichtiger ist, die bereits installierten Libraries und die aus den zu installierenden Libraries, die untereinander abhängig sind, von vornherein rauszufiltern.

libX11.so.6	XII-Library, wurde mit XII installiert.	✓
libXext.so.6	Ebenfalls XII-Library, aber eine Erweiterung.	✗

libc.so.6	Ist installiert, da die libc immer benötigt wird, damit Linux läuft.	✓
libc.so.6(GLIBC_2.0)		
libc.so.6(GLIBC_2.1)		
libc.so.6(GLIBC_2.1.2)		
libc.so.6(GLIBC_2.1.3)		
libc.so.6(GLIBC_2.2)		
libc.so.6(GLIBC_2.3)		
libcrypto.so.0.9.7	Crypto-Library, oft nicht installiert	✗
libdl.so.2	Gehört zu glibc. Ist installiert.	✓
libfwbuilder = 2.0.5	Gehört zu den zu installierenden Packages.	✓
libfwbuilder.so.6		
libfwcompiler.so.6		
libgcc_s.so.1	libgcc ist ein Teil des gcc, ein Linux-Compiler, kontrollieren.	✗
libgcc_s.so.1(GCC_3.0)		
libm.so.6	Gehört zu glibc. Ist installiert.	✓
libnetsnmp.so.5	net-snmp ist oft nicht installiert, überprüfen.	✗
libpthread.so.0	Ist installiert, da Linux diese für Threading benötigt.	✓
libpthread.so.0(GLIBC_2.0)		
libpthread.so.0(GLIBC_2.1)		
libpthread.so.0(GLIBC_2.3.2)		
libqt-mt.so.3	Ein Teil der QT-Library	✗
libssl.so.0.9.7	ssL-Library, wird auch für ssL gebraucht. Ist immer installiert.	✓
libstdc++.so.5	libstdc++ muss überprüft werden.	✗
libstdc++.so.5(CXXABI_1.2)		
libstdc++.so.5(GLIBCPP_3.2)		
libstdc++.so.5(GLIBCPP_3.2.2)		
libutil.so.1	libutil muss überprüft werden. Ist util-linux.	✗
libutil.so.1(GLIBC_2.0)		
libxml2.so.2	libxml2 muss überprüft werden.	✗
libxslt.so.1	libxslt muss überprüft werden.	✗
libz.so.1	libz muss überprüft werden. Dahinter versteckt sich zlib, die aber meist installiert ist.	✗
rpmlib(CompressedFileNames) <= 3.0.4-1	rpm-Library: RPM ist immer installiert.	✓
rpmlib(PayloadFilesHavePrefix) <= 4.0-1		

Die fehlenden RPMs bekommen Sie am einfachsten heraus, wenn Sie im YaST danach suchen. Starten Sie YaST.

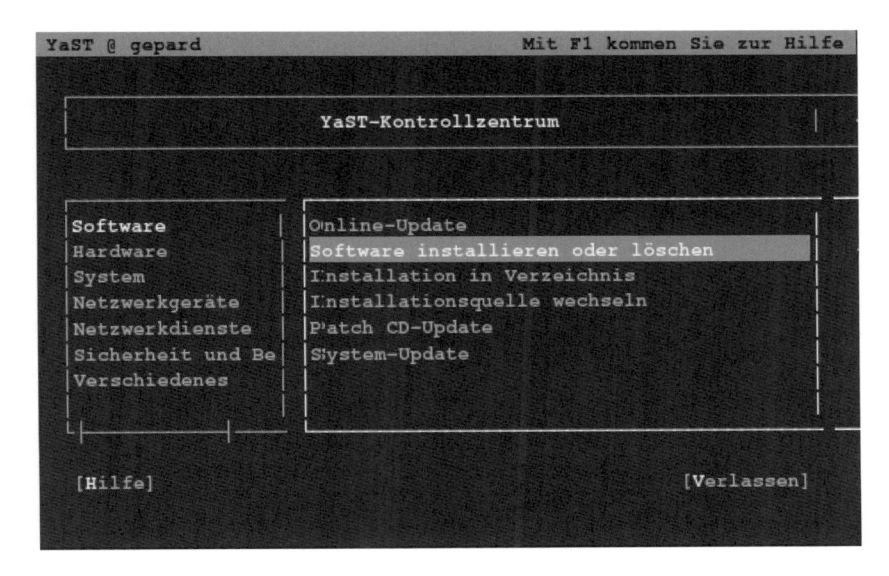

Wählen Sie «Software» – «Software installieren oder löschen».

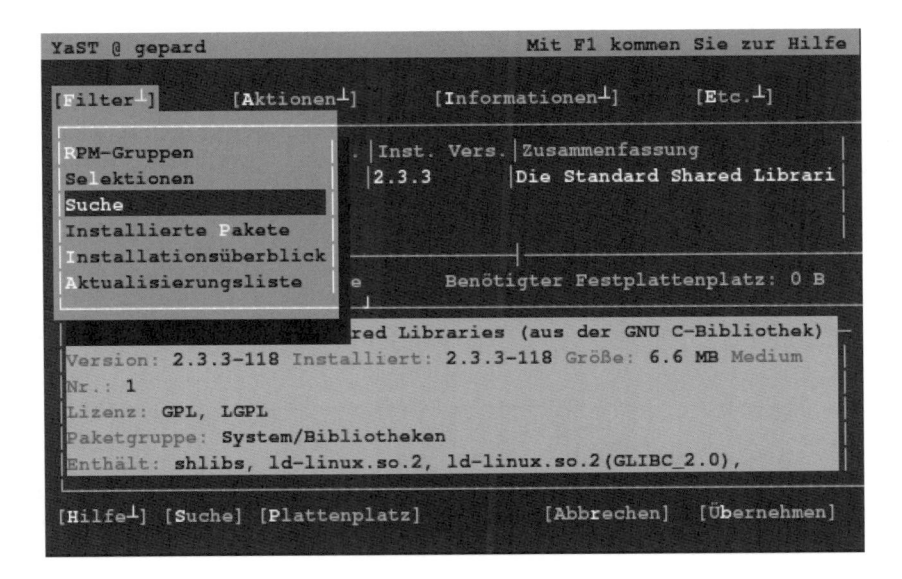

Mit «Alt-F» klappt das Filter-Menü auf. Bewegen Sie den Cursor auf «Suche» und bestätigen Sie.

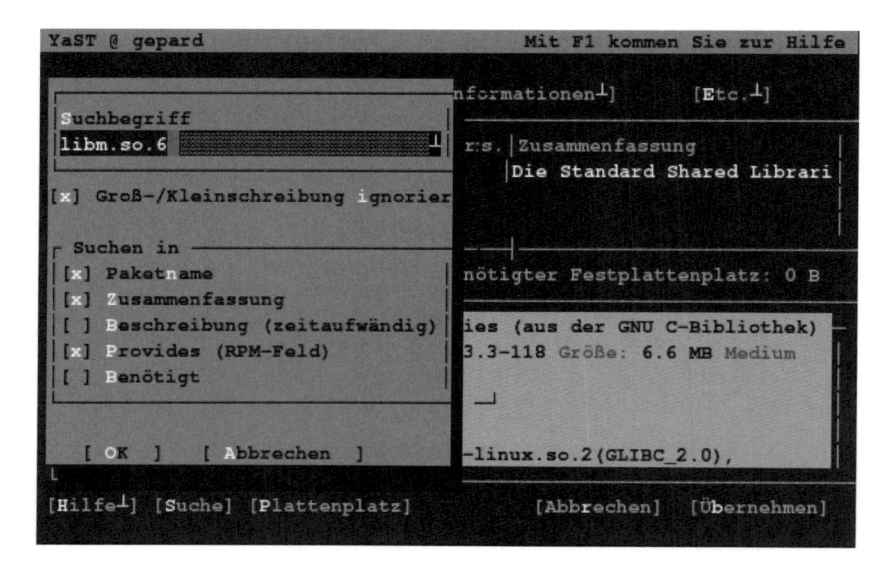

```
YaST @ gepard                                    Mit F1 kommen Sie zur Hilfe
                             nformationen↓]         [Etc.↓]
  Suchbegriff
  libm.so.6                             r:s. Zusammenfassung
                                             Die Standard Shared Librari
  [x] Groß-/Kleinschreibung ignorier

  ┌ Suchen in ─────────────────────
  [x] Paketname                         nötigter Festplattenplatz: 0 B
  [x] Zusammenfassung
  [ ] Beschreibung (zeitaufwändig)      ies (aus der GNU C-Bibliothek)
  [x] Provides (RPM-Feld)               3.3-118 Größe: 6.6 MB Medium
  [ ] Benötigt

      [ OK ]    [ Abbrechen ]           -linux.so.2(GLIBC_2.0),

[Hilfe↓] [Suche] [Plattenplatz]           [Abbrechen]  [Übernehmen]
```

Damit Sie nach einzelnen Files innerhalb der Packages suchen können, wählen Sie mit «Alt-P» «Provides (RPM-Feld)» aus. Mit «Alt-S» kommen Sie wieder auf das Feld für den Suchbegriff. Hier können Sie nun den vollständigen Namen der Datei eingeben, den Sie suchen, z.B. «libm.so.6».

Sobald Sie die fehlenden RPMs nachinstalliert haben, können Sie anschließend die RPMs für den FW-Builder installieren, ohne mit weiteren Fehlermeldungen konfrontiert zu werden. Loggen Sie sich auf einer Konsole mit root ein. Anschließend geben Sie ein:

```
cd [Das Verzeichnis mit den FW-Builder-RPMs]
rpm -i *.rpm
```

Auf einer grafischen Konsole können Sie nun – nie als root! – den fwbuilder starten.

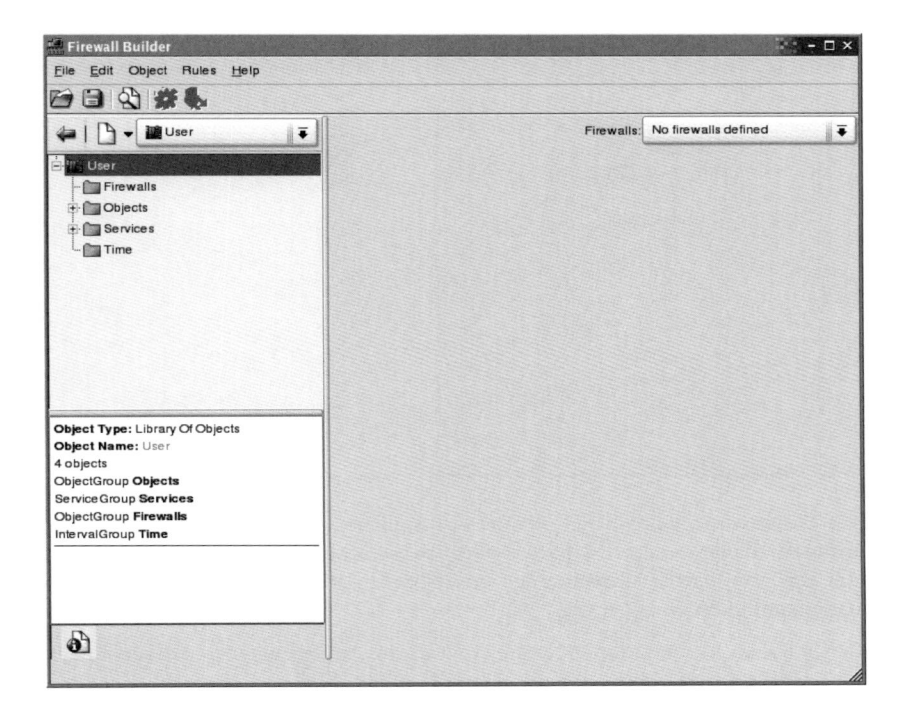

3.1.2 Konfiguration

Neue Firewall erstellen

Zunächst muss die Firewall definiert werden. Klicken Sie mit der rechten Maustaste auf «Firewall». Sie bekommen ein Menü, in dem Sie auf «New Firewall» klicken. Es geht ein kleines Fenster auf, in dem Sie den Namen der Firewall eingeben können.

Des Weiteren ist es wichtig, dass Sie korrekt angeben, welches Linux-Derivat und welche Firewall-Software Sie verwenden. Zur Auswahl stehen hier u.a. `iptables` und `ipfilter`.

Kapitel 3
Programme für die Administration

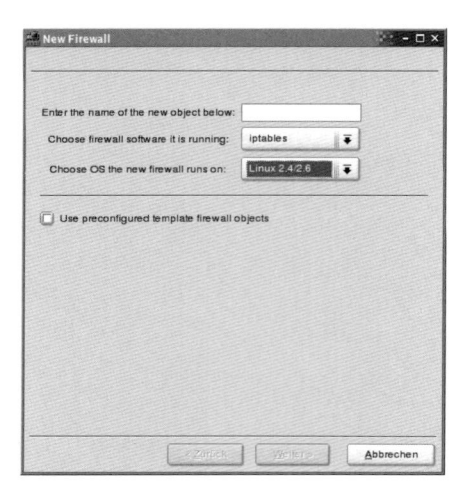

Auf Linux wird in der Regel `iptables` installiert, während z.B. *BSD oft mit `ipfilter` daherkommt. Da der Autor `iptables` besser kennt, geht er nur darauf ein. Die gewünschte Verwendung von `iptables` müssen Sie bei der Firewall-Grundkonfiguration angeben.

Geben Sie noch einen Namen für die Firewall ein. Am besten ist es, Sie verwenden den Namen der Maschine, die die Firewall enthält. Klicken Sie anschließend auf «Weiter».

Nun können Sie auswählen, ob FW-Builder versuchen soll, die Netzwerk-Interfaces selbst zu erkennen. Das setzt aber einen laufenden SNMP-Daemon voraus. Anderenfalls wählen Sie «Configure interfaces manually». Mit «Weiter» kommen Sie auf eine Maske, auf der Sie die Interfaces mit IP eintragen können. Sollten die Buttons «Add», «Update» und «Delete» nicht sichtbar sein, dann vergrößern Sie den Rahmen dieses Fensters.

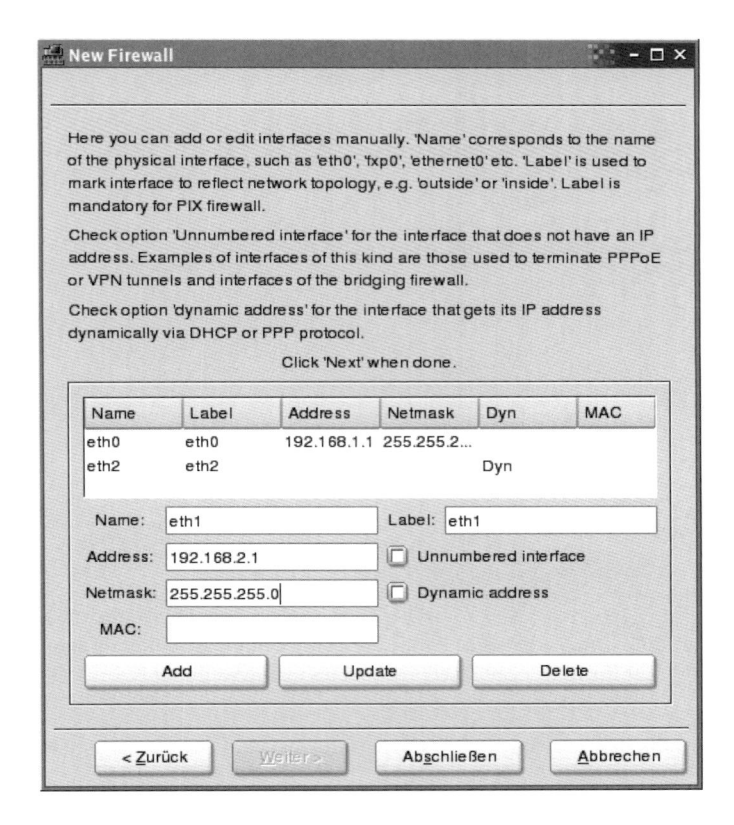

Sobald Sie alles eingetragen haben, wählen Sie «Abschließen» und Sie kommen auf das Firewall-Definitionsfenster.

Kapitel 3
Programme für die Administration

Stellen Sie die Version von Iptables ein, meist dürfte das 1.2.9 oder höher sein. Linux 2.4/2.6 ist bereits korrekt vorgegeben, da Sie dies schon weiter oben angegeben haben.

Ansonsten müssen Sie noch die Firewall Settings und Host OS Settings einstellen.

Firewall Settings

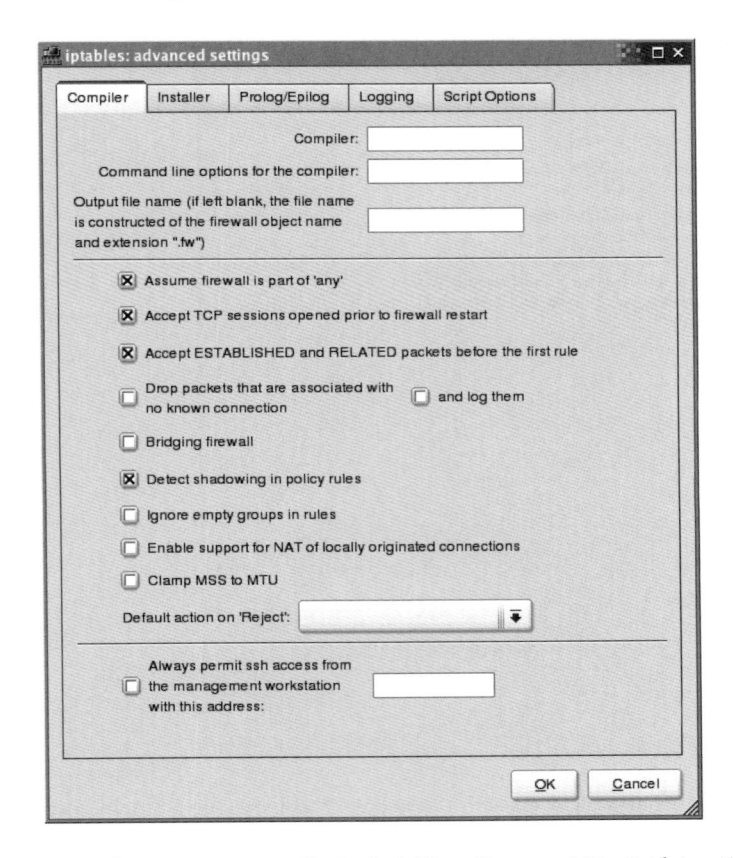

Normalerweise genügen die Default-Einstellungen. Mit «Bridging Firewall» können Sie dafür sorgen, dass die Firewall auch ARP-Requests routet. Seien Sie damit vorsichtig, da dies unter bestimmten Umständen als Risiko gilt.

Die Firewall soll immer von der Management-Station zugreifbar sein. Dies lässt sich zwar hier einstellen, ist aber nicht empfehlenswert, da diese Regel in den «normalen» Firewall-Regeln nicht sichtbar ist.

Kapitel 3
Programme für die Administration

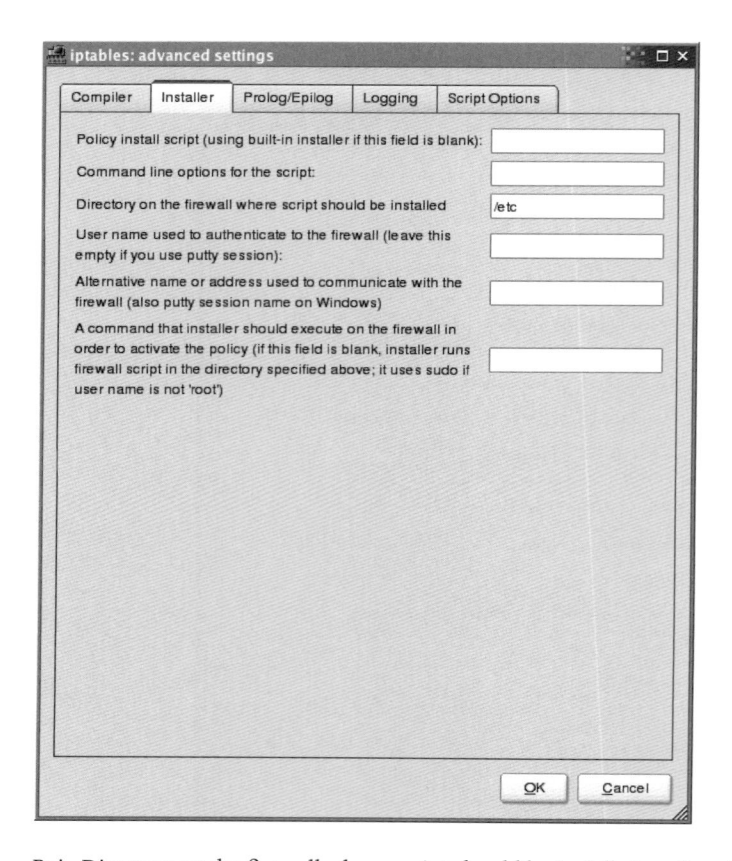

Bei «Directory on the firewall where script should be installed» sollten Sie ein separates Verzeichnis für die Firewall-Scripts vorsehen. Damit ist es dann auch einfacher, die Maschine zu schützen. Für /etc brauchen Sie nämlich root-Rechte. Da der ssh-Login aber nie mit root möglich sein soll, hätten Sie bei /etc bzl. scp ein Problem. Für ein anderes Verzeichnis hingegen können Sie den Benutzer frei festlegen, sodass auch ssh möglich ist.

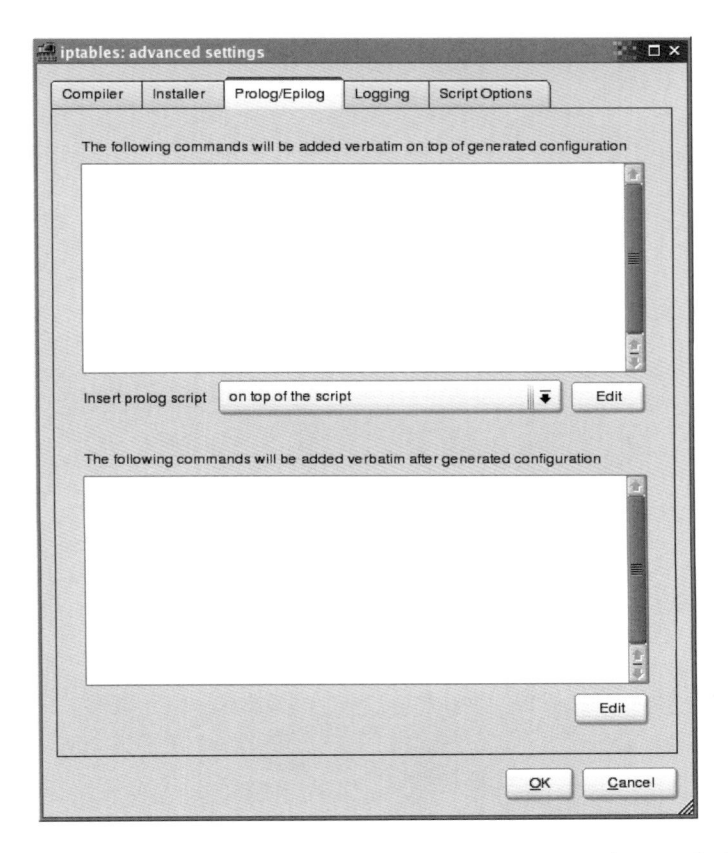

Unter manchen Umständen kann es Sinn machen, vor bzw. nach dem Firewall-Script ein weiteres Script oder Programm zu starten. Das können Sie hier einstellen.

Kapitel 3
Programme für die Administration

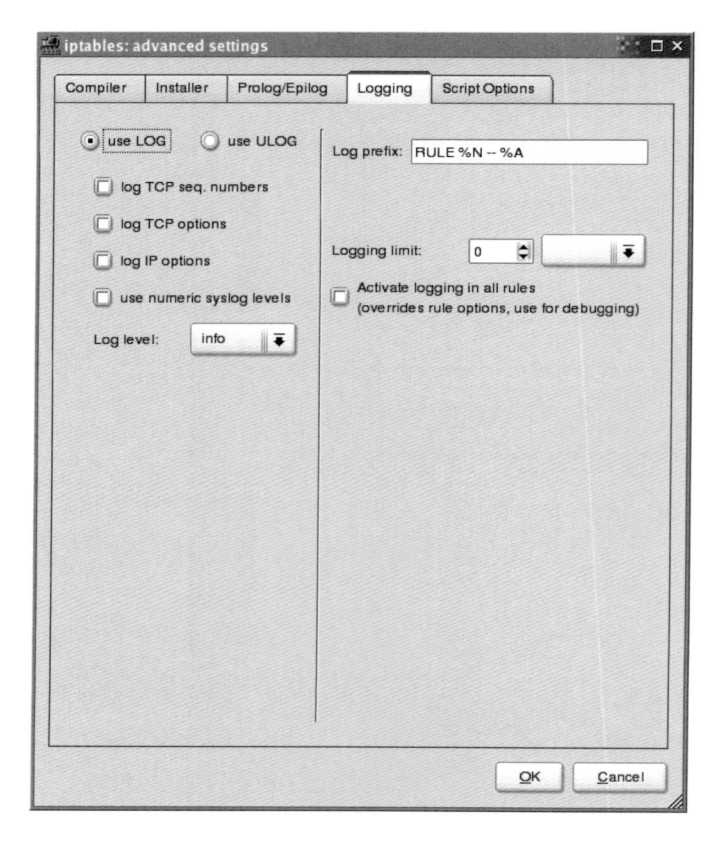

Die Firewall-Log-Optionen müssen Sie normalerweise nicht ändern.

iptables: advanced settings

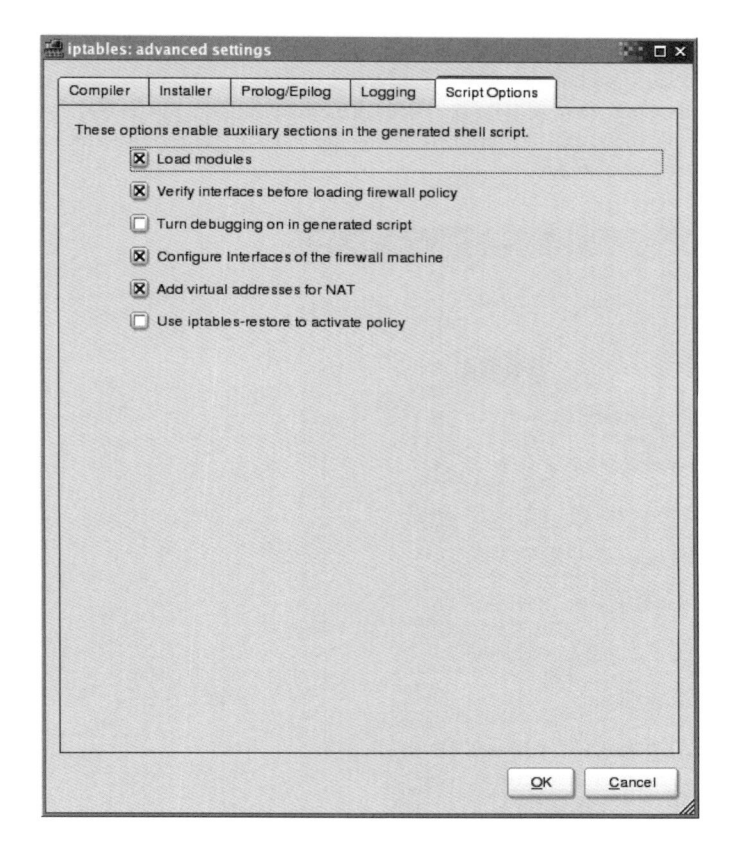

| Compiler | Installer | Prolog/Epilog | Logging | Script Options |

These options enable auxiliary sections in the generated shell script.

- [X] Load modules
- [X] Verify interfaces before loading firewall policy
- [ ] Turn debugging on in generated script
- [X] Configure Interfaces of the firewall machine
- [X] Add virtual addresses for NAT
- [ ] Use iptables-restore to activate policy

[OK] [Cancel]

Die «Standard-Einstellungen» sind hier in Ordnung. Der Autor hat diese Werte normalerweise nie umgestellt.

Es gibt Sonderfälle, in denen es Sinn macht, «Add virtual addresses for NAT» abzuschalten, z. B. wenn Sie die DMZ mit Public-Adressen betreiben, aber den Zugriff auf eine Maschine auf eine andere Maschine umbiegen möchten. In diesem Fall darf die Firewall nämlich die bereits vergebene IP nicht bekommen. Damit wird aber das Ganze verkompliziert.

Host OS Settings

Bei den Host OS Settings können Sie diverse Spezialitäten für das Host OS, in unserem Fall Linux, einstellen. Es geht vor allem um Einstellungen, die im System vorgesehen, aber oft nicht aktiviert sind. Je nach Firewall-Konfiguration kann es Sinn machen, diese umzustellen.

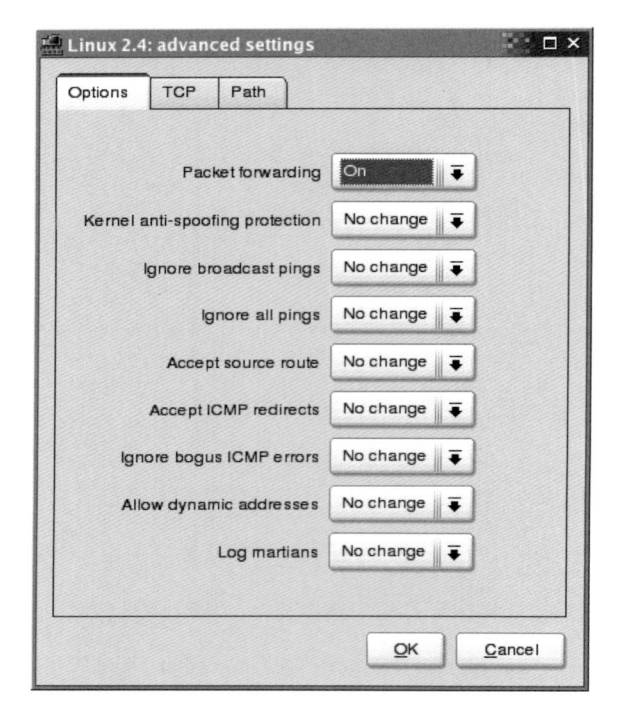

«Packet forwarding» brauchen Sie, damit die Firewall die Packages überhaupt weiterleitet. In manchen Linux-Distributionen ist «Kernel anti-spoofing protection» auf off, und dann macht es sehr wohl Sinn, diesen auf «on» umzustellen. Alles andere können Sie lassen, wie es ist.

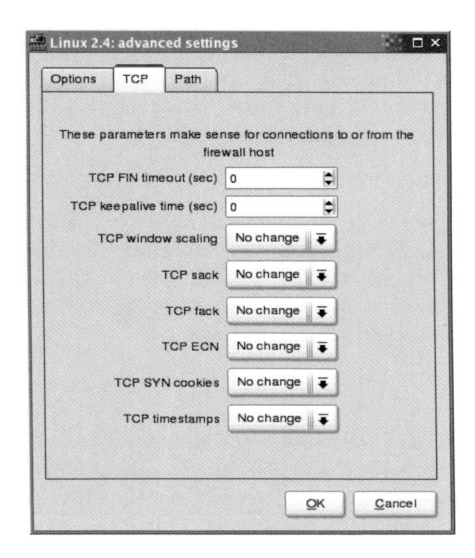

![Linux 2.4: advanced settings – TCP tab with TCP FIN timeout, TCP keepalive time, TCP window scaling, TCP sack, TCP fack, TCP ECN, TCP SYN cookies, TCP timestamps]

Auch bei TCP müssen Sie normalerweise nichts umstellen, es sei denn Sie stellen fest, dass spezielle Schwierigkeiten auftreten.

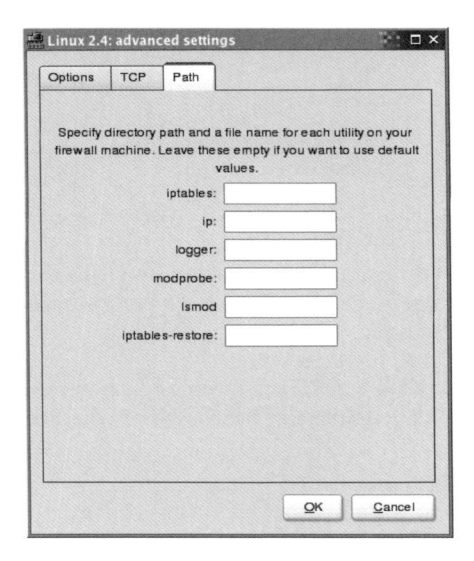

![Linux 2.4: advanced settings – Path tab mit Feldern für iptables, ip, logger, modprobe, lsmod, iptables-restore]

Die Pfade müssen Sie nur einstellen, wenn der Pfad für **root** die Programme nicht beinhaltet.

Allgemeines

Es gibt «Benutzer»- und «Standard»-Definitionen. Bei «Standard»-Definitionen sind alle allgemeinen Protokolle wie z.b. ssh, FTP aufgeführt. In den meisten Fällen genügen diese, um die Firewall-Regeln zu implementieren.

Änderungen sollten Sie nur im Block «Benutzer» machen.

Warnung: Löschen Sie nie einfach ein Objekt, sei es ein Protokoll, sei es ein Host, eine Netzwerkkarte oder was auch immer. Kontrollieren Sie vorher über «rechte Maustaste» – «wo benutzt» (englisch «find»), ob Sie das betreffende Objekt irgendwo verwendet haben. Anderenfalls zerstören Sie zumindest bei älteren FW-Builder-Versionen u.U. die Konfiguration und dürfen neu anfangen.

Objects

Groups Mit Groups können Hosts und/oder Netzwerke zusammengefasst werden. Bedenken Sie aber, dass Sie keine rekursiven Aufrufe machen sollen. Wenn Sie also Gruppen in Gruppen hineinstecken, darf die Gruppe in der eingefügten Gruppe nicht eine Gruppe enthalten, in der sie selbst hineingesteckt wurde.

Hosts Hier können Sie die Hosts eintragen, die einzeln verwendet werden sollen. Wenn Sie einzelne IPs benötigen, sollten Sie diese mit dem Namen des Hosts hier eintragen. Damit können Sie den Überblick behalten. Sie können die Hosts auch über die Namen gruppieren, was die Sortierung innerhalb der Hosts vereinfacht.

Code	Bedeutung	Beispiel
INT	Interne Hosts	INT mail.mydomain.com
DMZ	DMZ-Hosts	DMZ mailgwy.mydomain.com
EXT	Externe Hosts	EXT ns1.myprovider.com

Networks Hier können Sie die einzelnen Netzwerke eintragen. Damit sind die einzelnen Netze wie Intranet, DMZ und Internet auch über die Netzgruppen zuzuordnen. Das vereinfacht unter anderem NAT-Regeln.

Address Ranges Address Ranges sollten Sie nie benutzen. Da werden die Adressen einzeln aufgelistet, was sehr schnell zu einem unübersichtlichen und von der Performance her schlechten Script führt.

Services

Bei den Services werden die Protokolle aufgeführt. Die wichtigsten Standard-Protokolle sind bereits definiert. Wenn Sie weitere benötigen, können Sie diese erfassen.

Groups Mit Groups können Sie die Protokolle zu Gruppen zusammenfassen, z.B. alles, was es für SMTP/SMTPs benötigt.

ICMP Das bekannteste ICMP-Protokoll dürfte der Ping sein.

IP IP wird z.B. für VPN und PPTP benötigt.

TCP TCP ist ein «Verbindungsprotokoll». Die vom Sender verschickten TCP-Päckchen werden von der empfangenden Stelle bestätigt. Das ist z.B. FTP, ssh ...

UDP UDP ist ein verbindungsloses Protokoll. Ein vom Sender abgeschicktes Päckchen wird vom Empfänger nicht bestätigt. Ob es angekommen ist, weiß der Sender deshalb nicht. SNMP ist ein UDP-Protokoll

Custom Hier können Sie spezielle Protokolle definieren.

Firewalls Jede Firewall muss hier eingetragen werden. Dazu müssen Sie bei der Firewall jeweils die Netzwerkkarten eintragen (z.B. eth0, eth1), aber im Fall von VPN auch die ipsec-Konfigurations-Settings (z.B. ipsec0, ipsec1). Wenn Sie aber bereits eine neuere Linux-Distribution mit Kernel 2.6 verwenden, müssen Sie ipsecX normalerweise nicht eintragen, da dann die VPN-Verbindung über die ethX-Schnittstelle geht (siehe Seite 61).

3.1.3 Firewall-Konfiguration

Policy

Die Policy wird in der Reihenfolge top down abgearbeitet. Wenn Sie also sehen, dass bestimmte Regeln nicht berücksichtigt werden, müssen Sie nachschauen, welche Regel davor den Fall bereits behandelt.

Als allererstes folgt immer eine IP-Fragments-Regel ohne «Stateful Inspection».

Zudem sollte immer als allerletztes eine DENY All-Regel eingefügt werden. Theoretisch ist die Grund-Policy zwar sowieso DENY oder REJECT, aber wenn da mal etwas passiert, ist man mit der DENY-Regel auf der sicheren Seite. Zudem werden nur mit dieser DENY-Regel die für DENY zutreffenden Zugriffsversuche geloggt.

Quizfrage: Welches ist die erste Maschine, die die Firewall schützen soll? Der Mail-Server?

Antwort: Nein, es ist die Firewall. Sie kann den Mail-Server (oder eine beliebige andere Maschine) nur schützen, wenn sie selbst nicht gehackt wurde.

Es mag eine philosophische Frage sein, aber der Autor führt aus diesem Grund immer am Anfang alle Regeln auf, die die Firewall selbst betreffen. Die letzte dieser

Regeln ist eine DENY- oder REJECT-Regel für die Firewall. Erst danach kommen die anderen Firewall-Rules. Damit ergibt sich als Reihenfolge für die Firewall-Regeln:

- IP-Fragments-Regel
- Firewall-bezogene Regeln
- Firewall DENY/REJECT all
- alle anderen Regeln
- DENY/REJECT all

Normalerweise genügen die allgemeinen Rule-Settings. Sollen aber bestimmte Protokolle nur auf einer Karte erlaubt/verboten sein, muss dieses in der Policy der betreffenden Karte eingetragen werden.

Sonderfall: Wenn Sie für VPN entsprechende Protokolle erlauben oder verbieten möchten, müssen diese speziell an die `ipsec`-«Karte» gebunden werden. Diese Regel gilt nicht, wenn Sie bereits eine neuere Linux-Distribution mit Kernel 2.6 verwenden (siehe Seite 61).

Überlegen Sie sich am besten vorher, was Sie wirklich loggen möchten und was nicht. Anderenfalls kann es Ihnen passieren, dass Sie im Log so viel Müll haben, dass Sie echte Probleme nicht mehr sehen.

NAT

NAT oder «Network Address Translation», manchmal auch «IP-Masquerading» genannt, ist etwas speziell.

Einerseits stehen zwar eine ganze Reihe von Spalten zur Verfügung, aber nicht alle dürfen gemeinsam verwendet werden.

Feld	erlaubte Kombinationen			
Ursprüngliche Src	x	x	x	
Ursprüngliche Dst	x	x	x	x
Ursprünglicher Srv	(immer erlaubt)			
Übersetzte Src	x		x	x
Übersetzte Dst	x	x		x
Übersetzter Srv	möglichst nur, wenn «Ursprünglicher Srv» ebenfalls ausgefüllt ist			

Wenn Sie sich nicht daran halten, wird NAT nicht oder mit unvorhergesehenen Ergebnissen funktionieren.

Aufpassen müssen Sie ebenfalls, wenn Sie Source **und** Destination gleichzeitig verändern möchten. Hier benötigt es PREROUTING- und POSTROUTING-Einträge. Beim

PREROUTING wird die Destination «umgedreht» und beim POSTROUTING die Source. Da das zwei zeitlich verschiedene Vorgänge sind, geht das nur über zwei Einträge, da je einer für das PREROUTING und POSTROUTING benötigt wird:

- PREROUTING: ein Eintrag, der die ursprüngliche Destination auf die neue Destination umbiegt
- POSTROUTING: ein Eintrag mit der ursprünglichen Source, der neuen Destination und der neuen Source

Zudem müssen in den Policies für die jeweiligen Source- und Destination-Settings ACCEPT sein.

Tip für Administratoren: Wenn Sie auf mehreren Netzwerkkarten dieselbe IP als genatete IP verwenden möchten, können Sie dies machen. In diesem Fall muss aber auf jede Netzwerkkarte, für die die betreffende IP als NAT dienen soll, mit dieser IP versorgt werden. Beispiel: Sie haben eth0 und eth1, auf denen die IP 192.105.8.10 als NAT dienen soll. Dann sieht das so aus:

```
ifconfig eth0:1 192.105.8.1 netmask 255.255.255.255
ifconfig eth1:1 192.105.8.1 netmask 255.255.255.255
```

Reverse NAT (IP-Redirect)

Hier handelt es sich um eine Sonderform des NATens. Die IP wird weitergeleitet an eine andere IP, ohne dass der zugreifende User etwas davon merkt. Auf diese Weise können IPs vom eigentlichen Netz entkoppelt werden.

Achtung: Eine Falle droht insofern, als die zugreifende IP (z.B. der Kunde) in der Firewall-Konfiguration mit der eigentlichen Ziel-IP verknüpft werden muss, nicht mit der vom Kunden verwendeten Zwischen-IP. Wenn zudem das Netz des Kunden nicht auf der Zielmaschine eingetragen werden soll und nicht über die Default-Route der Zielmaschine erreichbar ist, muss der Zugriff genattet werden, z.B. auf die IP der Firewall-Maschine.

3.2 IPSec mit FreeS/WAN bzw. OpenSwan

Die meisten Maschinen oder Router, die VPN[13] mit IPSec unterstützen, lassen sich zur Zusammenarbeit mit FreeS/WAN überreden. Dies ist eine Beschreibung für FreeS/WAN[14] IPSec für die Konfiguration, die mit SuSE mitgeliefert wird. Bei anderen Distributionen muss u.U. das FreeS/WAN-Package heruntergeladen und installiert werden. Zudem kann es sein, dass bei anderen Distris auch die Konfigurationsfiles in anderen Directories liegen. In SuSE sind die relevanten Programme

---
13 Virtual Private Network.
14 http://www.freeswan.org.

in /usr/sbin, während dies in anderen Distris oder nach einer selbst kompilierten Installation oft /usr/local/lib/ipsec ist.

Die neueren FreeS/WAN-Implementierungen können auch mit X509-Zertifikaten umgehen. Wie das funktioniert, finden Sie weiter unten beschrieben. OpenSwan ist eine Weiterentwicklung von FreeS/WAN, da das FreeS/WAN-Team die Weiterentwicklung im März 2004 eingestellt hat.[15]

Der Einfachheit halber und wegen der beiden Namen «FreeS/WAN» und «OpenSwan» wird das Programm hier vereinfacht als «IPSec» bezeichnet. Eine Ausnahme ist, wenn sich einzelne Beschreibungen direkt auf eine der beiden Varianten beziehen.

3.2.1 Installation

Installieren Sie freeswan. Falls Sie bereits SuSE Linux 9.2 einsetzen, nennt sich das Package openswan.

3.2.2 Einstellungen

Eine kleine Falle können die Default-Einstellungen sein. Wenn die Default-Einstellungen nicht stimmen, funktioniert nichts. Deshalb muss z.B. die Variable interfaces richtig gesetzt sein. Normalerweise funktioniert zwar %defaultroute, aber wenn eine Netzwerkkarte mehrere IPs zugewiesen erhält, sieht das z.B. nachher so aus:

```
interfaces="ipsec0=eth0 ipsec1=eth0:2"
```

Wenn eine Maschine als Gateway fungiert, kann diese nicht pingen – das ist normal. Dann muss der Ping von einer anderen Maschine ausgelöst werden. Der Client kann den Gateway ebenfalls nicht anpingen, aber wenn der Gateway eine zweite IP hat, kann diese gepingt werden.

Nach Änderungen kann die Konfiguration neu eingelesen werden mit

```
ipsec auto --[add|delete|replace|up|down] [connection name]
```

ohne, dass IPSec neu gestartet werden muss. Falls neue Secrets eingelesen werden müssen, geschieht dies mit

ipsec auto --rereadsecrets	»normale« Secrets neu einlesen
ipsec auto --rereadcacerts	X509-Zertifikate neu einlesen

---

[15] Näheres dazu finden Sie auf http://www.natecarlson.com/linux/ipsec-x509.php.

3.2.3 Neuen Schlüssel erzeugen (RSA-Key)

Einen neuen Schlüssel erzeugen Sie mit

```
/usr/sbin/ipsec rsasigkey 1024[16] > ipsec.[myconn].secrets
```

Der Schlüssel muss nun in /etc/ipsec.secrets eingetragen werden. Besser ist aber, die Schlüssel in eigene Dateien zu stecken. Dafür gehört in die Datei /etc/ipsec.secrets ans Ende noch der Befehl

```
include [path]/ipsec.*.secrets
```

Zudem muss in die erste Zeile der jeweiligen «secrets» (Blanks mit «_» angedeutet)

```
[Remote Maschine/IP]:_rsa_{
```

und in die letzte Zeile

```
_}
```

Zum Schluss müssen Sie noch den Schlüssel aus dem Feld #pubkey in die Datei /etc/ipsec.conf kopieren. Zudem muss die Gegenstelle ebenfalls den Public Key erhalten.

Der erzeugte Key muss danach in die Datei /etc/ipsec.secrets eingetragen werden. Diese Datei kann mehrere Schlüssel enthalten, das ist kein Problem.

Dann wird für die VPN-Connection ins File /etc/ipsec.conf die Verbindung eingetragen:

```
# Verbindung nach [Meine Verbindung]
conn [Meine Verbindung]
left=[ip_des_ipsec_connectors auf IPSec-Maschine]
leftsubnet=[Subnetz der IPSec-Maschine]
leftnexthop=[Maschine, über die die Verbindung geleitet wird]
leftrsasignkey=[unser public key dieser Verbindung]
leftid=[Name/IP/@NameOhneDNS]
#Remote Maschine
right=[ip_des_ipsec_connectors remote IPSec-Maschine]
rightsubnet=[Subnetz der remote IPSec-Maschine]
rightnexthop=[Maschine, über die remote Maschine routet]
rightid=[Name/IP/@NameOhneDNS]
```

---

[16] 1024-Bit-Verschlüsselung ist das Mindeste, besser ist ein Schlüssel von 2048 Bit. Aktuell ist das erlaubte Maximum 4096 Bits.

```
rightrsasignkey=[remote public key]
auto=add/start
```

Den Remote Public Key muss der Admin der Gegenstelle schicken. Unseren Public Key senden wir an den Admin der Gegenstelle. **Achtung, senden Sie niemals das gesamte «secrets»-File, sondern immer nur den PUBKEY-Teil.**

Anschließend starten Sie beide IPSec-Services und kontrollieren das Log für allfällige Fehler.

Theoretisch kann auch left bzw. right vertauscht werden. Dann muss aber «right» anstelle von «left» in ipsec.conf auf den Gateway der lokalen Maschine verweisen (z.B. «%defaultroute»). Die anderen Bezüge auf left/right müssen dann natürlich entsprechend angepasst werden.

Weitere mögliche Parameter entnehmen Sie bitte aus der man-Page für ipsec.conf.

3.2.4 PresharedKey-Authentifizierung

Die Public Key-Authentifizierung ist der einfachste Weg, einen Tunnel aufzubauen.

Einmalige Vorarbeiten

Erstellen Sie als root das Directory /etc/ipsec.d/secrets und setzen Sie die Rechte mit chmod 700 /etc/ipsec.d/secrets, damit nur root den Inhalt lesen kann.

Damit dieses Directory überhaupt gelesen wird, müssen Sie nun noch im File /etc/ipsec.secrets am Ende nach einer Leerzeile den Eintrag

```
include /etc/ipsec.d/secrets/ipsec.*.secrets
```

hinzufügen. Nun können in diesem Directory die PresharedKeys in Dateien mit dem Namen ipsec.[myname].secrets eingefügt werden.

Neuen PresharedKey hinzufügen

Darin werden die Angaben im Format

```
[LeftIP] [RightIP]: PSK "[PresharedKey]"
```

hineingeschrieben. Mehrere Einträge mit unterschiedlichen IPs sind dabei erlaubt. Ein File kann dabei z.B. folgendermaßen aussehen:

IPSec mit FreeS/WAN bzw. OpenSwan

```
Name     ipsec.test.secrets
Inhalt   62.15.8.11 86.12.10.8: PSK "abcdefg"
```

Aktiviert werden die neuen Keys mit dem Befehl

```
ipsec auto --rereadsecrets
```

Neue Verbindung eintragen

Eine neue Verbindung können Sie ganz einfach in das File /etc/ipsec.conf eintragen:

```
conn [myconnection]
    type=tunnel
    keylife=3000s
    left=[myip]
    leftsubnet=[mysubnet]
    leftnexthop=[mynexthop]
    right=[remoteVPNpeer]
    rightsubnet=[remoteSubnet]
    rightnexthop=
    authby=secret
    auth=esp
    esp=3des-sha1-96
    pfs=yes
    auto=add[17]
```

Die Verbindungsbefehle:

Aktivieren	ipsec auto --add [myconnection]
Starten	ipsec auto --up [myconnection]
Stoppen	ipsec auto --down [myconnection]
Beenden	ipsec auto --delete [myconnection]

Beim Starten sollte die Verbindung mit einigen Zwischenmeldungen starten. Anderenfalls können Sie aufgrund der in /var/log/messages erscheinenden Fehlerangaben sehr schnell analysieren, wo es klemmt.

---

[17] Mit start wird die Verbindung sofort gestartet. Das sollten Sie aber erst einstellen, sobald Sie die Verbindung getestet haben. Wenn Sie diesen Eintrag hingegen weglassen, bleibt die Verbindung inaktiv und muss von Ihnen von Hand aktiviert werden.

3.2.5 Sonderfall «Road Warrior»[18]

Wenn ein «Road Warrior» eingebunden werden muss, existiert für diesen natürlich keine IP. In diesem Fall wird für ihn ein eigener Schlüssel (im Beispiel mit dem Namen `clientname`) erzeugt, und in die erste Zeile bei RSA kommt `@clientname` rein. Damit wird nicht mehr auf die IP gescannt. Natürlich muss auch im File `/etc/ipsec.conf` ein passender Eintrag erstellt werden:

```
conn [NameDerVerbindung]
     keyingtries=0
     disablearrivalcheck=no
     authby=rsasig
     left=%defaultroute
     leftnexthop=[unser Router]
     leftsubnet=[unser Subnetz]
     right=0.0.0.0
     rightsubnet=
     rightnexthop=
     leftid=@vpnserver
     rightid=@clientname
     leftrsasignkey=[unser Public Key]
     rightrsasignkey=[Public Key der Road Warrior Maschine]
     auto=add
```

Der «Road Warrior» erhält den Public Key des erzeugten Keys und wir erhalten seinen Public Key.

Beim «Road Warrior» sieht im Fall der Verbindung über Linux das Ganze so aus:

```
conn [NameDerVerbindung]
     keyingtries=0
     disablearrivalcheck=no
     authby=rsasig
     left=%defaultroute
     leftnexthop=
     leftsubnet=[unser Subnetz]
     right=[VPN-Server IP]
     rightsubnet=[das zu verbindende Subnetz]
     rightnexthop=[Router vor VPN-Server]
     leftid=@clientname
     rightid=@vpnserver
     leftrsasignkey=[Public Key des Clients]
     rightrsasignkey=[Public Key des Servers]
     auto=start
```

---

18 «Road Warrior» (übersetzt: Strassenkämpfer) ist die Bezeichnung für einen Mitarbeiter, der unterwegs ist und deshalb keine fixe IP hat.

Anschließend kann die Verbindung aufgebaut werden. Wenn «leftid» bzw. «rightid» nicht via DNS aufgelöst werden können/sollen, muss einfach ein «@» vor den Namen geschrieben werden. Dasselbe gilt auch für das `secrets`-File. «auto=start» braucht es nur beim «Road Warrior»; sobald dieser dann gestartet wird, wird die VPN-Verbindung vom Server beantwortet.

Hinweis: Es dürfen mehrere derartige `@vpnserver`-Keys existieren, der passende wird dann verwendet. So lässt sich für jeden Laptop ein eigener Schlüssel festlegen. Der Vorteil dieser Lösung ist, dass im Fall des Verlusts des Laptops durch Diebstahl o.Ä. der Schlüssel umgehend gesperrt werden kann.

Wenn beim «Road Warrior» die Verbindung verloren geht, kann mit den folgenden Parametern die Verbindung praktisch automatisch wieder aufgebaut werden:

```
keylife=60s
rekeymargin=20s
ikelifetime=120s
```

3.2.6 Kunden eigenen (virtuellen) Adress-Range zuweisen

Eigentlich ist es ganz einfach. Beim Subnetz auf unserer Seite wird dafür einfach das virtuelle Netz angegeben. Dieses darf übrigens auch auf dem VPN-Gateway konfiguriert sein. Wenn ein neuer Range definiert werden soll, kann dies mit dem folgenden Befehl erfolgen:

```
ifconfig lo:[freierBegriff] [Netz] netmask [netmask]
```

Das kann z.B. so aussehen:

```
ifconfig lo:test 192.168.254.0 netmask 255.255.255.0
```

Damit steht dann auf dem VPN-Gateway dieses Netz zur Verfügung und kann dem Kunden zugewiesen werden. Das gesamte Netz steht dann zur Verfügung. Die Einschränkung, was erlaubt ist oder nicht, muss via Firewall-Script erfolgen. Die Details dafür und für die IP-Forwarding vom dem Kunden zugewiesenen Netz auf die eigentliche Maschine ist in der FW-Builder-Howto beschrieben.

3.2.7 Neuen Key erzeugen (X509)

Das ist ein wenig komplizierter, sofern das Zertifikat nicht bereits besteht. Dann müssen Sie es zuerst erzeugen.

Für die Zertifikate müssen Sie u.U. die Datei `openssl.cnf` bzgl. Pfaden anpassen. Alternativ können Sie auch das File umkopieren und anpassen. Dann müssen Sie aber immer den Parameter

```
-config [pfad]/openssl.cnf
```

angeben. Zudem müssen Sie in diesem Fall auch das Perl-Script CA.pl entsprechend anpassen, da darin Pfade enthalten sind.

Trusted Root CA erzeugen

Root-Zertifikat erzeugen Es gibt eine Routine CA.pl, die alles halbautomatisch erledigt. Diese nimmt einem die meisten Konfigurationsparameter ab. Im Directory /usr/share/ssl/misc sind die Scripte CA.sh und CA.pl, wobei Letzteres der modernere Befehl ist. Die Befehle lauten folgendermaßen:

```
CA.pl -newca
```

Danach extrahieren Sie noch den Certifier mit

```
openssl x509 -in $CACERT > $CAKEY
```

Die Parameter sind in der Routine CA.pl definiert und müssen von dort ausgelesen werden. Leider ist dieser Teil der Zertifzierung nirgends beschrieben.

Zertifikats-Rückrufliste erzeugen

```
openssl ca -gencrl -out revoke.pem
```

Zertifikat zurückrufen

```
openssl -revoke newcert.pem
```

Neue Rückrufliste erzeugen

```
openssl ca -gencrl -out crl/sopac-ca.crl
```

Diese sollte auf der Web-Seite publiziert werden.

Zertifikat erneuern

```
openssl ca -policy policy_anything -out newcert.pem -infiles newreq.pem -
startdate [now] -enddate [previous enddate+365days]
```

Zertifikat anzeigen

```
openssl x509 -in newcert.pem -noout -text
```

Neues Zertifikat für Router erstellen

Zertifikat erstellen und mit root-Zertifikat signieren Zunächst wird ein neues Zertifikat erstellt und zum Signieren vorbereitet:

```
CA.pl -newreq
(openssl req -new -x509 -keyout private/newreq.pem -out newreq.pem -days 365)
```

Den Passwort-Schlüssel extrahieren Sie mit

```
ipsec fswcert -k newreq.pem > private/privkey.pem
```

Danach kommt die Signierung, bei der das Passwort für das Root-Zertifikat abgefragt wird:

```
CA.pl -sign
(openssl ca -policy policy_anything -out newcert.pem -infiles newreq.pem)
```

Beim Router bauen Sie noch die Certification-Revoke-List auf:

```
openssl ca -gencrl -crldays 30 -out /etc/ipsec.d/crls/crl.pem
```

Danach kopieren Sie das zertifizierte File beim Router ins Directory /etc/ipsec.d/cacerts hinein.

Private Key installieren

```
cp newreq.pem /etc/ipsec.d/private/newreq.pem
```

In /etc/ipsec.secrets passen Sie nun den Eintrag für RSA entsprechend an:

```
: RSA /etc/ipsec.d/private/newreq.pem "passwd"
```

Achtung – Zeilenumbruch nicht vergessen!

Extrakte aus Zertifikat Private Key des Zertifikats extrahieren:

```
/usr/sbin/ipsec fswcert -k newreq.pem > private/privkey.pem
```

Public Key des Zertifikats extrahieren:

```
/usr/sbin/ipsec fswcert -c newreq.pem > pubkey.pem
```

Dies braucht es normalerweise nicht, aber es ist sicherheitshalber ebenfalls beschrieben ...

Binary des Zertifikats installieren

```
openssl x509 -in newcert.pem -outform der -out /etc/x509cert.der
```

»Issuer-Zertifikat« zur Verfügung stellen Das «Issuer-Zertifikat» muss in `/etc/ipsec.d/cacerts` zur Verfügung gestellt werden, da anderenfalls IPSec meint, da sei etwas nicht in Ordnung und den Verbindungsaufbau verweigert.

Zertifikate wegkopieren

```
mkdir gateway
mv newcert.pem newreq.pem gateway/
```

... und Umbenennen nicht vergessen!

IPSec: /etc/ipsec.conf konfigurieren

Bei IPSec müssen nun einige Parameter etwas anders gesetzt werden:

```
conn [connname]
     leftrsasigkey=%cert
     rightrsasigkey=%cert
     leftid="/C=US/ST=Switzerland/L=MyCompany/O=My IPSec\
      Firewall/CN=MyName/Email=myemail.address"
     rightid=...
     pfs=yes
```

Damit sollte der Verschlüsselung über die Zertifikate nichts mehr im Wege stehen.

3.2.8 Troubleshooting

IPSec schreibt die Meldungen in die `/var/log/messages`. Die Meldungen sind meist detailliert genug, um daraus auf das Problem zu schließen.

IPSec findet keine Route

Die %defaultroute-Variable muss auf die entsprechenden Netzwerkkarten gemappt werden, sobald der Rechner mehr als eine Netzwerkkarte hat:

```
interfaces="ipsec0=eth0 ipsec1=eth1"
```

Wenn dies vergessen wird, funktioniert IPsec nicht, sondern meldet im Log, dass es keine Route findet.

IPSec meldet, dass es in secrets den DNS nicht auflösen kann

IPSec meldet, dass es in secrets etwas nicht auflösen kann und schreibt u.a. den Public Key und andere Infos in das Message-Log.

Kontrollieren Sie, ob nach der letzten Zeile des entsprechenden Secrets ein Zeilenumbruch besteht. Dieser wird gerne vergessen, was dann zu dieser eigenartigen Meldung führt.

IPSec meldet falschen Schlüssel

Überprüfen Sie den Schlüssel und korrigieren Sie diesen entsprechend. Ein gerne gemachter Fehler ist das Verwechseln von rightrsasigkey und leftrsasigkey.

Verbindung kommt nicht zustande

Im Message-Log sehen Sie, dass die Verbindung ein Timeout meldet oder einfach scheinbar stehen bleibt. Es folgt aber keine «estabilished»-Bestätigung.

Überprüfen Sie die Firewall. Die folgenden Ports werden benötigt:

Service	Port	Typ	Bemerkungen
AH	51	IP	
ESP	50	IP	
IKE	500	UDP Dest.	
L2TP	1701	UDP Dest.	Braucht es nur für W2k-Einbindung

IPSec-Verbindung steht, aber trotzdem keine Verbindung

Dieser Fall kommt vor allem dann vor, wenn die Firewall gleichzeitig der VPN-Gateway ist. Dann muss die Verbindung, z.B. ipsec0, definiert werden. Zudem muss direkt auf der Verbindung – nicht in den globalen Einstellungen – die erlaubte Weiterleitung der benötigten Ports eingetragen werden.

IPSec reißt die ganze Maschine runter

Für diesen Fall existieren vordergründig zwei Varianten:

Wenn auth=xxx und sowohl esp als auch ah definiert sind, verbeißt sich FreeS/WAN in die Schlüssel. Dann müssen Sie entweder esp oder ah löschen, abhängig vom auth-Wert. Dieser Fall ist im neueren FreeS/WAN leider falsch angegeben.

Der bei auth=xxx angegebene Schlüssel muss zudem definiert sein. So darf z.B. nicht esp definiert sein, aber ah eingetragen.

Die aufrufende Maschine darf nicht in dem Netz sein, in dem die Verschlüsselung endet. Wenn also sowohl der VPN-Client als auch der VPN-Server z.B. im 192.168.0.0/16-Netz sind, darf der Server nicht in das 192.168.0.0/16-Netz routen.

Beides stimmt nicht, wie weitere Tests ergeben haben, das Problem ist in solchen Fällen – zumindest bei SuSE Linux 8.1 – der Kernel.

Hindergrund: FreeS/WAN benötigt einen Kernel 2.4.19-xxx, wobei xxx < 308 sein muss. Anderenfalls wird ein Patch zur Verfügung gestellt. Dieser Patch funktioniert aber nicht wirklich mit dem 2.4.19-Kernel. Deshalb muss in solchen Fällen sowohl der Patch als auch Kernel 2.4.21-xxx installiert werden.

IPSec und Cisco

IPSec und Cisco haben offiziell Schwierigkeiten, die Verbindung zueinander zu finden. Es funktioniert aber doch. Sie benötigen folgende Einstellungen:

IPSec

```
conn conn_to_cisco
    type=tunnel
    keylife=3000s
    left=[myip]
    leftsubnet=[mysubnet]
    leftnexthop=[mynexthop]
    right=[remoteVPNpeer]
    rightsubnet=[remoteSubnet]
    rightnexthop=
    authby=secret
    auth=esp
    esp=3des-sha1-96
    pfs=yes
    auto=add
```

Ganz wichtig für Cisco ist `pfs=yes`, da anderenfalls die Verbindung nicht richtig aufgebaut wird. Die Fehlermeldung bei IPSec lautet

```
vpngwy pluto[13399]: "conn_to_cisco" #1134: Informational Exchange
message for an established ISAKMP SA must be encrypted
```

und bei Cisco kommt

```
All IPSec SA proposals found unacceptable!
```

Mit `pfs=no` geht es nicht, da offenbar Cisco trotz deaktiviertem «Perfect Forward Secrecy» irgendetwas damit einstellt. Leider findet sich nicht einmal im Internet die Lösung, dass «Perfect Forward Secrecy» aktiviert werden muss.

Cisco Die hier fehlenden IPs müssen selbstverständlich auch eingetragen werden.

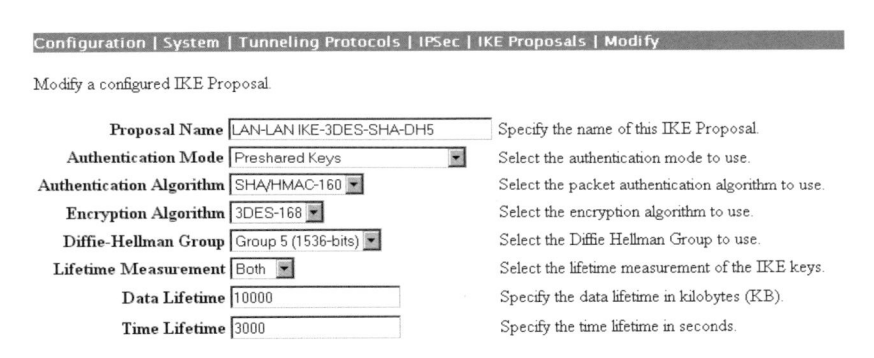

```
Configuration | System | Tunneling Protocols | IPSec | IKE Proposals | Modify
```

Modify a configured IKE Proposal.

Proposal Name: LAN-LAN IKE-3DES-SHA-DH5	Specify the name of this IKE Proposal.
Authentication Mode: Preshared Keys	Select the authentication mode to use.
Authentication Algorithm: SHA/HMAC-160	Select the packet authentication algorithm to use.
Encryption Algorithm: 3DES-168	Select the encryption algorithm to use.
Diffie-Hellman Group: Group 5 (1536-bits)	Select the Diffie Hellman Group to use.
Lifetime Measurement: Both	Select the lifetime measurement of the IKE keys.
Data Lifetime: 10000	Specify the data lifetime in kilobytes (KB).
Time Lifetime: 3000	Specify the time lifetime in seconds.

Cisco verwendet Diffie-Hellmann 2, während IPSec per Default Diffie-Hellmann 5 verwendet. Das sollte aber keine Rolle spielen, da IPSec auf DH2 umschaltet, wenn DH5 nicht geht.

Nochmals: Eine Falle ist «Perfect Forward Secrecy». Per Default ist das bei Cisco disabled. Ob FreeS/WAN mit dem Parameter `pfs=no` ein Problem hat oder Cisco das disabled nicht ganz ernst nimmt, ist nicht klar. Jedenfalls muss beides enabled werden, damit es funktioniert.

OpenSwan auf Firewall

Zumindest OpenSwan 2.2 mit Linux-Kernel 2.6 greift auf den Kernel-eigenen IPSec-Stack zurück. Deshalb erscheint kein ipsecX-Interface. Damit wird es vordergründig etwas schwierig, die Kontrolle darüber zu gewinnen, woher bzw. wohin verschlüsselte Verbindungen gehen. Diese werden über das normale Interface, z.B. eth0, geleitet. Das bedeutet, dass die für IPSec gewünschten Firewall-Regeln bei den normalen Firewall-Regeln integriert werden müssen.

Sie benötigen also zwei Regelteile, eines für die eigentliche verschlüsselte Verbindung bzw. die dafür benötigten Ports, und eines für den aus dieser kommenden unverschlüsselten Traffic.

3.3 iptables

Eine Firewall benötigt auch das eigentliche Programm, das die Firewall-Aufgaben übernimmt. Es existieren verschiedene derartige Programme in der Unix- und Linux-Welt. Eines davon ist iptables. Früher – bis zum Linux-Kernel 2.2 – wurde ipchains eingesetzt. Da es aber etwas umständlich war, wurde für den 2.4-Kernel iptables entwickelt, das sich so bewährt hat, dass es auch beim 2.6-Kernel eingesetzt wird.

iptables läuft auch unter dem Namen «Netfilter». Sie müssen sich normalerweise nicht mit iptables abgeben, wenn Sie nur die kleine Firewall-Lösung verwenden. Auch wenn Sie FW-Builder verwenden, werden Sie sich nicht mit iptables befassen müssen, solange Sie nicht spezielle Einstellungen brauchen.

Damit Sie aber im Notfall wissen, wie iptables funktioniert, geht der Autor hier auf die Grundlagen ein.

Dieser Teil stammt überwiegend aus der Übersetzung des Autors der Manpage für iptables aus dem Englischen. Zum besseren Verständnis hat der Autor manche Teile vereinfacht beschrieben.

3.3.1 Syntax

```
iptables -[ADC] chain rule-specification [options]
iptables -[RI] chain rulenum rule-specification [options]
iptables -D chain rulenum [options]
iptables -[LFZ] [chain] [options]
iptables -[NX] chain
iptables -P chain target [options]
iptables -E old-chain-name new-chain-name
```

3.3.2 Beschreibung

iptables ist das Programm, um IP Paketfilter-Regeln im Linux-Kernel zu verwalten. Es können verschiedene Filter-Tabellen definiert werden, und jede dieser Tabellen enthält eine Anzahl system- und benutzerdefinierte Regeln.

Jede Tabelle besteht aus einer Liste von Regeln, die auf Pakete zutreffen. Jede Regel definiert, was mit einem Paket zu geschehen hat, auf das die betreffende Regel zutrifft. Das nennt man Target (Ziel) und kann sich auf eine benutzerdefinierte Regel in derselben Tabelle beziehen.

TARGETS

Eine Firewall-Regel definiert Kriterien für ein Paket und ein «Ziel». Wenn die Regel für das Paket nicht zutrifft, wird die nächste Regel in der Chain[19] untersucht. Wenn keine Regel zutrifft, gilt die Default-Regel, normalerweise ein DROP oder REJECT.

ACCEPT bedeutet, dass das Paket durchgelassen wird.

DROP lässt das Paket «fallen», ohne irgendeine Antwort zu geben.

QUEUE leitet das Paket weiter an den «userspace».

RETURN stoppt die Verarbeitung der jeweiligen Chain und gibt die Verarbeitung an die aufrufende Regel zurück.

Wenn das Ende einer Chain erreicht wurde oder eine Regel mit RETURN zutrifft, gilt die Chain als nicht erfüllt.

TABLES

Mindestens drei Chains werden innerhalb der Filter definiert, nämlich INPUT, FORWARD und OUTPUT, deren Verarbeitung hängt aber teilweise noch von der Firewall-Kernel-Konfuguration und den geladenen Modulen ab.

-t, --table Diese Option definiert die Tabelle, auf die der jeweilige Befehl angewendet werden soll. Wenn der Kernel die Module automatisch laden kann und Module zur Verarbeitung der Tabelle fehlen, werden allfällig nicht geladene Module jetzt nachgeladen.

Normalerweise sind sämtliche der folgenden Tabellen definiert:

Default sind innerhalb des Filters «filter» die drei Chains INPUT (Chains, die zur Firewall hineinkommen), FORWARD (Weiterleitung durch die Firewall) und OUTPUT (für lokal generierte bzw. weitergeleitete Pakete).

Des Weiteren wird oft noch «nat» verwendet. Diese wird dann abgearbeitet, wenn ein Paket zu einer anderen Adresse weitergeleitet wird. Auch «nat» bezieht sich auf drei eingebaute Chains: PREROUTING (um Pakete zu ändern, sobald sie reinkommen), OUTPUT (um lokal generierte Pakete zu ändern, bevor sie weitergeroutet werden), und POSTROUTING (um Pakete zu ändern, bevor sie weitergeleitet werden).

Der Type «mangle» wird für spezielle Paket-Veränderungen verwendet. Sie hat zwei eingebaute Chains: PREROUTING (eingehende Pakete vor dem Routen zu verändern) und OUTPUT (um lokal generierte Pakete vor dem Routen zu verändern).

---

19 Zu deutsch «Kette»: Da der Begriff aber im Deutschen missverständlich ist, hat sich der Autor dagegen ausgesprochen, diesen zu übersetzen. Am sinnvollsten ist vielleicht die Übersetzung «Regel innerhalb eines Regelwerks».

3.3.3 Optionen

Die für iptables möglichen Optionen werden in verschiedene Gruppen eingeteilt.

Kommandos

Diese Optionen definieren, was geschehen soll, wenn die betreffende Regel zutrifft. Es kann im Normalfall nur eine Option zugewiesen werden – Ausnahmen werden unten angegeben. Die Länge der abhängigen Regeln ist beliebig, soweit Sie genügend Buchstaben zum Unterscheiden von den anderen Optionen haben.

Parameter	Beschreibung
`-A, --append`	Hängt eine oder mehrere Regeln an das Ende der gewählten Chain. Wenn Source und/oder Destination mehr als eine Adresse zulassen, wird für jede mögliche Adresskombination eine Regel angehängt.
`-D, --delete`	Löscht eine oder mehrere Regeln aus der gewählten Chain. Sie haben zwei Möglichkeiten, die zu löschende Regel zu bezeichnen – entweder über die Nummer innerhalb der Chain (die erste Regel trägt die Nr. 1) oder über die Regel, die auf die Definition im Löschstring zutrifft.
`-R, --replace`	Ersetzt eine Regel in der gewählten Chain. Wenn die Löschdefinition auf mehrere Regeln zutrifft, schlägt der Löschbefehl fehl. Die Regeln sind auch hier durchnummeriert, beginnend bei 1.
`-I, --insert`	Fügt eine oder mehrere Regeln in der definierten Chain als entsprechende Regelnummer ein. Wenn also als Regelnummer «1» gewählt wird, wird die neue Regel an Stelle 1 eingefügt, und die anderen Regeln werden nach hinten verschoben. 1 ist Default, wenn keine Nummer angegeben wurde.
`-L, --list`	Listet alle Regeln der gewählten Chain auf. Wenn keine Chain definiert wurde, werden alle Chains aufgelistet.
`-F, --flush`	Löscht («Flush») die gewählte Chain. Das entspricht einem Löschen aller Regeln innerhalb einer Chain.
`-Z, --zero`	Setzt alle Paket- und Byte-Zähler in allen Chains zurück. Der Parameter -Z darf zusammen mit -L gesetzt werden. In diesem Fall werden die Zähler vor dem Löschen angezeigt.
`-N, --new-chain`	Erstellt eine neue benutzerdefinierte Regel. Der hier verwendete Name für die Chain darf noch nicht vorkommen.
`-X, --delete-chain`	Löscht die entsprechende benutzerdefinierte Chain. Es dürfen keine Referenzen auf diese Chain durch andere Chains/Regeln existieren. Anderenfalls sind diese zuerst zu löschen, bevor die gewünschte zu löschende Chain gelöscht werden kann. Wenn kein Parameter als Name mitgegeben wird, wird versucht, jede benutzerdefinierte Chain zu löschen.
`-P, --policy`	Setzt die Policy für die Chain auf das angegebene Ziel/Objekt. Siehe nächste Sektion.

iptables

Parameter	Beschreibung
-E, --rename-chain	Benennt benutzerdefinierte Chain um. Das ist kosmetisch und hat keinen Einfluss auf die Regelstruktur. Nur nicht benutzerbezogene Chains können Policies enthalten, und weder eingebaute noch benutzerdefinierte Chains können Ziele einer Policy sein.
-h	Hilfe: Gibt eine kurze Beschreibung der Befehlssyntax.

Parameter

Die folgenden Parameter machen erst eine Regel-Spezifikation aus, wie sie im add-, delete-, replace-, append- und check-Befehl eingesetzt werden.

Parameter	Beschreibung
-p, --protocol [!] protocol	Das Protokoll der Regel oder des Pakets, das kontrolliert werden soll. Das Protokoll kann als tcp, udp, icmp oder all festgelegt werden. Alternativ kann es auch als numerischer Wert, der eines dieser oder ein anderes Protokoll repräsentiert, gesetzt werden. Auch ein Protokoll-Name aus /etc/protocols ist erlaubt. ein «!» vor dem Protokoll verneint den Test («not»/«nicht»). Die Nummer Null entspricht «all» (alle Protokolle). So meint «all» alle Protokolle und ist Default, wenn diese Option weggelassen wird. «all» darf aber nicht zusammen mit dem «check»-Parameter verwendet werden.
-s, --source [!] address[/mask]	Source (Herkunft) des Pakets. Die Maske kann sowohl eine Netzwerk-Maske als auch die entsprechende Nummer sein. So entspricht eine Maske 24 der 255.255.255.0. Ein «!» vor der Source verneint die Adresse. Das Flag «--src» ist ein Alias für diese Option.
-d, --destination [!] address[/mask]	Destination (Ziel). Die Definition ist dieselbe wie bei Source. Das Flag «--dst» ist ein Alias für diese Option.
-j, --jump target	Das ist die Zieladresse für diese Regel. Der Target kann auch eine benutzerdefinierte Regel sein. Fehlt «-j», dann passiert hier nicht viel, aber der Regelzähler wird weitergezählt.
-i, --in-interface [!] [name]	Dieser Wert ist optional und bezeichnet das Interface (Netzwerkkarte), auf der das Paket empfangen wird, und ist für Pakete, die in die INPUT-, FORWARD- oder PREROUTING-Chain weitergeleitet werden. Ein «!» vor dem Interface-Namen verneint das betreffende Interface. Wenn der Interface-Name mit einem «+» endet, trifft das auf jedes Interface mit dem definierten Anfangsstring zu. Wird diese Option nicht angegeben, entspricht das einem «+», was für alle Interfaces zutrifft.
-o, --out-interface [!] [name]	Optional, gilt für das angegebene Interface und wird auf Pakete angewendet, die die FORWARD-, OUTPUT- und POSTROUTING-Chain durchlaufen. Die weitere Definition ist wie bei «-i».

Parameter	Beschreibung
[!] -f, --fragment	Das bedeutet, dass die Regel nur für das zweite und weitere Fragmente eines Pakets zutrifft. Weil aber keine Möglichkeit besteht, die Source- und Destination-Ports derartiger Pakete festzustellen, wird keine andere Regel auf derartige Pakete zutreffen Mit «!» verneinen Sie dieses Argument.

Sonstige Optionen

Des Weiteren können Sie noch folgende zusätzliche Optionen definieren:

Option	Bedeutung
-v, --verbose	= erweitert: Diese Option zeigt die Interface-Adresse, die Regel-Optionen (sofern welche definiert wurden) und die TOS-Masken. Der Paket- und Byte-Zähler wird ebenfalls aufgeführt, je nach Multiplikator für «K», «M» oder «G» für 1000, 1,000,000 und 1,000,000,000 (mit dem -x-Flag können Sie dies ändern). Beim Append, Insert, Delete oder Replace erhalten Sie hier detaillierte Informationen zum jeweiligen Vorgang.
-n, --numeric	Numerischer Output. IP-Adressen und Port-Nummern werden dann im numerischen Format ausgegeben. Per Default versucht das Programm hingegen, die Ports als Host-Namen, Netzwerk-Namen und/oder Services anzuzeigen.
-x, --exact	Gerundete Werte wie bei «K», «M» und «G» werden als ganze Zahlen ausgegeben. Diese Option ist nur für den -L (List)-Parameter.
--line-numbers	Damit werden die Zeilennummern der Chain vorangestellt.

3.3.4 MATCH EXTENSIONS

iptables kann erweiterte Paket-Module verwenden. Die folgenden sind in der Basis-Installation des Packages vorhanden, und die meisten können durch ein «!» negiert werden.

tcp

Diese Erweiterungen werden geladen, wenn «--protocol tcp» definiert ist und kein anderer Parameter zutrifft. Sie haben hier die folgenden Optionen:

Option	Bedeutung
--source-port [!] [port[:port]]	Source-Port oder -Port-Range. Default ist «0» für den ersten und 66635 für den letzten Port. Sie können einen Range definieren mit dem Format port:port. Der Flag «--sport» ist ein Alias für diese Option.

Option	Bedeutung
`--destination-port [!] [port[:port]]`	Destination-Port oder -Port-Range. Der Flag «--dport» ist ein Alias für diese Option.
`--tcp-flags [!] mask comp`	Das erste Argument ist der Flag, der untersucht werden soll. Mehrere Flags können Sie mit Komma trennen. Auch das zweite Flag kann, durch Kommata getrennt, mehrere Werte haben. Flags sind: SYN ACK FIN RST URG PSH ALL NONE. So wird das Kommando iptables -A FORWARD -p tcp --tcp-flags SYN,ACK,FIN,RST SYN nur auf Pakete zutreffen, die das SYN Flag gesetzt haben und das ACK, FIN und RST nicht gesetzt.
`[!] --syn`	Trifft nur auf TCP-Pakete mit gesetztem SYN-Bit und nicht gesetztem ACK und FIN-Bit zu. Solche Pakete werden verwendet, um eine TCP-Verbindung aufzubauen. Werden diese Pakete geblockt, können eingehende Verbindungen nicht mehr aufgebaut werden. Ausgehende Verbindungen bleiben davon unberührt. Dies entspricht dem Befehl «--tcp-flags SYN,RST,ACK SYN». Mit "!" wird die Bedeutung umgekehrt.
`--tcp-option [!] number`	Trifft zu, sobald die TCP-Option gesetzt ist.

udp

Diese Erweiterungen werden geladen, wenn «--protocol udp» definiert ist und kein anderer Parameter zutrifft. Sie haben hier die folgenden Optionen:

Option	Beschreibung
`--source-port [!] [port[:port]]`	Source-Port oder -Port-Range. Vgl. Beschreibung ver --source-port-Option bei TCP.
`--destination-port [!] [port[:port]]`	Destination-Port oder -Port-Range. Vgl. Beschreibung ver --destination-port-Option bei TCP.

icmp

Diese Erweiterungen werden geladen, wenn «--protocol icmp» definiert ist und kein anderer Parameter zutrifft. Sie haben hier die folgenden Optionen:

Option	Beschreibung
`--icmp-type [!] typename`	Dies erlaubt, den speziellen ICMP-Typ zu definieren. Das kann numerisch oder als Typ geschehen. Die erlaubten Typen zeigt der Befehl «iptables -p icmp -h».

mac

Option	Beschreibung
`--mac-source [!] address`	Die MAC[20]-Adresse. Sie muss im Format XX:XX:XX:XX:XX:XX eingegeben werden. Bitte beachten Sie, dass das nur für die Chains INPUT, PREROUTING und FORWARD Sinn macht, sofern sich dahinter ein Ethernet-Device befindet.

limit

Dieses Modul ermöglicht die Limitierung des Traffics und kann in Verbindung mit dem LOG-Ziel verwendet werden.

Option	Beschreibung
`--limit rate`	Maximale durchschnittliche Rate als numerischer Wert mit den Optionen «/second», «/minute», «/hour» oder «/day». Default ist «/hour».
`--limit-burst number`	Die maximale Zahl der Pakete, die zutreffend ist. Diese Nummer wird zurückgesetzt, solange der in «--limit» gesetzte Wert nicht erreicht wird. Default ist «5».

multiport

Dieses Modul trifft bei einem Range von Source- oder Destination-Ports zu. Bis zu 15 Ports können definiert werden, bedingt aber «-p tcp» oder «-p udp».

Option	Beschreibung
`--source-port [port[,port]]`	Trifft zu, sobald einer der definierten Source-Ports angesprochen wird.
`--destination-port [port[,port]]`	Trifft zu, sobald einer der definierten Destination-Ports angesprochen wird.
`--port [port[,port]]`	Trifft zu, sobald einer der definierten Ports angesprochen wird, unabhängig von Source- oder Destination-Port

---

20 Die MAC-Adresse ist die weltweit eindeutige «Adresse» der Netzwerkkarte.

mark

Dieser Filter trifft dann zu, wenn der netfilter mark mit einem Paket zugewiesen wird. Dies kann dann verwendet werden mit dem MARK Target weiter unten.

Option	Beschreibung
`--mark value[/mask]`	Trifft auf Pakete zu mit dem hier definierten mark-Wert. Wenn eine mask definiert wurde, ist diese logisch durch ein «UND» mit der mark davor verbunden.

owner

Dieses Modul versucht, mehrere Charakteristiken des lokalen Paket-Senders zu erfassen. Es ist nur in der OUTPUT-Chain gültig. Auf manche Pakete, die keinen Owner haben, wie z.B. ICMP ping-Antworten, treffen diese nie zu.

Option	Beschreibung
`--uid-owner userid`	Das Paket wurde durch einen Prozess mit der vorgegebenen User-ID erstellt.
`--gid-owner groupid`	Das Paket wurde durch einen Prozess mit der vorgegebenen Group-ID erstellt.
`--pid-owner processid`	Das Paket wurde durch einen Prozess mit der vorgegebenen Prozess-ID erstellt.
`--sid-owner sessionid`	Das Paket wurde durch einen Prozess aus der vorgegebenen Session-Gruppe erstellt.

state

Dieses Modul erlaubt in Verbindung mit «Connection tracking» die Kontrolle des «Connection Tracking»-Status eines Pakets.

Option	Beschreibung	
`--state state`	State ist eine durch Kommata getrennte Liste der Connection States, die zutreffen müssen. Mögliche Werte sind:	
	INVALID	keine bestehende Verbindung
	ESTABLISHED	bestehende Verbindung
	NEW	neue Verbindung wird gestartet
	RELATED	neue Verbindung, aber korrespondierend zu einer bereits bestehenden Verbindung wie z.B. FTP data oder ein ICMP error.

unclean

Dieses Modul hat keine Optionen, aber trifft auf Pakete zu, die falsch aufgebaut oder ungewöhlich sind. Das ist ein experimentelles Feature.

tos

Dieses Modul bearbeitet die 8 Bits des Typs des Service-Felds im IP-Header inklusive vorangegangener Bits.

Option	Beschreibung
`--tos tos`	Dieses Argument ist ein Standard-Name oder ein numerischer Wert. Die möglichen Standard-Namen zeigt Ihnen der Befehl «iptables -m tos -h» an.

3.3.5 TARGET EXTENSIONS

iptables kann erweiterte target-Module verwenden. Die folgenden sind in der Standard-Distribution enthalten.

LOG

Schaltet das Kernel-Logging für zutreffende Pakete ein. Ist diese Option gesetzt, zeigt der Linux-Kernel einige Details der zutreffenden Pakete wie IPs, Ports und Paket-Länge an.

Option	Beschreibung
`--log-level level`	Logging-Level. Numerisch. Die Details erhalten Sie über «man syslog.conf(5)».
`--log-prefix prefix`	Bezeichnung, die dem zutreffenden Paket vorangestellt wird – darf 14 Buchstaben lang sein. Es dient dazu, die Meldungen im Log den einzelnen Regeln zuzuweisen.
`--log-tcp-sequence`	Logt TCP-Sequenz-Nummer. Das kann allerdings ein Sicherheitsrisiko sein, wenn das Log durch einen Benutzer (oder Angreifer) gelesen werden kann.
`--log-tcp-options`	Log-Optionen vom TCP-Paket-Header
`--log-ip-options`	Log-Optionen vom IP-Paket-Header

MARK

Damit wird der Netfilter mark-Wert gesetzt, der dem Paket zugeordnet wird. Das ist nur in der «mangle»-Tabelle gültig.

`--set-mark mark`

REJECT

Damit wird ein Fehler-Paket als Antwort zum Paket zurückgesendet. Anderenfalls ist es identisch mit DROP. Dieses Target ist nur in der INPUT-, FORWARD- und OUTPUT-Chain gültig. Nur benutzerdefinierte Chains können von dieser Chain aus aufgerufen werden. Etliche Optionen kontrollieren den Typ des zurückgeschickten Error-Pakets.

Option	Beschreibung
`--reject-with type`	Der zurückgegebene Typ kann einen der folgenden Werte enthalten: icmp-net-unreachable, icmp-host-unreachable, icmp-port-unreachable, icmp-proto-unreachable, icmp-net-prohibitedor icmp-host-prohibited. Es wird die entsprechende ICMP-Fehlermeldung zurückgeschickt. Auch die Option echo-reply ist erlaubt, kann aber nur gesetzt werden, wenn die Regel für ein ping request verwendet wird. Dann wird ein echo reply generiert. Die Option tcp-reset kann bei INPUT-Chains ebenfalls verwendet werden, sofern es nur ein TCP-Protokoll betrifft. Das führt zu einem retournierten TCP RST-Paket.

TOS

TOS kann benutzt werden, um den 8-Bit-Typ des Service-Felds im IP-Header zu setzen. Es ist nur in der «mangle»-Tabelle erlaubt.

Option	Beschreibung
`--set-tos tos`	Sie können entweder numerische TOS-Werte verwenden oder über den Befehl «iptables -j TOS -h» die Liste der gültigen TOS-Namen ersehen.

MIRROR

Dies ist eine experimentelle Funktion. Sie vertauscht Source und Destination und schickt das erhaltene Paket somit an den Absender zurück. MIRROR ist nur in der INPUT-, FORWARD- und OUTPUT-Chain gültig. Zudem können nur benutzerdefinierte Chains von dieser aus aufgerufen werden.

SNAT

Dieses Target ist nur in der «nat»-Tabelle gültig und dort nur in der POSTROUTING-Chain. Sie bedeutet, dass die Source-Adresse des Pakets verändert werden soll. Ansonsten werden die Regeln weiter abgearbeitet. Hier gibt es nur eine Option:

```
--to-source <ipaddr>[-<ipaddr>][:port-port]
```

Es kann eine einzelne neue Source-IP sein, ein ganzer Range von IP-Adressen, und optional ein Port-Range. Letzterer ist nur gültig, wenn «-p tcp» oder «-p udp» gesetzt sind. Wenn kein Port-Range definiert wurde, werden die Source-Ports unterhalb von 512 zu anderen Ports unterhalb 512 gemappt, die bis 1024 werden auf andere Ports unterhalb 1024 gemappt, und die höheren Ports werden auf 1024 oder höher gemappt. Andere Änderungen gibt es nicht durch diese Regel (wenn nichts weiteres angegeben wurde).

DNAT

Dieses Target ist nur in der «nat»-Tabelle gültig, und dort nur in der POSTROUTING- und OUTPUT-Chain. Es können von dieser Regel nur benutzerdefinierte Chains aufgerufen werden. Es gibt nur eine Option:

```
--to-destination <ipaddr>[-<ipaddr>][:port-port]
```

Es kann eine einzelne Ziel-IP ein ganzer IP-Range und optional ein Port-Range definiert werden, der aber nur auf «-p tcp» oder «-p udp» zutrifft. Wenn kein Port-Range definiert wurde, wird der Destination-Port nicht verändert.

MASQUERADE

Auch dieses Target ist nur in der «nat»-Tabelle gültig innerhalb der POSTROUTING-Chain. Es sollte nur mit dynamischen Adressen wie beim Dialup oder DHCP verwendet werden. Wenn Sie eine statische IP-Adresse haben, sollten Sie SNAT verwenden. Masquerading verhält sich zunächst identisch mit SNAT, aber wenn die Verbindung «verloren» geht, wird diese auch «vergessen». Die nächste Verbindung wird ja voraussichtlich eine andere IP und – je nach Verbindungstype – ein neues Interface haben. Hier gibt es nur eine Option:

```
--to-ports <port>[-<port>]
```

Damit wird der Range der Source-Ports verwendet, und die Default-SNAT-Source-Port-Selektion wird aufgehoben. Die Regel ist nur gültig, wenn auch «-p tcp» oder «-p udp» definiert wurde.

REDIRECT

Auch REDIRECT ist nur in der «nat»-Tabelle innerhalb der PREROUTING- und OUTPUT-Chains gültig. Es können nur benutzerdefinierte Chains aufgerufen werden. Die Destination-Adresse wird geändert und das Paket zu der neuen Destination geschickt. Es gibt eine einzige Option:

```
--to-ports <port>[-<port>]
```

Damit definieren Sie einen Destination-Port oder -Port-Range, der benutzt werden soll. Ohne dies wird der Destination-Port nicht verändert. Auch hier trifft die Regel nur auf «-p tcp» und «-p udp» zu.

DIAGNOSTICS

Diverse Fehlermeldungen werden zum Standard-Error-Output gedruckt. Der Return-Code für die korrekte Funktion ist 0. Fehler durch fehlerhafte oder missbrauchte Kommandozeilenparameter führen zu einen Code von 2 und die restlichen Fehler zu einer 1.

3.3.6 Weitere Firewall-Informationen

Ab dem Linux-Kernel 2.4.x kann der Paketfilter im Gegensatz zu seinen Vorgängern «stateful» filtern. Der Filter kann ein- oder ausgehende und weitergeleitete Pakete zusätzlich zu den bisher schon gegebenen Möglichkeiten auch nach ihrem möglichem Status

NEW	neu
ESTABLISHED	bestehend
RELATED	in Verbindung stehend

filtern. So können sehr übersichtliche Regeln für den Paketfilter geschrieben werden.

`iptables` ist bei SuSE Linux schon im distributionseigenen Kernel enthalten. Anderenfalls müssen Sie einen eigenen Kernel kompilieren. Darauf geht der Autor aber nicht ein.

Nun kommen drei Beispiele, die den Aufbau

- eines einfachen Filters,
- eines für eine standalone stehende Maschine gedachten Filters,
- eines für einen Router geeigneten Filters

mittels `iptables` darstellen. Die nun folgenden Beispiele stammen mit kleinen Anpassungen aus der Linux 2.4-Packet-Filtering-HOWTO und http://www.martin-bock.de/pc/pc-0210.html.

Ein einfaches Beispiel

Das folgende Beispiel setzt einen einfachen, aber dennoch wirksamen Paketfilter für eine standalone betriebene Maschine, die auf das Internet zugreifen soll, auf:

```
IPTABLES=/sbin/iptables
EXTIF=ppp0
```

```
insmod ip_conntrack
insmod ip_conntrack_ftp
```

Das externe Interface wird in der Variable «EXTIF» gespeichert. Dazu werden zwei Module nachgeladen, die den Traffic, der auf anderen Ports hereinkommt, als er herausgeht, regeln.

```
$IPTABLES -N block
$IPTABLES -A block -m state --state ESTABLISHED,RELATED -j ACCEPT
$IPTABLES -A block -m state --state NEW -i ! ${EXTIF} -j ACCEPT
$IPTABLES -A block -j DROP
```

Mit diesen Anweisungen wird ein neuer Regelsatz namens «block» definiert (1. Zeile), die alle bestehenden oder von innen initiierten Verbindungen akzeptiert (2. Zeile) und alle neuen Verbindungen akzeptiert, sofern sie nicht von außen (-i ! ${EXTIF}) kommen (3. Zeile). Alles andere wird verworfen (4. Zeile). Diese Kette ist der eigentliche Filter, der entscheidet, welche Pakete durchgelassen oder verworfen werden.

```
$IPTABLES -A INPUT -j block
$IPTABLES -A FORWARD -j block
```

Der gesamte eingehende Verkehr wird an die Kette «drop» weitergeleitet.

Ein etwas verfeinerter Ansatz

Der folgende Paketfilter schützt im Gegensatz zum 1. Beispiel vor Spoofing und hat zwei selbst definierte Filterregeln, die es ermöglichen, offensichtlich unerwünschte Pakete im Schnelldurchgang zu verwerfen und den übrigen Traffic stateful zu filtern. Grundsätzlich werden alle eingehenden IP-Pakete verworfen.

```
IPTABLES=/sbin/iptables
EXTIF=ppp0
CLAss_A="10.0.0.0/8"
CLAss_B="172.16.0.0/16"
CLAss_C="192.168.0.0/24"
CLAss_D="224.0.0.0/4"
CLAss_E="240.0.0.0/5"
LOOPBACK="127.0.0.0/8"
```

Am Anfang werden Variablen für das externe Interface und verschiedene Netzwerk-Klassen definiert, auf die später zugegriffen wird.

```
for FILE in /proc/sys/net/ipv4/ ip_forward \
```

```
    /proc/sys/net/ipv4/tcp_syncookies
do
  if [ -e ${FILE} ]
    then echo "1" > ${FILE}
  fi
done

if [ -e /proc/sys/net/ipv4/ip_dynaddr ]
then
   echo "7" > /proc/sys/net/ipv4/ip_dynaddr
fi

insmod ip_conntrack
insmod ip_conntrack_ftp
```

Mit den ersten beiden Schleifen wird das Nating, der Spoofing-Schutz und das Übersetzen von IP-Paketen bei erneutem Zuweisen einer anderen IP-Adresse eingeschaltet. Zuletzt werden noch zwei Module (vgl. 1. Beispiel) nachgeladen.

```
$IPTABLES -P INPUT DROP
$IPTABLES -P OUTPUT ACCEPT
$IPTABLES -P FORWARD DROP
```

Die Default-Policy des Paketfilters wird gesetzt.

```
$IPTABLES -F
$IPTABLES -F INPUT
$IPTABLES -F OUTPUT
$IPTABLES -F FORWARD
$IPTABLES -F -t mangle
$IPTABLES -X
$IPTABLES -F -t nat
```

Etwaig vorhandene Filterregeln werden geflusht und alle Regelsätze (außer den Default-Ketten) gelöscht.

```
$IPTABLES -N dump > /dev/null
$IPTABLES -F dump
$IPTABLES -A dump -p tcp -j LOG --log-prefix "iptables: "
$IPTABLES -A dump -p udp -j LOG --log-prefix "iptables: "
$IPTABLES -A dump -p tcp -j REJECT --reject-with tcp-reset
$IPTABLES -A dump -p udp -j REJECT --reject-with icmp-port-unreachable
$IPTABLES -A dump -j DROP
```

Ein neuer Regelsatz «dump» wird definiert, der ihn erreichende IP-Pakete dem Syslog übergibt und dann abweist oder verwirft. Dieser Regelsatz lässt keinerlei Traffic durch.

Im Syslog kann man dann nach Kernel-Meldungen mit dem Zusatz `iptables` greppen, um zu sehen, was der Paketfilter alles abgewiesen hat.

```
$IPTABLES -N stateful > /dev/null
$IPTABLES -F stateful
$IPTABLES -I stateful -m state --state ESTABLISHED,RELATED -j ACCEPT
$IPTABLES -A stateful -m state --state NEW -i ! $EXTIF -j ACCEPT
$IPTABLES -A stateful -j dump
```

Ein neuer Regelsatz «stateful» wird definiert, der – wie im 1. Beispiel – die Pakete stateful überprüft und annimmt bzw. bei neuen Verbindungsversuchen von außen auf das externe Device an den Regelsatz «drop» übergibt, der dann loggt und entsorgt.

```
$IPTABLES -A INPUT -i lo -j ACCEPT
$IPTABLES -A OUTPUT -o lo -j ACCEPT
```

Diese Regeln lassen allen Verkehr auf dem Loopback-Device zu.

```
$IPTABLES -A INPUT -i $EXTIF -p icmp --icmp-type destination-unreachable -j ACCEPT
$IPTABLES -A INPUT -i $EXTIF -p icmp --icmp-type time-exceeded -j ACCEPT
$IPTABLES -A INPUT -i $EXTIF -p icmp --icmp-type echo-reply -j ACCEPT
$IPTABLES -A INPUT -i $EXTIF -p icmp --icmp-type echo-request -j ACCEPT
```

Einige eingehende ICMP-Pakete werden akzeptiert, um bei Fehlermeldungen der absendenden Hosts nicht auf das Ende endlose Verbindungsversuche eigener Klienten und Dienste warten zu müssen.

```
$IPTABLES -A INPUT -p tcp -i $EXTIF --dport 113 -j REJECT --reject-with tcp-reset
```

Eingehende Ident-Anfragen werden generell zurückgewiesen.

```
for i in ${CLAss_A} ${CLAss_B} ${CLAss_C} ${CLAss_D} ${CLAss_E} ${LOOP-
    BACK}
do
    $IPTABLES -A INPUT -i $EXTIF -s $i -j DROP
done
```

Externe Verbindungsversuche von Netzwerkadressen, die sich nur in LANs befinden sollten, werden sofort «gedropt», da ein «REJECT» die gespoofte Adresse ohnehin nicht erreichen würde.

```
$IPTABLES -A INPUT -j stateful
```

Dies ist die Catch-All-Regel: Aller anderer eingehender Verkehr wird an den Regelsatz «stateful» übergeben, um akzeptiert oder entsorgt zu werden.

NAT (Network Adress Translation)

Unter NAT versteht man die Tätigkeit eines Routers: Dieser ermöglicht es einem hinter ihm befindlichen LAN, durch eines seiner Interfaces auf ein anderes Netzwerk-Segment zuzugreifen, in diesem Fall auf das Internet. Man kann dazu einfach das 2. Beispiel verwenden, dass man an geeigneter Stelle noch mit folgenden Regeln aufbohrt:

```
INTIF=eth1
LOCALMASK=`ifconfig $INTIF | awk '/inet addr:/ {sub("Mask:","",$4);print $4}'`
NETWORK=`ifconfig $INTIF | awk '/inet addr:/
{sub("Bcast:","",$3);sub("255","0");print $3}'`
LOCALNET="${NETWORK}/${LOCALMASK}"
```

Eingangs des Skriptes sollten noch folgende Variablen definiert werden, die die IP des lokalen Netzes in der Form «192.168.1.0/ 255.255.255.0» zurückliefern.

```
$IPTABLES -P FORWARD ACCEPT
```

Die Default-Policy für die Kette «FORWARD» wird auf «Akzeptieren» gestellt.

```
$IPTABLES -t nat -A POSTROUTING -s ${LOCALNET} -o $EXTIF -j MASQUERADE
```

Diese Regel sollte vor der Catch-All-Regel eingefügt werden und führt zur Übersetzung und Weiterleitung aller aus dem LAN kommenden IP-Pakete ins Internet.

Auf einem Router könnte möglicherweise auch noch sinnvoll ein transparenter Proxy integriert werden. Dies würde wiederum eine REDIRECT-Regel erfordern, aber dazu gibt es anderweitig gute Dokumentationen.

3.4 snort

Wenn Ihnen die Informationen nicht genügen, die `iptables` in das Log schreibt, dann sollten Sie sich mit `snort` auseinander setzen. `snort` ist ein Programm, das aufgrund bestimmter Charakteristika versucht herauszubekommen, was für ein Angriff läuft. In den meisten Fällen kommen Sie aber um `snort` umhin. `snort` ist ein Tool, mit dem Sie die Firewall auf Angriffe überwachen können.

In der Datei `/etc/sysconfig/snort` stellen Sie folgende Konfigurationsparameter einstellen:

Parameter	Beschreibung
SNORT_INTERFACE=eth0	Hier sollten Sie Ihr externes Interface eintragen.
SNORT_ACTIVATE=no	Wenn Sie snort verwenden möchten, setzen Sie dies auf «yes».
SNORT_AUTO=yes	Damit wird die snort-Konfiguration automatisiert aktualisiert.
SNORT_PROMISC=no	Der «promiscous mode» kann ein Risiko sein.
SNORT_USER=snort	snort läuft mit dieser User-ID.
SNORT_GROUP=snort	Snort läuft unter dieser Gruppe.
SNORT_EXTRA_OPTIONS=	Weitere Optionen können Sie hier setzen.

Der zweite Teil ist die Datei /etc/snort/snort.conf.

Variablendefinition	Erklärung
var HOME_NET any	Anstelle von «any» gehören hier die lokalen Netze hinein.
var EXTERNAL_NET any	Hier können Sie «any» lassen.
var DNS_SERVERS $HOME_NET	Hinter $HOME_NET versteckt sich das Home-Netz der Variablen «HOME_NET». Normalerweise sollten diese Einstellungen stimmen.
var SMTP_SERVERS $HOME_NET	
var HTTP_SERVERS $HOME_NET	
var SQL_SERVERS $HOME_NET	
var TELNET_SERVERS $HOME_NET	
var SNMP_SERVERS $HOME_NET	
var HTTP_PORTS 80	Port von HTTP/Web-Server
var SHELLCODE_PORTS !80	alle anderen Ports
var ORACLE_PORTS 1521	Standard-Port von Oracle
var AIM_SERVERS[64.12.24.0/ 24,64.12.25.0/24,64.12.26.14/ 24,64.12.28.0/24,64.12.29.0/ 24,64.12.161.0/24,64.12.163.0/ 24,205.188.5.0/24,205.188.9.0/24]	Die hiesigen Einträge dienen für AOL. Anderenfalls genügt es, diese Variable zu ignorieren.
var RULE_PATH /etc/snort/rules	Der Pfad zu den Rules.

snort starten Sie mit dem Befehl

```
/etc/init.d/snort start
```

Wenn Sie nicht wissen, was Sie mit den bei snort definierten Einträgen anfangen können, kann es besser sein, snort wegzulassen.

3.5 sudo

Viele Programme lassen sich normalerweise nur als Administrator, in der Unix-Welt also als root, ausführen. Da es aber gefährlich sein kann, z.b. einem Entwickler, der den Web-Server neu starten muss, gleich das root-Passwort zu geben, wurden Möglichkeiten gesucht, die benötigten Befehle zur Verfügung zu stellen, ohne aber gleich das root-Passwort herausgeben zu müssen. sudo ist genau für diesen Zweck gemacht.

sudo ist bei SuSE Linux ein separat zu installierendes Programm, das Sie mit YaST oder von Hand installieren können. Auf der CD/DVD finden Sie es im Verzeichnis suse/i586 unter dem Name sudo.[Release-Nr].i586.rpm. Installieren Sie es mit dem Befehl

```
rpm -i sudo.[Release-Nr].i586.rpm
```

auf Ihrer Firewall.

Bei der Installation wird für die Konfiguration die Datei /etc/sudoers erstellt. Sie werden für die Konfiguration des FW-Builders nur einen kleinen Teil der Funktionalität benötigen:

```
# sudoers file.
#
# This file MUST be edited with the 'visudo' command as root.
#
# See the sudoers man page for the details on how to write a sudoersfile.
#

# Host alias specification

# User alias specification

# Cmnd alias specification

# Defaults specification
Defaults targetpw
%users ALL=(ALL) ALL

# User privilege specification
root    ALL=(ALL) ALL

# Uncomment to allow people in group wheel to run all commands
# %wheel    ALL=(ALL)       ALL
# %users    ALL=(ALL)       NOPASSWD: ALL
```

```
# Samples
# %users  ALL=/sbin/mount /cdrom,/sbin/umount /cdrom
# %users  localhost=/sbin/shutdown -h now
```

Für Sie wichtig ist nur Folgendes zum Anfügen an das Ende der Datei:

Zeile: userid ALL
Maschinenname = [NOPASSWD:] Befehl
Maschinenip

Begriff	Bedeutung
User-ID	Der Benutzer, der den Befehl mit «sudo» ausführen darf.
ALL Maschinenname Maschinen-IP	Auf welcher Maschinen-IP loggt sich der Benutzer ein: auf irgendeiner (bei mehreren IPs auf der Maschine) Maschinenname von /etc/hosts IP, die die Maschine hat
NOPASSWD:	Wenn Sie «NOPASSWD:» dazuschreiben, muss der Benutzer kein Passwort eingeben.
Befehl	Der auszuführende Befehl. Sie dürfen diesen inklusive Parametern eingeben, wenn der Benutzer den Befehl nur mit dem Parameter ausführen darf.

Auf der Firewall benötigen Sie nur die Autorisierung, als root das Firewall-Script auszuführen; das sieht dann so aus:

```
userid    ALL = NOPASSWD: /pfad/fwscript.fw
```

3.6 ssh

Der Zugriff auf eine Firewall, um z.B. Firewall-Scripte darauf zu kopieren oder zu starten, sollte verschlüsselt erfolgen, damit nicht jemand durch Mitlesen von Passwörtern oder anderer übertragener Daten einen Weg findet, in die Firewall einzubrechen. Das gilt auch für Zugriffe aus dem eigenen LAN.

Für solche Aufgaben eignet sich `ssh` perfekt. Bei SuSE Linux ist es automatisch mitinstalliert. Sie müssen nur noch die Konfiguration etwas anpassen, damit die Sicherheit der Firewall gewährleistet ist. Die Konfigurationsdateien für den `ssh-`

Daemon ist im Verzeichnis /etc/ssh. Editieren Sie die Datei sshd_config und passen Sie folgende Zeilen an:

Parameter und Änderung (fett)	Bemerkung
Protocol 2	Protocol 1 ist heute nicht mehr als sicher zu betrachten.
PermitRootLogin **no**	root sollte sich nie direkt einloggen können, weil das ein Sicherheitsproblem ist.
AllowTcpForwarding **no**	Auf der Firewall laufen normalerweise keine weiteren Dienste, die ein TCP-Forwarding über ssh benötigen. Deshalb ist es geraten, diese Funktion zu deaktivieren.

Wenn Sie sich mit ssh auf einer anderen Maschine wie der Firewall einloggen möchten, ohne das Passwort eingeben zu müssen, geht auch dies. Dafür generieren Sie sich Ihr Public-/Private-Key-Pärchen:

```
till@test:~/.ssh> ssh-keygen -b 1024 -t dsa
Generating public/private dsa key pair.
Enter file in which to save the key (/home/till/.ssh/id_dsa):
Enter passphrase (empty for no passphrase):
Enter same passphrase again:
Your identification has been saved in /home/till/.ssh/id_dsa.
Your public key has been saved in /home/till/.ssh/id_dsa.pub.
The key fingerprint is:
c7:ab:5f:87:15:73:84:0c:94:04:d2:95:5f:58:72:98 till@test
```

Damit haben Sie zwei Schlüssel im Verzeichnis $HOME/.ssh:

id_dsa	Privater Schlüssel. Dieser ist Ihr «Heiligtum».
id_dsa.pub	Öffentlicher Schlüssel

Den öffentlichen Schlüssel kopieren Sie nun auf die Maschine, auf der Sie sich mit ssh einloggen möchten. Zuerst müssen Sie sich natürlich noch mit dem Passwort einloggen. Dann erstellen Sie dort die Datei $HOME/.ssh/authorized_keys und kopieren den öffentlichen Schlüssel hinein. Der Schlüssel darf keinen Zeilenumbruch – im Computer-Jargon CR/«carriage return» oder LF/«line feed» – enthalten. Am einfachsten ist es deshalb, den Schlüssel zu kopieren, indem Sie diesen zuerst mit

```
cat ~/.ssh/id_dsa.pub
```

am Bildschirm ausgeben und anschließend mit dem Befehl

```
echo "[public key]" >> ~/.ssh/authorized_keys
```

auf die betreffende Maschine kopieren. Den «Public Key» kopieren Sie natürlich ohne die eckigen Klammern. Alternativ können Sie auch die Datei ~/.ssh/authorized_keys mit vi öffnen und den Public Key ans Ende der Datei dranhängen.

Beim nächsten Einloggen sollten Sie nun kein Passwort mehr benötigen, sondern Sie gelangen direkt auf die Befehlszeile.

3.6.1 Troubleshooting

Zum Glück können nicht viele Dinge falsch laufen. Aber zumindest auf drei Probleme möchte der Autor aufmerksam machen.

Diese Meldung deutet darauf hin, dass Sie den Schlüssel versehentlich mit Zeilenumbruch kopiert haben:

```
key_read: uudecodesnort
AAAAB3NzaX1yc2EAAAABIwAAAIEAuNA724MNRaqIGrRnqxxZmVaM1cLYnNvM1KrdwaXWhFFmF
zmuKAOZp2zer9MpFx+Or1VAXDRxeOP2obbmPORAzGdsket97Oc0GH6Imln/
kAvn3InQcxTUPATOMRn5gl4
 failed
The authenticity of host 'dragon (192.168.100.1)' can't be established.
RSA key fingerprint is c5:29:d5:93:c6:3f:32:18:48:24:0d:23:23:89:04:71.
Are you sure you want to continue connecting (yes/no)?
```

Diese Meldung sollten Sie nie erhalten, denn sie entsteht, wenn etwas mit dem Schlüssel überhaupt nicht stimmt:

```
key_from_blob: remaining bytes in key blob 138
key_read: type mismatch: encoding error
The authenticity of host 'dragon (192.168.100.1)' can't be established.
RSA key fingerprint is c5:29:d5:93:c6:3f:32:18:48:24:0d:23:23:89:04:71.
Are you sure you want to continue connecting (yes/no)? no
Host key verification failed.
```

Es kann aber auch passieren, dass Sie diese Meldung erhalten:

```
@@@@@@@@@@@@@@@@@@@@@@@@@@@@@@@@@@@@@@@@@@@@@@@@@@@
@            WARNING: POSSIBLE DNS SPOOFING DETECTED!         @
@@@@@@@@@@@@@@@@@@@@@@@@@@@@@@@@@@@@@@@@@@@@@@@@@@@
The RSA host key for dragon has changed,
```

```
and the key for the according IP address 192.168.100.1
is unchanged. This could either mean that
DNS SPOOFING is happening or the IP address for the host
and its host key have changed at the same time.
Offending key for IP in /home/[userid]/.ssh/known_hosts:21
@@@@@@@@@@@@@@@@@@@@@@@@@@@@@@@@@@@@@@@@@@@@@@@@@@@
@    WARNING: REMOTE HOST IDENTIFICATION HAS CHANGED! @
@@@@@@@@@@@@@@@@@@@@@@@@@@@@@@@@@@@@@@@@@@@@@@@@@@@
IT IS POSSIBLE THAT SOMEONE IS DOING SOMETHING NASTY!
Someone could be eavesdropping on you right now (man-in-the-middle attack)!
It is also possible that the RSA host key has just been changed.
The fingerprint for the RSA key sent by the remote host is
c5:29:d5:93:c6:3f:32:18:48:24:0d:23:23:89:04:71.
Please contact your system administrator.
Add correct host key in /home/[userid]/.ssh/known_hosts to get ridof this
message.
Offending key in /home/[userid]/.ssh/known_hosts:36
RSA host key for dragon has changed and you have requested strict checking.
Host key verification failed.
```

Daraus sind vor allem die beiden folgenden Informationen wichtig:

```
@@@@@@@@@@@@@@@@@@@@@@@@@@@@@@@@@@@@@@@@@@@@@@@@@@@
@      WARNING: POSSIBLE DNS SPOOFING DETECTED!       @
@@@@@@@@@@@@@@@@@@@@@@@@@@@@@@@@@@@@@@@@@@@@@@@@@@@
[...]
@@@@@@@@@@@@@@@@@@@@@@@@@@@@@@@@@@@@@@@@@@@@@@@@@@@
@    WARNING: REMOTE HOST IDENTIFICATION HAS CHANGED!   @
@@@@@@@@@@@@@@@@@@@@@@@@@@@@@@@@@@@@@@@@@@@@@@@@@@@
```

- Die erste bedeutet, dass der Name im DNS[21] zwar eingetragen ist, aber die IP der Maschine sich geändert haben könnte. Haben Sie die IP nicht geändert, könnte Ihr DNS-Server gehackt worden sein.
- Die zweite weist darauf hin, dass sich der Schlüssel geändert hat. Das passiert normalerweise nur, wenn die IP vorher von einer anderen Maschine belegt war und
  - die Maschine neu aufgesetzt wurde,
  - sich die IP der Maschine ändert.

  Wenn Sie die Firewall aber zum ersten Mal aufgesetzt haben, darf es eine solche Meldung nicht geben.

---

21 Domain Name Server: Namens-Server, der dem Namen einer Maschine die IP zuweist.

Einen gewissen Schutz vor IP-Spoofing über den DNS-Namen bietet die Eintragung der IP auf der Administrations-Maschine in der Datei /etc/hosts. Das sieht dann etwa folgendermaßen aus:

```
192.168.1.1      firewall.mydomain.com
```

Allerdings stellen Sie so das Spoofen des DNS-Servers nicht mehr fest.

3.7 vi

Am Anfang werden Sie leider ein paar Dateien auf der Firewall anpassen müssen; das betrifft vor allem ssh[22] und sudo[23]. Weil auf einer Firewall keine grafische Oberfläche laufen soll, können Sie leider keinen grafischen Editor verwenden.

vi ist ein kleiner, aber mächtiger Editor, der auf fast jedem Unix-System installiert ist. Leider ist die Bedienung für uns heute ungewohnt, weil wir grafikverwöhnt sind. Deshalb beschreibt Ihnen der Autor hier das Wichtigste zu vi. Auf SuSE-Linux ist vi standardmäßig installiert. Eine Datei editieren Sie mit dem Befehl

```
vi [Pfad/Dateiname]
```

Haben Sie die Datei mal geöffnet, sieht das z.B. so aus:

```
# Kerberos options
#KerberosAuthentication no
#KerberosOrLocalPasswd yes
#KerberosTicketCleanup yes

# GSSAPI options
#GSSAPIAuthentication no
#GSSAPICleanupCreds yes

# Set this to 'yes' to enable PAM authentication (via challenge-response)
# and session processing. Depending on your PAM configuration, this may
# bypass the setting of 'PasswordAuthentication'
UsePAM yes

#AllowTcpForwarding no
"/etc/ssh/sshd_config" 99L, 2507C                        71,0-1        73%
```

---

[22] ssh finden Sie auf Seite 80.
[23] sudo finden Sie auf Seite 79.

Um die Datei jetzt definitiv zu editieren, geben Sie ein «i» (ein einfaches «i» für Insert) ein.

```
# Kerberos options
#KerberosAuthentication no
#KerberosOrLocalPasswd yes
#KerberosTicketCleanup yes

# GSSAPI options
#GSSAPIAuthentication no
#GSSAPICleanupCreds yes

# Set this to 'yes' to enable PAM authentication (via challenge-response)
# and session processing. Depending on your PAM configuration, this may
# bypass the setting of 'PasswordAuthentication'
UsePAM yes

#AllowTcpForwarding no
-- EINFÜGEN --                                    70,1           73%
```

Wie Sie sehen, steht ganz unten «-- EINFÜGEN --» (bei einer englischen Installation «-- INSERT --»).

Mit der «Esc»-Taste (Escape links oben) verlassen Sie den Eingabe-Modus wieder. Weitere Befehle, damit Sie etwas suchen oder speichern können:

:w	write – die Änderungen schreiben
:q	quit – vi beenden
:wq	write quit – Änderungen schreiben und vi beenden
:w!	write! – Schreiben der Änderungen erzwingen. Das geht nur, wenn das Dateisystem dies auch zulässt.
/suchbegriff	einen Begriff suchen. Beachten Sie dabei, dass die Groß-/Kleinschreibung stimmen muss.
:n	nächstes Vorkommen des Suchbegriffs finden
dd	Zeile löschen
dw	Wort löschen ab der aktuellen Position
cw	Wort ändern ab der aktuellen Position
:s/[alt]/[neu]/	String [alt] gegen String [neu] austauschen. Cursor muss am Anfang von [alt] platziert sein.
:g/[alt]/s//[neu]/g	String [alt] gegen String [neu] austauschen

Der Doppelpunkt «:» oder der Slash «/» führen zu einem Sprung zur Befehlszeile des vi in der letzten Zeile. Komplizierter ist es, wenn Sie etwas im gesamten Text ersetzen möchten.

Alten String gegen neuen ersetzen:

```
:s/[alt]/[neu]/
```

String überall automatisch ersetzen:

```
:g/[alt]/s//[neu]/g
```

3.8 SuSE Linux: Maschinen-Grundkonfiguration zur Security

3.8.1 YaST starten

Um YaST zu starten, sollten Sie auf jeden Fall wissen, ob Sie YaST auf Xwindow verwenden möchten oder ob es Ihnen genügt, YaST auf der Konsole zu verwenden. Letzteres funktioniert immer, aber bei Xwindow ist es etwas schwieriger. Sie müssen in diesem Fall nämlich daran denken, die Rechte für X korrekt zu setzen. Anderenfalls bekommen Sie eine Fehlermeldung:

```
trd@gepard:~> su -c yast2
Password:
Xlib: connection to ":0.0" refused by server
Xlib: Invalid MIT-MAGIC-COOKIE-1 key
y2controlcenter: cannot connect to X server :0.0
```

So funktioniert es:

```
xxx@gepard:~> xhost local:
non-network local connections being added to access control list
xxx@gepard:~> su -c yast2
Password:
```

Wenn KDE installiert ist, ist es noch einfacher:

```
kdesu yast2
```

Da bekommen Sie dann einen Zwischenbildschirm, auf dem Sie das root-Passwort eingeben:

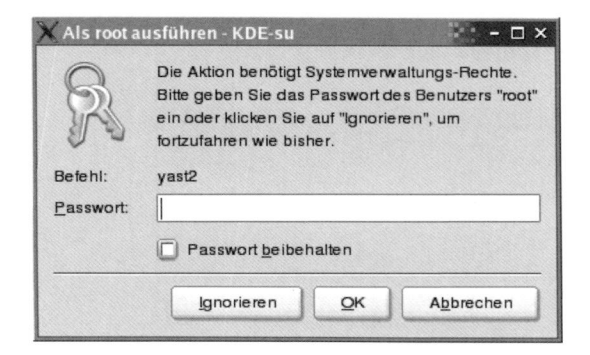

SuSE Linux: Maschinen-Grundkonfiguration zur Security

[Screenshot: Als root ausführen - KDE-su Dialog

Die Aktion benötigt Systemverwaltungs-Rechte. Bitte geben Sie das Passwort des Benutzers "root" ein oder klicken Sie auf "Ignorieren", um fortzufahren wie bisher.

Befehl: yast2
Passwort:

☐ Passwort beibehalten

[Ignorieren] [OK] [Abbrechen]]

Danach startet YaST im grafischen Modus.

3.8.2 Sicherheitseinstellungen korrigieren

Mit Xwindow

Nach Abschluss der eigentlichen Installation sollten Sie unbedingt noch die Sicherheitsstufe erhöhen, da SuSE Linux standardmäßig auf «easy» – einfach – gestellt ist.

Starten Sie hierfür YaST.

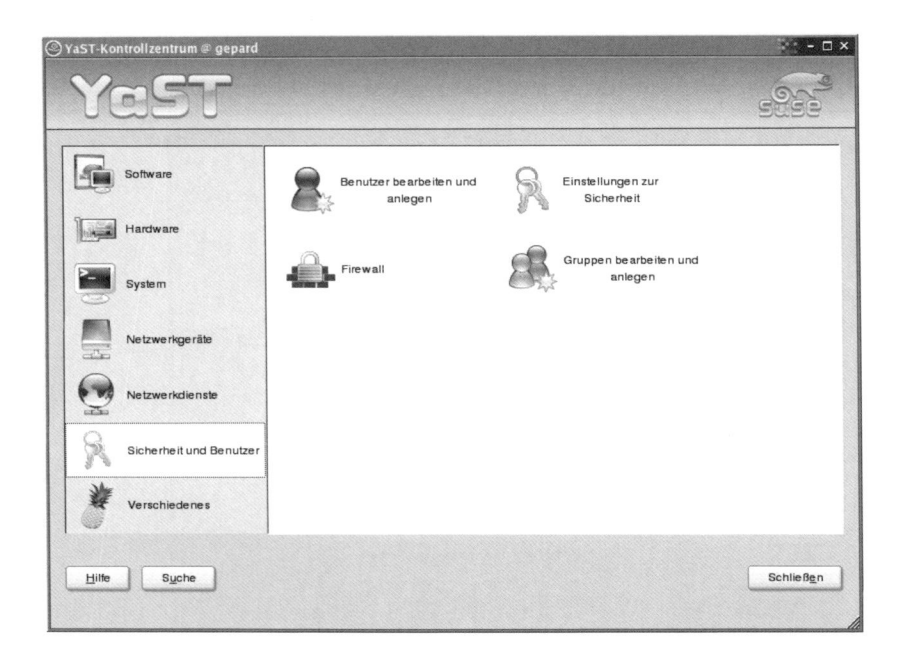

[Screenshot: YaST-Kontrollzentrum mit Kategorien Software, Hardware, System, Netzwerkgeräte, Netzwerkdienste, Sicherheit und Benutzer, Verschiedenes. Rechts: Benutzer bearbeiten und anlegen, Einstellungen zur Sicherheit, Firewall, Gruppen bearbeiten und anlegen. Unten: Hilfe, Suche, Schließen]

87

Kapitel 3
Programme für die Administration

Wählen Sie «Sicherheit und Benutzer», dann «Einstellungen zur Sicherheit». Hier können Sie nun anfangen, die Konfiguration zu korrigieren.

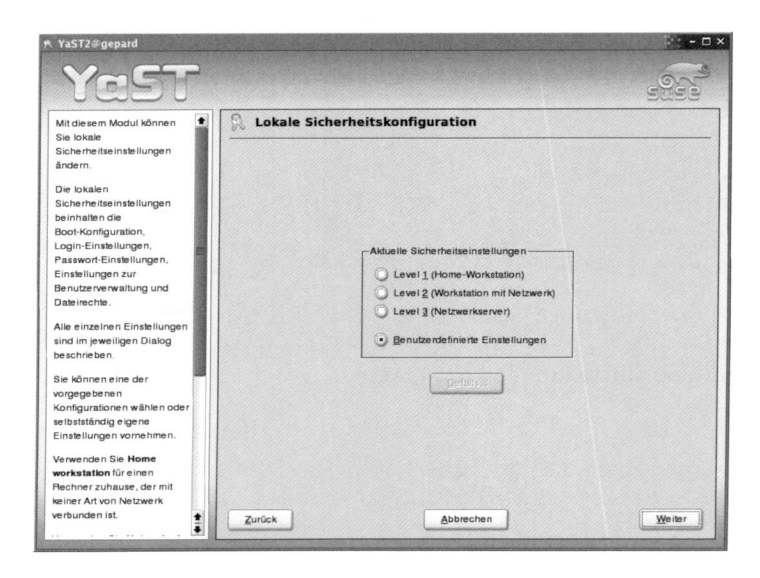

Aktivieren Sie «Benutzerdefinierte Einstellungen» mit «Alt+B», anschließend können Sie mit «Alt+W» «Weiter» wählen.

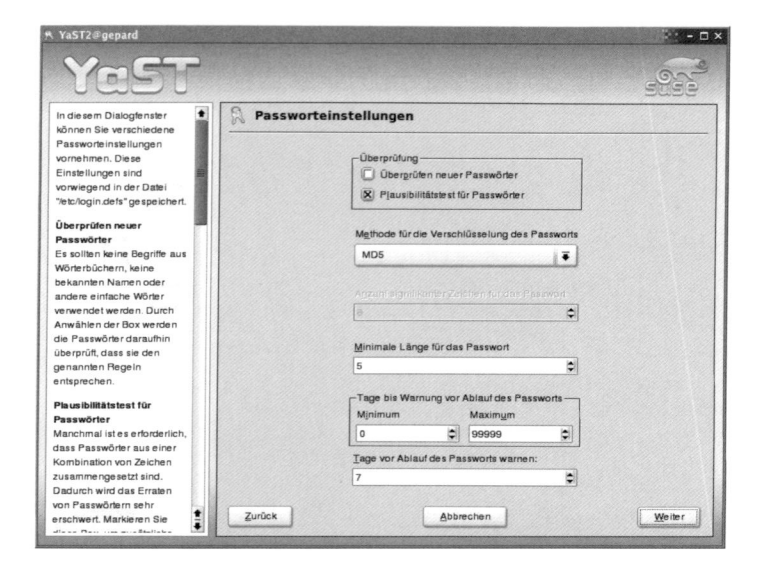

Bei den Passwort-Einstellungen müssen Sie darauf achten, dass entweder MD5 oder Blowfish ausgewählt ist, niemals DES. Mit «Weiter» kommen Sie auf die nächste Maske.

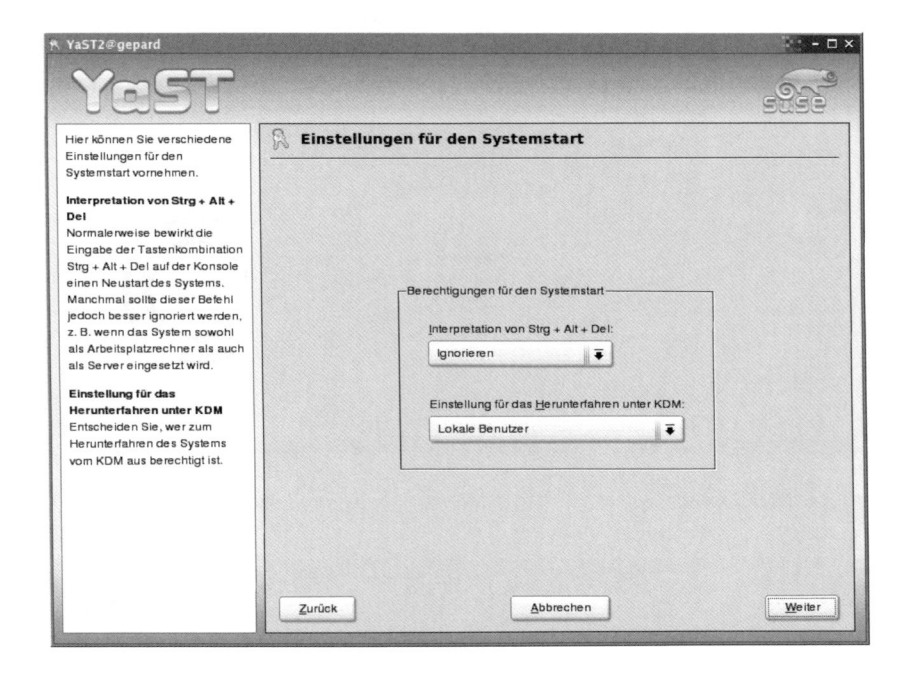

Im Normalfall sollte der Rechner auf den «Affengriff» Ctrl+Alt+Entf nicht reagieren. Wählen Sie deshalb für «Interpretation von Strg + Alt + Del» «Ignorieren». So kann niemand den Rechner über die Tastatur abschalten.

Des Weiteren darf nur root eine Firewall beenden. Somit muss jemand, der den Rechner herunterfahren möchte, das root-Passwort wissen.

Kapitel 3
Programme für die Administration

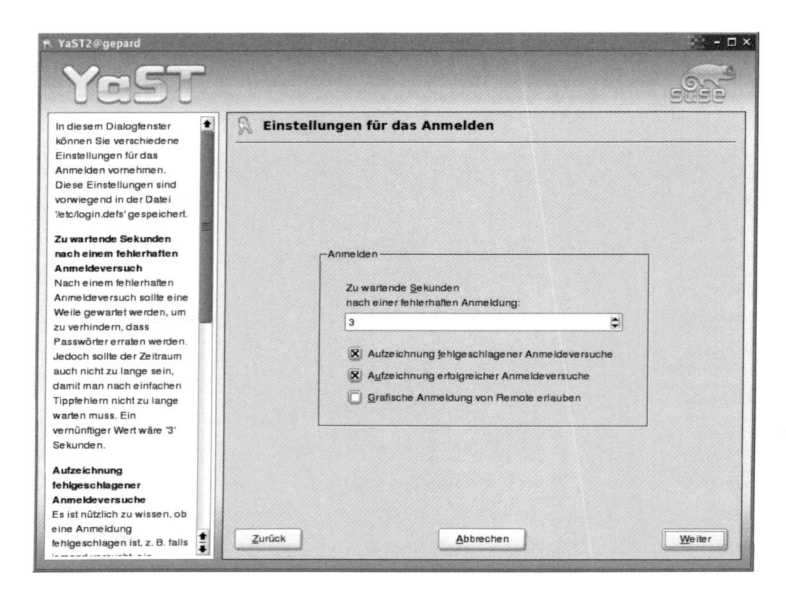

[Screenshot: YaST2 – Einstellungen für das Anmelden. Linker Infotext erklärt "Zu wartende Sekunden nach einem fehlerhaften Anmeldeversuch" und "Aufzeichnung fehlgeschlagener Anmeldeversuche". Rechts: Anmelden-Gruppe mit Feld "Zu wartende Sekunden nach einer fehlerhaften Anmeldung: 3", Checkboxen "Aufzeichnung fehlgeschlagener Anmeldeversuche" (aktiv), "Aufzeichnung erfolgreicher Anmeldeversuche" (aktiv), "Grafische Anmeldung von Remote erlauben" (inaktiv). Buttons: Zurück, Abbrechen, Weiter.]

Hier lassen Sie alles, wie es ist, also weiter zur nächsten Maske:

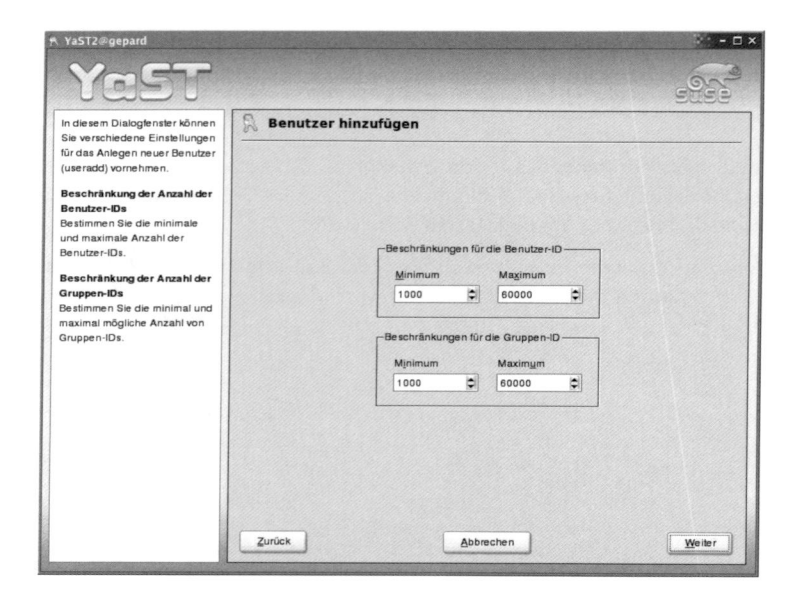

[Screenshot: YaST2 – Benutzer hinzufügen. Linker Infotext zu "Beschränkung der Anzahl der Benutzer-IDs" und "Beschränkung der Anzahl der Gruppen-IDs". Rechts: Beschränkungen für die Benutzer-ID – Minimum 1000, Maximum 60000; Beschränkungen für die Gruppen-ID – Minimum 1000, Maximum 60000. Buttons: Zurück, Abbrechen, Weiter.]

Auch hier verstellen Sie nichts, weiter.

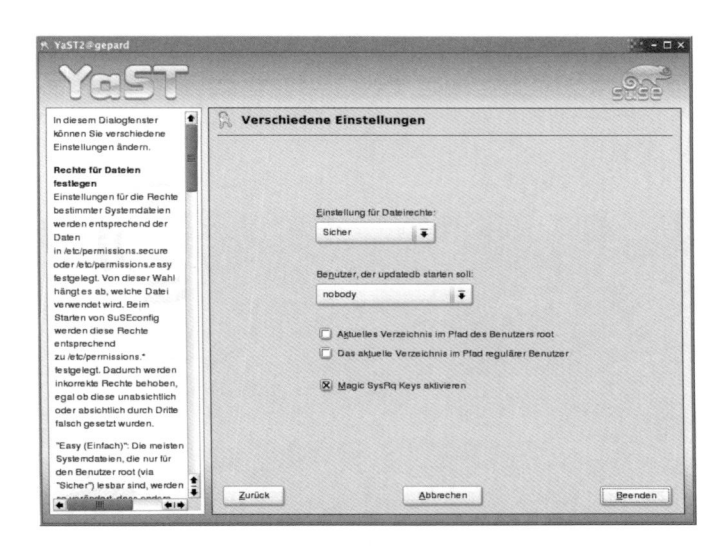

SuSE Linux: Maschinen-Grundkonfiguration zur Security

Stellen Sie den Sicherheitslevel auf «Sicher». Wenn Sie versehentlich «Paranoid» wählen, haben Sie hinterher ein Problem. Dann müssten Sie sich auf einer Kommandozeile aus root einloggen, um ihn wieder umzustellen.

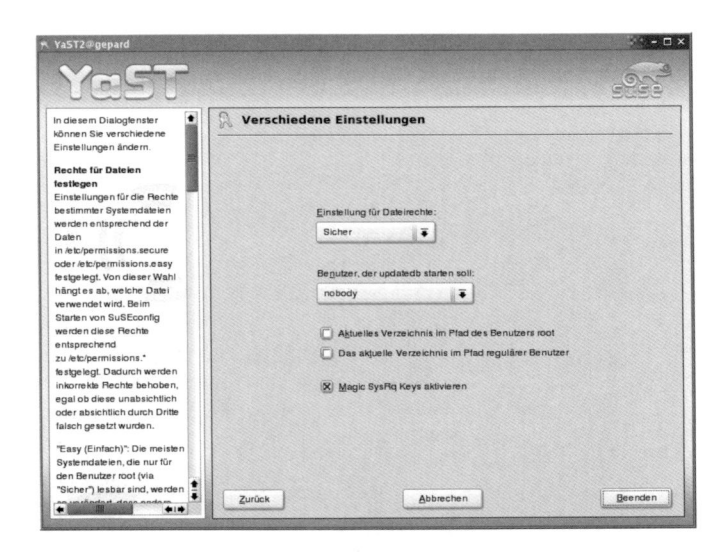

Den «Benutzer, der updatedb starten soll» lassen Sie auf «nobody». Mit «Alt+B» beenden Sie diese Konfiguration, die daraufhin aktiviert wird.

91

Kapitel 3
Programme für die Administration

Auf der Konsole

Nach Abschluss der eigentlichen Installation sollten Sie unbedingt noch die Sicherheitsstufe erhöhen, da SuSE Linux standardmäßig auf «easy» – einfach – gestellt ist.

Starten Sie hierfür YaST.

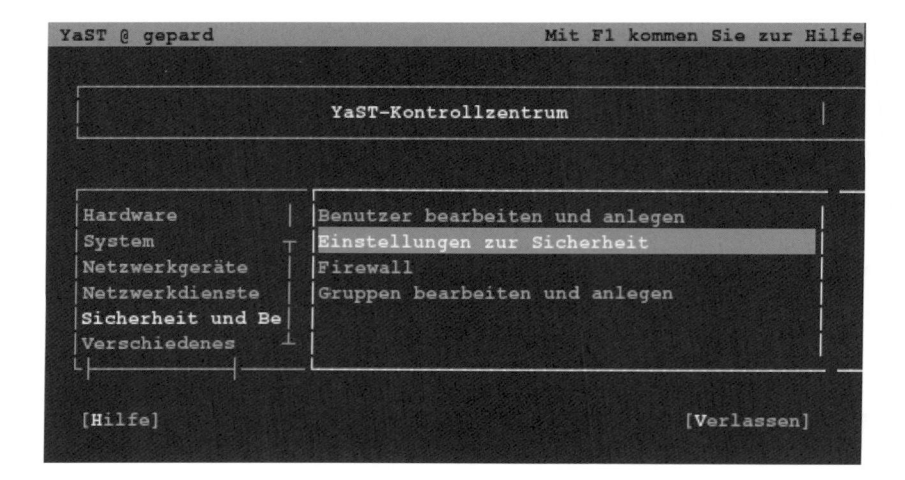

```
YaST @ gepard                          Mit F1 kommen Sie zur Hilfe

                       YaST-Kontrollzentrum

    Hardware          | Benutzer bearbeiten und anlegen
    System            | Einstellungen zur Sicherheit
    Netzwerkgeräte    | Firewall
    Netzwerkdienste   | Gruppen bearbeiten und anlegen
    Sicherheit und Be |
    Verschiedenes     |

    [Hilfe]                                          [Verlassen]
```

Wählen Sie «Sicherheit und Benutzer», dann «Einstellungen zur Sicherheit». Hier können Sie nun anfangen, die Konfiguration zu korrigieren.

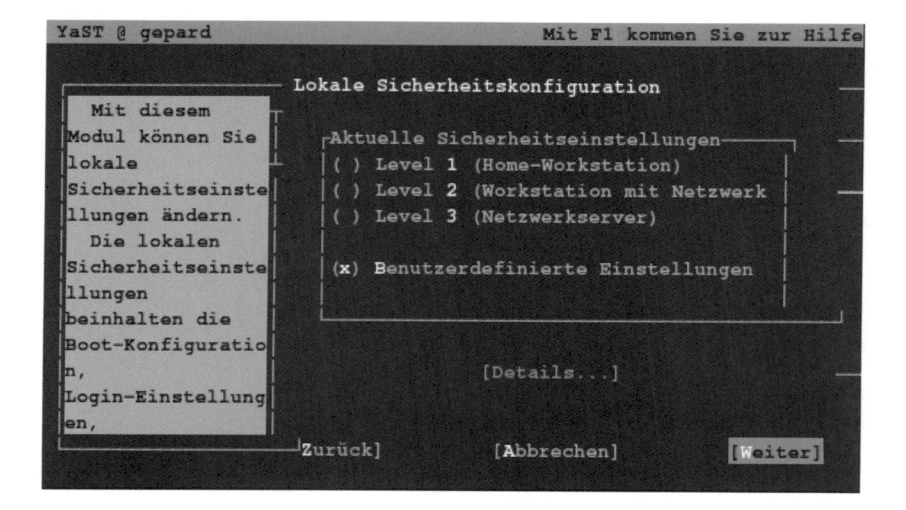

```
YaST @ gepard                          Mit F1 kommen Sie zur Hilfe

                  Lokale Sicherheitskonfiguration

    Mit diesem
    Modul können Sie      ┌Aktuelle Sicherheitseinstellungen─
    lokale                │ ( ) Level 1 (Home-Workstation)
    Sicherheitseinste     │ ( ) Level 2 (Workstation mit Netzwerk)
    llungen ändern.       │ ( ) Level 3 (Netzwerkserver)
    Die lokalen           │
    Sicherheitseinste     │ (x) Benutzerdefinierte Einstellungen
    llungen               │
    beinhalten die
    Boot-Konfiguratio
    n,                              [Details...]
    Login-Einstellung
    en,
                   [Zurück]         [Abbrechen]        [Weiter]
```

Aktivieren Sie «Benutzerdefinierte Einstellungen» mit «Alt+B», anschließend können Sie mit «Alt+W» «Weiter» wählen.

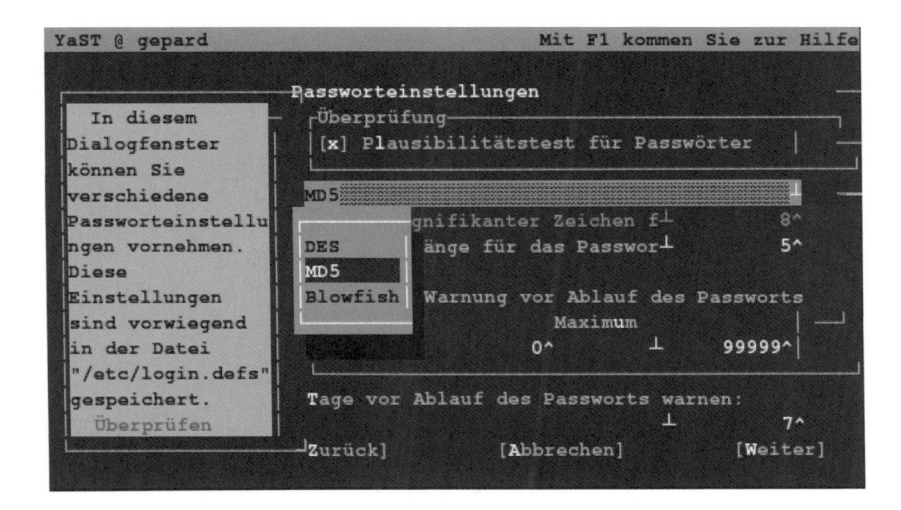

```
YaST @ gepard                           Mit F1 kommen Sie zur Hilfe

                    ┌Passworteinstellungen─────────────────────────┐
   In diesem        │ ┌Überprüfung──────────────────────────────┐  │
  Dialogfenster     │ │ [x] Plausibilitätstest für Passwörter   │  │
  können Sie        │ └─────────────────────────────────────────┘  │
  verschiedene      │ MD5                                        ↓ │
  Passworteinstellu │       gnifikanter Zeichen f↓          8^    │
  ngen vornehmen.   │  DES    änge für das Passwor↓         5^    │
  Diese             │  MD5                                        │
  Einstellungen     │  Blowfish  Warnung vor Ablauf des Passworts │
  sind vorwiegend   │                    Maximum                  │
  in der Datei      │              0^       ↓         99999^     │
  "/etc/login.defs" │                                              │
  gespeichert.      │ Tage vor Ablauf des Passworts warnen:       │
     Überprüfen     │                                ↓      7^    │
                    └─Zurück]      [Abbrechen]         [Weiter]───┘
```

Bei den Passwort-Einstellungen müssen Sie darauf achten, dass entweder MD5 oder Blowfish ausgewählt ist, niemals DES. Mit «Weiter» kommen Sie auf die nächste Maske.

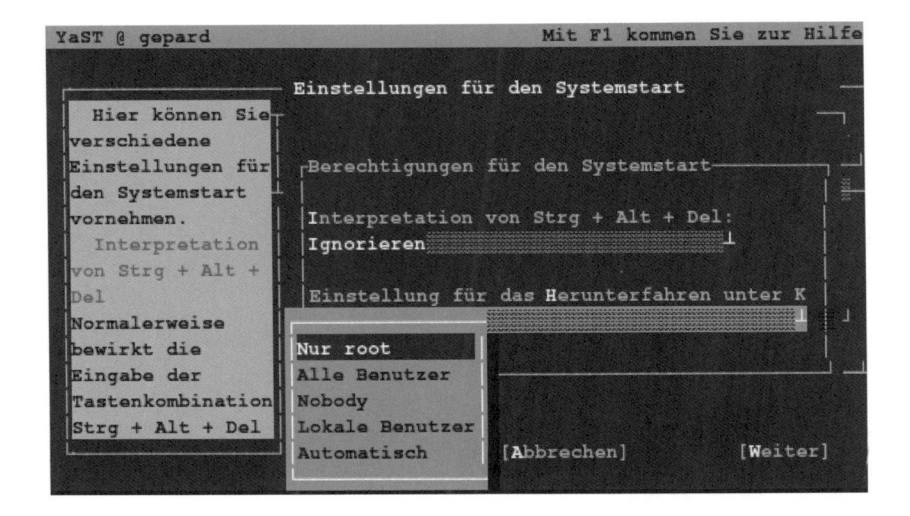

```
YaST @ gepard                           Mit F1 kommen Sie zur Hilfe

                    ┌Einstellungen für den Systemstart────────────┐
   Hier können Sie  │                                              │
  verschiedene      │                                              │
  Einstellungen für │ ┌Berechtigungen für den Systemstart───────┐  │
  den Systemstart   │ │                                          │ │
  vornehmen.        │ │ Interpretation von Strg + Alt + Del:    │ │
   Interpretation   │ │ Ignorieren                         ↓    │ │
  von Strg + Alt +  │ │                                          │ │
  Del               │ │ Einstellung für das Herunterfahren unter K│
  Normalerweise     │ │                                          │ │
  bewirkt die       │ │ Nur root                                 │ │
  Eingabe der       │ │ Alle Benutzer                            │ │
  Tastenkombination │ │ Nobody                                   │ │
  Strg + Alt + Del  │ │ Lokale Benutzer                          │ │
                    │ │ Automatisch    [Abbrechen]    [Weiter]   │ │
                    └──────────────────────────────────────────────┘
```

Kapitel 3
Programme für die Administration

Im Normalfall sollte der Rechner auf den «Affengriff» Ctrl+Alt+Entf nicht reagieren. Wählen Sie deshalb für «Interpretation von Strg+Alt+Del» «Ignorieren». So kann niemand den Rechner über die Tastatur abschalten.

Des Weiteren darf nur root eine Firewall beenden. Somit muss jemand, der den Rechner herunterfahren möchte, das root-Passwort wissen.

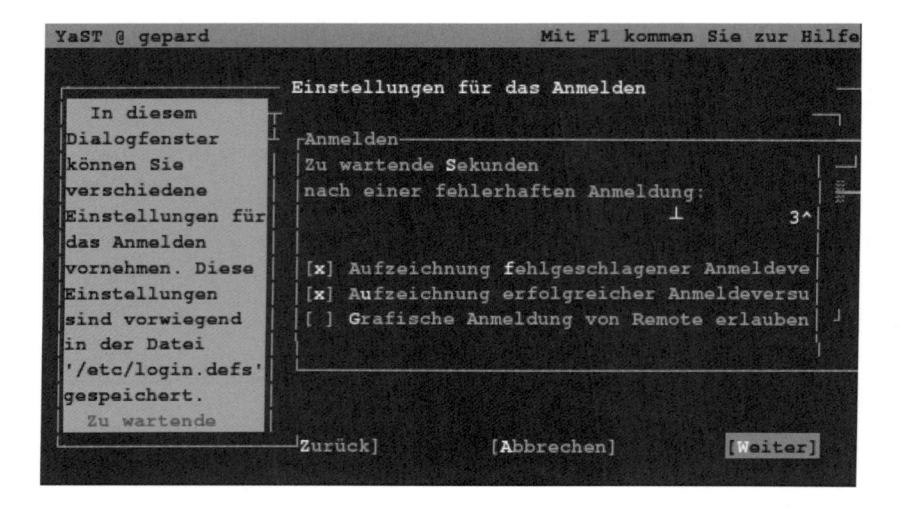

```
YaST @ gepard                                   Mit F1 kommen Sie zur Hilfe
                         ┌─ Einstellungen für das Anmelden ─┐
     In diesem          ┌┴─────────────────────────────────────┐
    Dialogfenster       │ ┌Anmelden─────────────────────────┐ │
    können Sie          │ │ Zu wartende Sekunden            │ │
    verschiedene        │ │ nach einer fehlerhaften Anmeldung: │ │
    Einstellungen für   │ │                        ⊥    3^ │ │
    das Anmelden        │ │                                  │ │
    vornehmen. Diese    │ │ [x] Aufzeichnung fehlgeschlagener Anmeldeve │ │
    Einstellungen       │ │ [x] Aufzeichnung erfolgreicher Anmeldeversu │ │
    sind vorwiegend     │ │ [ ] Grafische Anmeldung von Remote erlauben │ │
    in der Datei        │ │                                  │ │
    '/etc/login.defs'   │ └──────────────────────────────────┘ │
    gespeichert.        │                                      │
     Zu wartende        │                                      │
                        └Zurück]    [Abbrechen]       [Weiter] ┘
```

Hier lassen Sie alles, wie es ist, also weiter zur nächsten Maske:

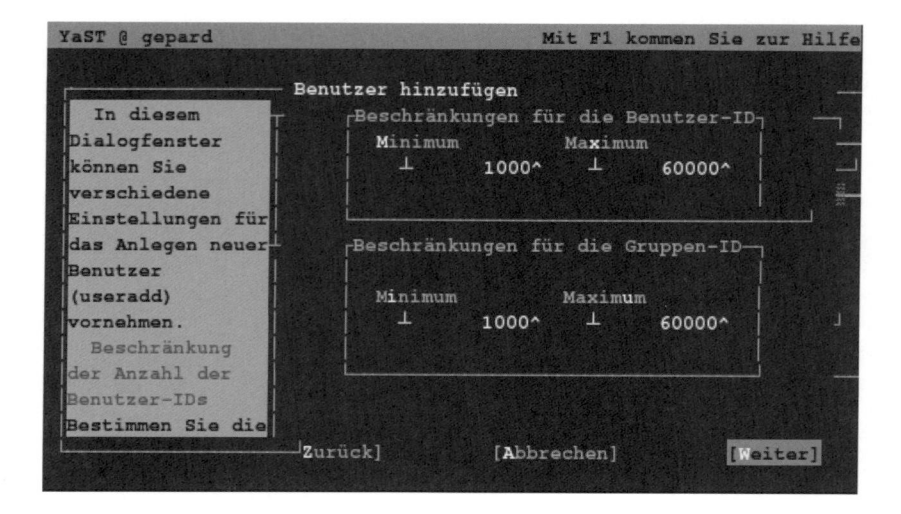

```
YaST @ gepard                                   Mit F1 kommen Sie zur Hilfe
                         ┌─ Benutzer hinzufügen ─┐
     In diesem          ┌┴─────────────────────────────────────┐
    Dialogfenster       │ ┌Beschränkungen für die Benutzer-ID┐ │
    können Sie          │ │ Minimum        Maximum           │ │
    verschiedene        │ │   ⊥  1000^       ⊥  60000^       │ │
    Einstellungen für   │ │                                  │ │
    das Anlegen neuer   │ └──────────────────────────────────┘ │
    Benutzer            │ ┌Beschränkungen für die Gruppen-ID─┐ │
    (useradd)           │ │                                  │ │
    vornehmen.          │ │ Minimum        Maximum           │ │
     Beschränkung       │ │   ⊥  1000^       ⊥  60000^       │ │
    der Anzahl der      │ │                                  │ │
    Benutzer-IDs        │ └──────────────────────────────────┘ │
    Bestimmen Sie die   │                                      │
                        └Zurück]    [Abbrechen]       [Weiter] ┘
```

Auch hier verstellen Sie nichts, weiter.

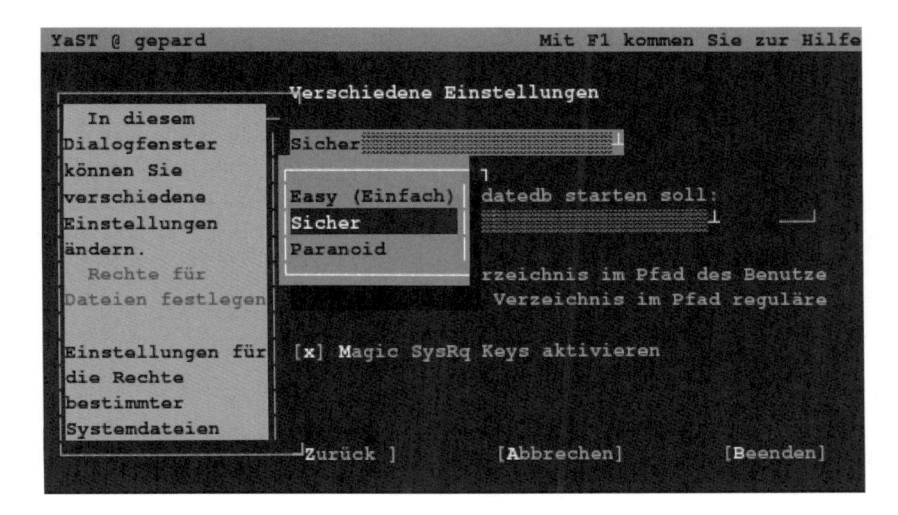

Stellen Sie den Sicherheitslevel auf «Sicher». Wenn Sie versehentlich «Paranoid» wählen, haben Sie hinterher ein Problem. Dann müssten Sie sich auf einer Kommandozeile aus root einloggen, um ihn wieder umzustellen.

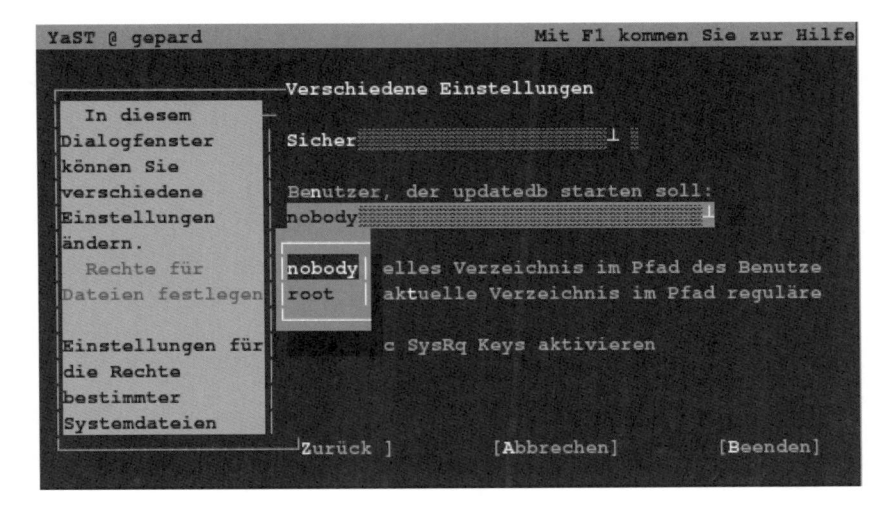

Den «Benutzer, der updatedb starten soll» lassen Sie auf «nobody». Mit «Alt+B» beenden Sie diese Konfiguration, die daraufhin aktiviert wird.

Kapitel 4

Firewalls

Normalerweise werden die Begriffe für die Firewalls aus dem Englischen übernommen. Der Autor hat sich hier möglichst auf die deutschen Übersetzungen beschränkt. Für «Firewall» existiert leider im Deutschen kein äquivalentes Wort. Etwas anders sieht es hingegen bei den Bezeichnungen für die innere und die äußere Firewall aus.

Die innere – oder auch im Fall die einzige – Firewall wird als «Bastion Firewall» bezeichnet. Bastion bedeutet soviel wie Festung. Ihr LAN ist die «Festung» und die Firewall ist der «Wächter».

Die äußere Firewall wird im Englischen als «Choke Firewall» bezeichnet. «Choke» heißt so viel wie «Drossel». Hier wird der Verkehr vom Internet auf DMZ-verträgliche Protokolle runtergedrosselt.

4.1 Kleine Firewall-Lösungen

4.1.1 Minimale Firewall auf einem Server

Eine minimale Firewall wird gleichzeitig als Server und als Firewall verwendet. Seien Sie sich bitte bewusst, dass das für einen privaten Internet-Zugang durchaus eine kostengünstige Variante sein kann, für eine KMU hingegen gefährlich ist. Auf dieser Firewall laufen nämlich sowohl die eigentliche Firewall-Software als auch ein oder mehrere Server-Programme. Oft läuft auf einer derartigen Maschine z.B. ein Web-Proxy oder ein Mail-Server. Wenn eines dieser Programme einen kritischen Fehler aufweist und eine Verbindung von oder zum Internet zulässt, ist die Maschine potenziell gefährdet.

Achtung: Diese Firewall lässt nach draußen jede Verbindung zu. Damit können natürlich auch verwurmte Windows-Maschinen nicht geblockt werden. Wenn diese eine Verbindung nach draußen öffnen und darüber eine Verbindung nach drinnen zulassen, kann die Minimal-Firewall das nicht abfangen.

Sie können diese Firewall aktivieren, indem Sie das YaST-Kontrollzentrum starten.

Kapitel 4
Firewalls

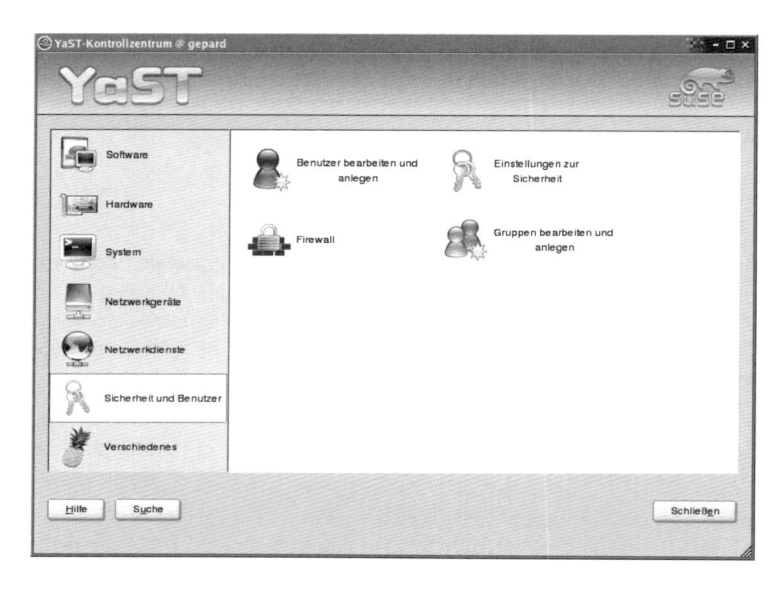

Wählen Sie «Sicherheit und Benutzer», danach «Firewall». Daraufhin geht das Fenster «Konfiguration der Firewall: Grundeinstellungen» auf.

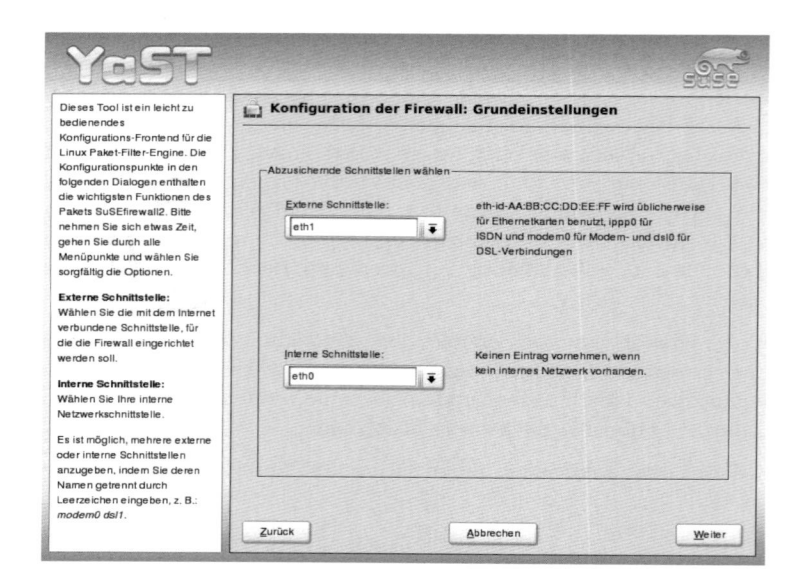

Wählen Sie die interne und externe Schnittstelle.

Mit «Weiter» kommen Sie nun auf das Fenster, auf dem Sie die Einstellungen für den hereinkommenden Traffic einstellen können.

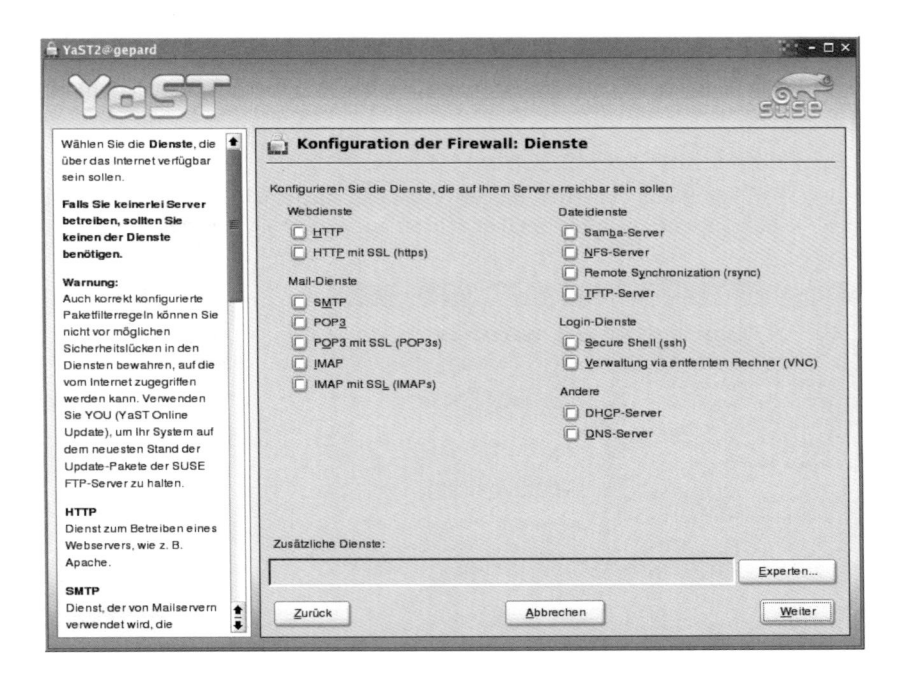

Im Normalfall sollten Sie alle Checkboxen leer lassen. Wenn Sie natürlich einen Web-Server benutzen wollen, müssen Sie HTTP oder gar HTTP mit SSL (= HTTPS) einstellen. Auch wenn Sie hier die Möglichkeit haben, sollten Sie **niemals** Dateidienste wie NFS-Server oder Samba-Server ins Internet propagieren.

VNC gehört eigentlich nicht auf die Firewall. Wenn Sie es aber nicht lassen können, sollten Sie ihn über eine SSH-Session führen, um eine sichere Verschlüsselung zu gewährleisten. Wenn VNC auf Port 5901 «lauscht», sieht die Verbindung so aus:

```
ssh firewall -l [benutzer] -L 5901:[firewall]24:5901
```

---

24 Ersetzen Sie den Begriff [firewall] durch eine IP, auf der der VNC-Server auf der Firewall erreichbar ist. Das kann auch «localhost» sein, dann versucht das System, den VNC-Server auf der Firewall auf der IP 127.0.0.1 zu erreichen.

Damit wird der Port 5901 der lokalen Maschine auf Port 5901 auf der Firewall abgebildet. Nun können Sie den VNC-Server der Firewall auf Port 5901 erreichen:

```
vncviewer localhost:1
```

Die «1» des VNC-Viewers erklärt sich aus der Rechnung 5901–5900=1. Der VNC-Viewer geht vom ersten Port=5900 aus, und addiert den Parameter, in diesem Fall die «1», hinzu.

Auch ein DHCP-Server hat im Internet-Kontext nichts zu suchen.

Falls Sie weitere Ports einstellen möchten, die hier nicht aufgelistet werden, können Sie über «Experten» im folgenden Fenster auch spezielle Ports einstellen.

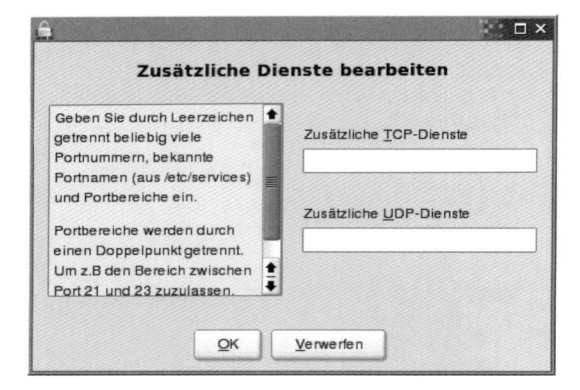

Wie Sie sehen, können Sie hier nur TCP und UDP einstellen. Für bestimmte spezielle Programme wie PPTP benötigen Sie aber auch IP. Die können Sie hier nicht einstellen, aber sie werden von SuSE Linux normalerweise korrekt gehandhabt.

Wenn Sie die Dienste definiert haben und auf «Weiter» klicken, können Sie noch ein paar weitere Parameter einstellen:

Kleine Firewall-Lösungen

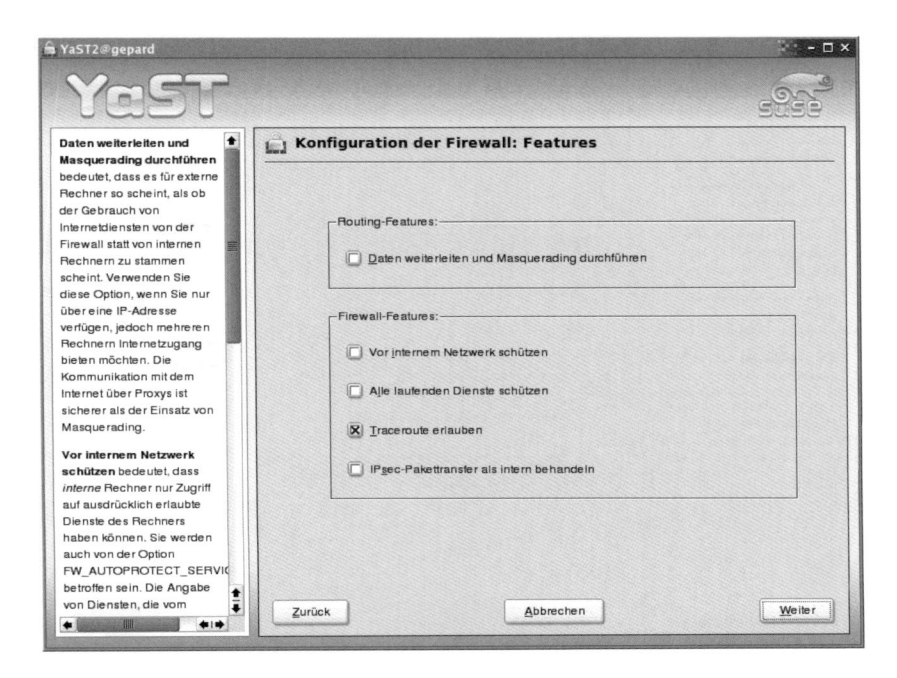

Wenn Sie Daten von intern weiterleiten möchten, sollten Sie «Routing-Features» aktivieren.

Des Weiteren können Sie hier

- die Firewall auch vor dem internen Netzwerk schützen,
- überhaupt alle laufenden Dienste schützen.
- Traceroute ist ein etwas spezieller Fall. Traceroute hilft aber, bei Netzwerk-Problemen mit dem Internet die Fehler zu finden.
- Der IPSec-Paketfilter benötigt auch AH und ESP (Port IP 50 und 51). Diese werden hier durchgelassen. Allerdings wird alles, was über eine stehende IPSec-Verbindung hereinkommt, als intern behandelt. Sie können also hier nicht im Detail filtern.

Kapitel 4
Firewalls

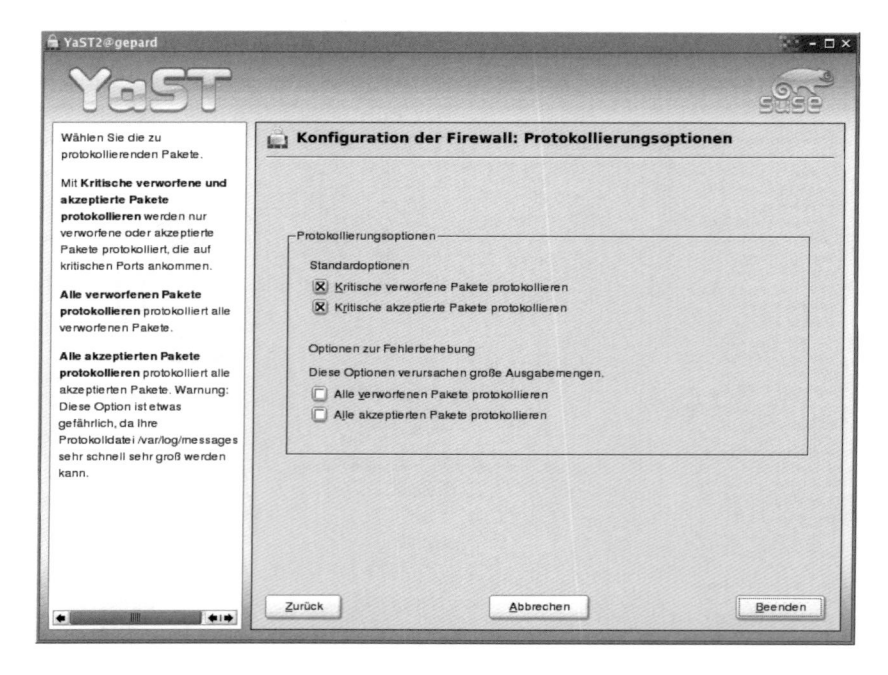

[Screenshot: YaST2 – Konfiguration der Firewall: Protokollierungsoptionen]

Die Einstellungen zur Protokollierung müssen Sie normalerweise nicht anpassen. Wenn Sie nun «Beenden» anklicken, werden die Einstellungen aktiviert.

4.1.2 Einzelne Firewall mit grafischer Administration

Eine Firewall mit einer einfach zu verwaltenden grafischen Oberfläche ist für den Heimanwender und für eine kleine Firmenumgebung durchaus ein gangbarer Weg. Seien Sie sich aber bewusst, dass diese Lösung für große Umgebungen nicht geeignet ist. Im Normalfall sollte nämlich auf einer Firewall möglichst nur die eigentliche Firewall-Software laufen, dazu wird dann höchstens noch der VPN-Server und – wenn es denn sein muss – noch ein Proxy darauf installiert.

SuSE Linux-Grundinstallation

Machen Sie zuerst eine «Minimal-Installation» von SuSE Linux. Im Verlauf der Installation werden Sie aufgefordert, zusätzlich zum Benutzer root einen weiteren Benutzer zu erstellen. Erstellen Sie diesen.

X-Server

Für die hier beschriebene Konfiguration muss aber auch ein X-Server mitlaufen. Damit Sie mit SuSE einen lauffähigen X-Server bekommen, wählen Sie «Minimal-Installation». Zusätzlich wählen Sie die Packages sax2 und icewm. IceWM ist eine grafische Minimal-Installation, die wenigstens ein wenig an Windows erinnert. Für icewm benötigen Sie noch icewm-lite. Letzteres ist die Minimal-Installation für IceWM.

Selbstverständlich können Sie auch einen anderen Windows-Manager verwenden, aber vermeiden Sie nach Möglichkeit KDE oder Gnome. Beide sind für eine Desktop-Maschine zwar hervorragend geeignet, weil sie die Bedienung stark vereinfachen, haben aber auf einer Firewall nichts zu suchen.

Mit sax2 können Sie die Grafikkarte ganz einfach konfigurieren, falls Sie es noch nicht getan haben. Loggen Sie sich auf einer Konsole als root ein und geben Sie «sax2» ein. Die grafische Installation ist selbsterklärend, sollte also für Sie kein Problem darstellen.

Nach der Installation und Konfiguration müssen Sie nur noch den Runlevel auf «5» umstellen. Dafür starten Sie als root YaST.

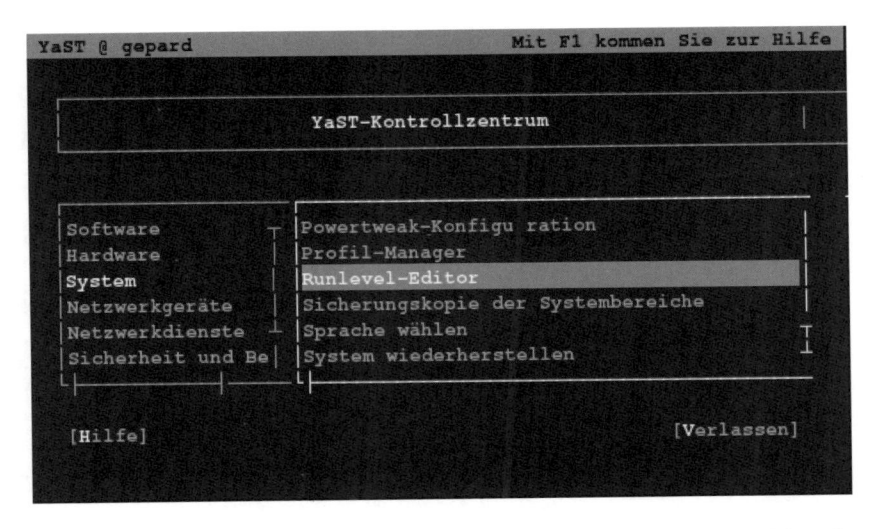

```
YaST @ gepard                     Mit F1 kommen Sie zur Hilfe

                          YaST-Kontrollzentrum


    Software              Powertweak-Konfiguration
    Hardware              Profil-Manager
    System                Runlevel-Editor
    Netzwerkgeräte        Sicherungskopie der Systembereiche
    Netzwerkdienste       Sprache wählen
    Sicherheit und Be     System wiederherstellen


    [Hilfe]                                      [Verlassen]
```

Wählen Sie unter «System» den «Runlevel-Editor». Damit bekommen Sie folgende Maske:

Kapitel 4
Firewalls

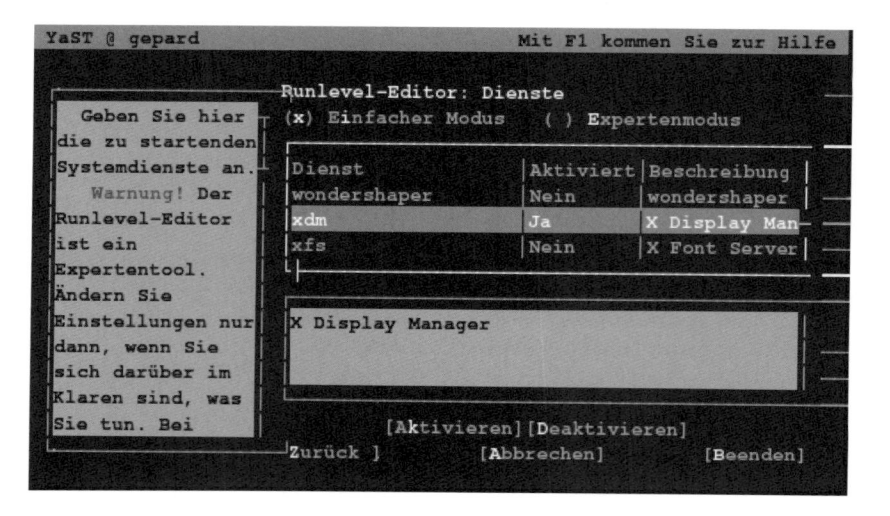

```
YaST @ gepard                          Mit F1 kommen Sie zur Hilfe
┌──────────────────┬─Runlevel-Editor: Dienste─────────────────────────┐
│  Geben Sie hier  │ (x) Einfacher Modus    ( ) Expertenmodus         │
│ die zu startenden│                                                  │
│ Systemdienste an.│ │Dienst       │Aktiviert│Beschreibung       │    │
│  Warnung! Der    │ │wondershaper │Nein     │wondershaper       │    │
│ Runlevel-Editor  │ │xdm          │Ja       │X Display Man      │    │
│ ist ein          │ │xfs          │Nein     │X Font Server      │    │
│ Expertentool.    │ └─                                               │
│ Ändern Sie       │                                                  │
│ Einstellungen nur│ X Display Manager                                │
│ dann, wenn Sie   │                                                  │
│ sich darüber im  │                                                  │
│ Klaren sind, was │                                                  │
│ Sie tun. Bei     │        [Aktivieren] [Deaktivieren]               │
└──────────────────┴─Zurück ]        [Abbrechen]         [Beenden]────┘
```

Wenn Sie etwas herunterblättern, sehen Sie xdm. Aktivieren Sie es hier nicht, sondern wählen Sie mit «Alt+E» den Expertenmodus. Daraufhin verändert sich die Anzeige etwas:

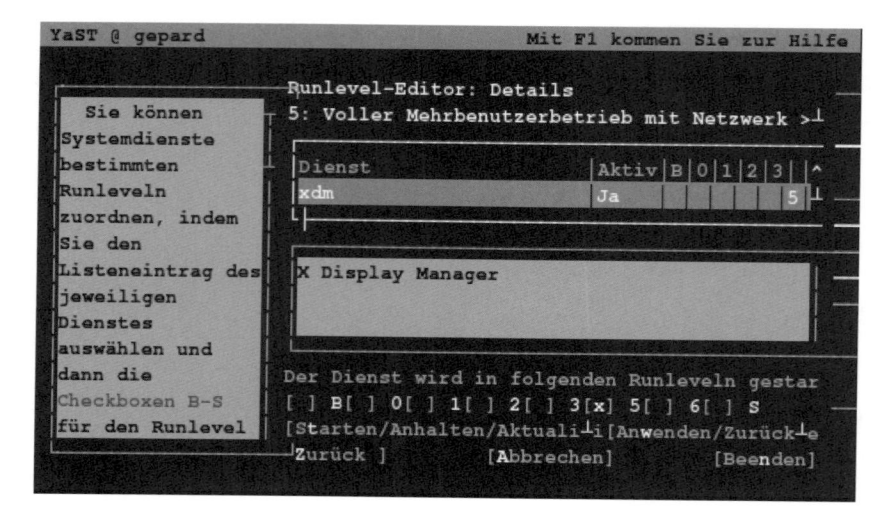

```
YaST @ gepard                          Mit F1 kommen Sie zur Hilfe
┌──────────────────┬─Runlevel-Editor: Details────────────────────────┐
│  Sie können      │ 5: Voller Mehrbenutzerbetrieb mit Netzwerk >│   │
│ Systemdienste    │                                                 │
│ bestimmten       │ │Dienst                  │Aktiv│B│0│1│2│3│ │^   │
│ Runleveln        │ │xdm                     │Ja   │ │ │ │ │5│ │    │
│ zuordnen, indem  │ └─                                              │
│ Sie den          │                                                 │
│ Listeneintrag des│ X Display Manager                               │
│ jeweiligen       │                                                 │
│ Dienstes         │                                                 │
│ auswählen und    │                                                 │
│ dann die         │ Der Dienst wird in folgenden Runleveln gestar   │
│ Checkboxen B-S   │ [ ] B[ ] 0[ ] 1[ ] 2[ ] 3[x] 5[ ] 6[ ] S        │
│ für den Runlevel │ [Starten/Anhalten/Aktuali-│i[Anwenden/Zurück-│e │
└──────────────────┴─Zurück ]        [Abbrechen]         [Beenden]───┘
```

Hier können Sie den Runlevel-Editor auf «5» für «Voller Mehrbenutzerbetrieb mit Netzwerk» umstellen. Falls Sie dies schon bei der Installation von SuSE Linux erledigt haben bzw. Sie SuSE sowieso mit grafischer Oberfläche installiert haben, müssen Sie dies nicht mehr machen. Falls Sie aber vorher das X noch nicht konfiguriert hatten, müssen Sie nun noch zum Starten des X-Servers auf der Konsole eingeben:

```
init 3
init 5
```

Damit sollte der X-Server laufen, und Sie können sich auf dem grafischen Login einloggen.

Firewall-Regeln

Sie müssen nun zuerst festlegen, welche Protokolle Sie von welcher Maschine aus benötigen. Der Normalfall sieht so aus, dass Sie im Intranet Server und Clients betreiben. In diesem Fall werden normalerweise folgende Ports benötigt.

Proto-koll	Port	Server	Clients	Bemerkungen
SMTP	TCP/25	Mail-Server out oder bidirektional		Nur der Mail-Server sollte Mails senden. Ob Sie es zulassen möchten, dass er Mails empfangen kann, müssen Sie beurteilen.
DNS	TCP/53	DNS-Server out		
	UDP/53	DNS-Server out		
HTTP	TCP/80	Web-Proxy out		
HTTPS	TCP/443	Web-Proxy out		
FTP	TCP/21	Web-Proxy out		
	TCP/20 (Data)	Web-Proxy out		
Ping request		alle out	alle out	
Ping reply		alle incoming	alle incoming	

Sonderfall bei den Firewall-Regeln Wenn auf der Firewall der X-Server laufen soll, müssen Sie bei den Regeln eine Feinheit beachten. Damit Sie sich nicht selbst auf dem X-Server aussperren bzw. dieser überhaupt korrekt gestartet werden kann, müssen Sie die TCP-Ports 6000-6063 lokal zulassen. Innerhalb der lokalen Maschine können Sie alternativ auch alles zulassen, aber das kann ein Sicherheitsrisiko sein.

NAT-Regeln

NAT-Regeln sind Regeln, die entweder die Source oder die Destination mit einer neuen IP auswechseln. Da Sie im LAN normalerweise private Adressen verwenden, müssen Sie diese in die öffentliche Adresse «übersetzen».

Source	Destination	Protokoll	neue Source	neue Destination
LAN	Internet		Firewall	
Internet	Firewall	SMTP		Mail-Server
LAN	Internet	HTTP HTTPS FTP		Proxy

Wenn die MitarbeiterInnen den Proxy bei ihrem Browser nicht von Hand eintragen bzw. Sie diese Arbeit für sie nicht erledigen, hilft die dritte Regel, dass alles über den Zwangsproxy laufen muss.

Achtung: Verschlüsselte Verbindungen vertragen sich nicht mit einem Proxy. Deshalb funktioniert in solchen Fällen HTTPS nicht korrekt.

4.2 Firewall-Konfigurationen für den professionellen Einsatz

In einem professionellen Umfeld ist die Firewall praktisch immer eine «dedizierte» Maschine, d.h., sie wird nur für die Firewall-Funktionalität eingesetzt. Ausnahmen sind zusätzliche Proxy- und VPN[25]-Funktionen. Für die Verwaltung der Firewall-Regeln setzt man meist eine Administrationsmaschine im Intranet ein, über die die Konfigurationsdateien auf einer oder mehreren Firewalls verwaltet und aktualisiert werden können.

Im Firewall-Umfeld werden praktisch immer die folgenden drei Bereichen unterschieden:

- LAN   Local Area Network, das Intranet
- DMZ   DeMilitarized Zone, demilitarisierte Zone
- Internet   die «böse» Außenwelt

4.2.1 Vorbemerkungen zur Security

Im Verlauf der Beispielkonfiguration werden noch Sicherheitsaspekte aufgegriffen, aber bitte beachten Sie:

---

25 Virtual Private Network.

Das wichtigste Sicherheitsloch, das Sie bedenken müssen, ist der Mensch selbst. Das bedeutet, dass Sie dafür sorgen müssen, dass Ihre MitarbeiterInnen vertrauenswürdig sind bzw. sich auch an die internen Sicherheitsanforderungen und -weisungen halten.

Sie können zwar dafür sorgen, dass die MitarbeiterInnen

- keinen Laptop benutzen, der mit Daten beladen mitgenommen werden kann,
- aus einem PC keine Festplatte ausbauen können (PC mit Schloss geschlossen),
- keinen fremden Laptop in die Firma mitbringen und anschließen,
- keine Diskette beschreiben und CDs brennen können,
- keinen Zugriff aus dem Internet via VPN auf das Netz haben – hier besteht sonst schon keine Kontrolle mehr –,
- Mails mit Anhängen nicht verschicken können,
- sich keine Programme aus dem Internet herunterladen oder senden können.

Reale Problembeispiele, die selbst nach dem obigen noch funktionieren:

- Mit wenig Aufwand lässt sich Putty (ein `ssh`-Client) vom Internet herunterladen. Etwas Vorarbeit, und schon merkt der Mail-Scanner nicht, dass es sich hier um ein Programm handelt.
- Ein Virus oder Wurm treibt sein Unwesen; bis der Virenscanner diesen erkennt, vergeht eine Weile. Dieser Virus findet in der verwundbaren Zeit den Weg in Ihre Firma. Das ist ein Fall, in dem Ihre MitarbeiterInnen nicht einmal verantwortlich gemacht werden können.
- Ein Fremder ruft in der Buchhaltung an, sagt ihnen, er sei der neue System-Admin und habe festgestellt, dass etwas auf deren Maschine nicht stimmt. In vielen Firmen verraten die MitarbeiterInnen bereitwillig das Passwort (das zudem oft am Bildschirm oder unter der Schreibtischmatte aufgeschrieben steht). Mit einem eigenen Laptop kann der Angreifer nun versuchen, die Daten zu saugen. Gewusst wie, und schon haben Sie keine Chance, dieses Gerät als fremde Maschine zu identifizieren.

Die – keineswegs vollständige – Liste soll Ihnen nur zeigen, dass Sie in Tat und Wahrheit keine reelle Chance haben, Ihre Mitarbeiter immer unter Kontrolle zu haben. Da hilft Ihnen nicht einmal, wenn Sie versuchen, die Tastenanschläge der MitarbeiterInnen zu loggen. Das verschlechtert eher die Vertrauensbasis und damit das Arbeitsklima. Deshalb hier noch ein paar Überlegungen zur Verbesserung des Arbeitsklimas:

- Geld ist ein sehr schlechtes Mittel, um das Arbeitsklima zu verbessern. Die Salärhöhe muss zwar stimmen, aber da gibt es branchenspezifische Salärtabellen als Grundlage. Gegen Bestechung hilft die Salärhöhe sowieso nicht.
- Unzufriedenheit ist immer schlecht für das Arbeitsklima.
- Dürfen die MitarbeiterInnen in ihrem Bereich mitbestimmen? Das kann relevant sein, da es je nach Arbeitsbereich nicht gut ist, ständig auf ein OK des Chefs warten zu müssen.
- Angst vor Entlassungen ist für das Arbeitsklima katastrophal. Manchmal geht es nicht anders, aber hier wird durch etliche Manager viel Porzellan zerschlagen.

  Kritische Bemerkung: Ein über zwei bis drei Jahre höherer Gewinn (durch «Restrukturierungen») hilft nicht weiter, wenn danach durch das Ausbrennen der MitarbeiterInnen die Qualifizierten die Firma verlassen. Das Problem sind hier nicht die MitarbeiterInnen, sondern die Manager, die danach bezahlt werden, wie viel Gewinn die Firma zum Jahresende «einfährt». Gewinne aufgrund von übermäßigen Restrukturierungen sind letztlich Selbstbetrug. Gewinne müssen auf guter Arbeit und guten Produkten basieren.

- Ein Team arbeitet sehr gut zusammen. Plötzlich soll das Team auseinander genommen werden, da die Restrukturierung eine andere Hierarchie bedingt. Manchmal geht es nicht anders, aber oft ist ein Team aus Personen mit verschiedenen Qualifikationen besser als ein Team aus (sorry) Fachidioten, die sich bei Schwierigkeiten an ein Team aus anderen (wieder sorry) Fachidioten wenden sollen.

Merke: Sicherheit vonseiten der MitarbeiterInnen erreichen Sie niemals durch übermäßige Kontrolle, sondern nur durch ein gutes Arbeitsklima.

4.2.2 Wie viel Aufwand lohnt sich für Sicherheit?

Wie viel Aufwand Sie in einer Firma für die Sicherheit treiben wollen oder müssen, müssen Sie letztlich selbst abschätzen. Einige Anregungen aus dem Informatik-Bereich möchte Ihnen der Autor trotzdem auf den Weg geben:

- Welcher Schaden entsteht Ihnen, wenn das Internet kurzfristig nicht verfügbar ist? Das ist der Fall, wenn die Firewall abstürzt oder kaputt geht.
- Sie haben einen Einbruch aus dem Internet. Da müssen alle MitarbeiterInnen erst mal mit der Arbeit an ihren Computern aufhören. Ihr Administrator wird in solch einem Fall alle Maschinen vom Netz nehmen müssen, um eine nach der anderen auf Schäden (Würmer, Viren, gelöschte Daten) zu untersuchen und wiederherzustellen. Können Sie sich das leisten?

- Ein Virus oder Wurm hat einen Teil der Workstations lahmgelegt, und die Maschinen müssen neu aufgesetzt werden.
- Ihr Mail-Server ist durch Viren lahmgelegt worden. Der Administrator muss nun die Maschine neu installieren und das Backup (Sie haben doch eins???) zurückladen. Er schätzt die Dauer des Unterbruchs auf ca. fünf Stunden. Nachher dauert es dann doch acht ...

Es existieren noch viel mehr – zum Teil viel schlimmere – Horrorszenarien, die teilweise durch eine mangelhafte IT-Security-Policy begünstigt werden. Sie müssen sich ausrechnen, was ein Unterbruch eines Teils Ihrer IT-Infrastruktur kostet. Die dadurch entstehenden Kosten und der mögliche Schaden sind maßgebend dafür, wie viel für die Absicherung ausgegeben werden soll.

Weil hierbei aber auch mit Wahrscheinlichkeitsrechungen hantiert werden muss (wie groß ist die Wahrscheinlichkeit, dass ein derartiger Zwischenfall eintritt?), ist die Einschätzung nicht ganz einfach. Dazu kann es bei bestimmten Szenarien sein, dass sie heute als unmöglich erscheinen, aber morgen ein Exploit erscheint, der Sie oder Ihren Administrator zwingt, innerhalb kürzester Zeit zu handeln. Das war z.b. der Fall, als bei BSD ein Fehler im TCP-Stack bekannt wurde, der es ermöglichte, die betroffene Maschine von außen innerhalb kürzester Frist zum Absturz zu bringen.

4.2.3 Warum eine DMZ?

Was ist eine DMZ?

Die Verbindungen zwischen Intranet und Internet müssen unterbrochen werden, sodass der Verkehr zwischen LAN und Internet kontrolliert werden kann. Dafür erhalten die Maschinen einen Relay in der DMZ. Für Web-Anwendungen ist das ein Proxy, für den Mail-Server ist das ein Mail-Gateway.

Zum Weiteren kann es sein, dass Sie DNS- oder Web-Server betreiben, die im Internet verfügbar sein sollen. Für diese Maschinen werden dann «Löcher» in die Firewall gemacht, durch die genau die Protokolle durch dürfen, die es braucht, um auf sie zuzugreifen. Auch dann muss der Administrator die entsprechenden Security-Issues lesen, die zu der verwendeten Software, z.B. IIS oder Apache, veröffentlicht werden, und dann muss er die Maschinen bzw. die betroffene Software patchen.

Einschränkungen

Leider existieren Protokolle, die sich nicht über einen Relay oder einen Proxy führen lassen. Dazu gehören unter anderem Telnet und ssh. Bei derartigen Protokollen muss der Administrator zuerst abklären, ob diese für den Betrieb der Firma überhaupt gebraucht wird. Dann muss er entscheiden, ob er sie für jede(n) MitarbeiterIn zulassen möchte oder auf bestimmte MitarbeiterInnen einschränkt.

4.2.4 Beispielkonfiguration als Basis für die professionellen Varianten

Es existieren so viele verschiedene Konfigurationen, dass der Autor nicht auf alle eingehen kann. Deshalb stellt er hier eine Konfiguration vor, die sehr oft in einer vergleichbaren Konstellation vorkommt, und ein paar Erweiterungen. Dieses Beispiel ist dann die Grundlage für die Beschreibung des Schutzes. Der Autor hat versucht, die Konfiguration so zu wählen, dass sie für die meisten Fälle als Ausgangskonfiguration gewählt werden kann.

LAN	DMZ
PCs im LAN	
DHCP-Server	
DNS-Server	DNS-Server
Mail-Server	Mail-Gateway
	Web-Proxy für HTTP/HTTPS/FTP
	Web-Server
	FTP-Server

DHCP-Server

Dieser Service wird weder in der DMZ noch im Internet benötigt. Im LAN wird dieser Dienst oft zusammen mit dem DNS-Server angeboten. In einer Windows-Umgebung laufen beide Dienste meist auf einem Domain-Controller.

DNS-Server

Ein DNS-Server muss die Namensauflösung im LAN zur Verfügung stellen. Im Internet wird der DNS-Name ebenfalls gebraucht, aber die dort benötigten IPs haben mit denen im LAN nichts zu tun. Wenn zudem der DNS-Server ausfällt oder gehackt wird, ist es wichtig, dass das Netz wenigstens im LAN weiterfunktioniert. Das lässt sich über die Trennung dieser beiden Dienste problemlos realisieren. Dazu kann der DNS-Server als zusätzlicher Dienst auf einer anderen Maschine wie z.B. dem Mail-Server laufen.

NTP-Server

Der NTP-Server läuft meist als zusätzlicher Dienst auf einer anderen Maschine, da dieser die Maschine kaum belastet. Der Autor benutzt dafür in unserem Beispiel den DNS-Server. Damit zudem der NTP-Service auch in der DMZ zur Verfügung steht, holt sich der DMZ-Proxy die Zeit vom NTP-Server ab, um sie für die DMZ und das LAN zur Verfügung zu stellen.

SMTP-Server

Ein SMTP-Server aus dem Internet wird seine Mails nicht direkt an den internen Mail-Server abliefern, sondern immer bei einem Mail-Relay in der DMZ abgeben, der diese dann an den internen Mail-Server weiterleitet. Falls nun der Mail-Relay gehackt werden sollte, sind die internen Mails nicht gefährdet. Tritt umgekehrt der unwahrscheinliche Fall ein, dass der interne Mail-Server durch einen Viren-Angriff als Spam-Relay missbraucht wird, kann der Virus die Mails nicht direkt abliefern, sondern muss zwangsweise über den Mail-Relay in die DMZ. Diese wiederum merkt bei entsprechender Konfiguration, dass es sich um Spams handelt und filtert sie aus.

Web-Proxy

Der Web-Proxy kanalisiert den Web-Traffic, wenn viele Leute über einen Browser ins Internet möchten. Dadurch eignet er sich gut, um mit einem Virenscanner Viren und Würmer, die über den Browser auf die Maschine möchten, herauszufiltern. Wird diese Maschine kompromittiert, und die Maschine steht in der DMZ, ist das Intranet noch nicht in Gefahr.

Beachten Sie bitte, dass ein Proxy oft nicht wirklich in der Lage ist, verschlüsselte Verbindungen zu überprüfen. Deshalb ist HTTPS mit Vorsicht zu genießen, und auf einen Rechner gehört ein Virenscanner, wenn sie zum Web-Surfen benutzt wird.

HTTP-Server

Der HTTP-Server – das kann ein Apache unter Linux sein oder ein IIS von Microsoft – bietet die eigene Web-Site im Internet an. Der Vorteil einer solchen Lösung ist, dass man dann dem Provider kein Geld für die Zurverfügungstellung der Services zahlen muss. Außerdem kann man dann bei der Einbindung von weiteren Web-Domains schneller reagieren.

Auch Web-Server wie IIS[26] oder Apache gehören in die DMZ. Gerade Web-Server sind immer wieder das Ziel von Angriffen.

FTP-Server

Für den FTP-Service wird eine separate Maschine angeboten. Theoretisch können Sie diesen Dienst auch auf dem Web-Server laufen lassen. Es gibt ein paar Argumente, diese Dienste auf getrennte Maschinen zu legen, nur zwei seien hier erwähnt:

- Wird der Web-Server oder der FTP-Server gehackt, und beide laufen auf derselben Maschine, stehen damit beide Dienste auf einen Schlag nicht mehr zur Ver-

---

26 Internet Information Server (Microsoft).

fügung. Ob Sie sich das leisten können, müssen Sie aufgrund Ihrer Geschäftsgegebenheiten selbst beurteilen.

- Wenn Sie größere Downloads anbieten möchten, sollten Sie mit einer Zusammenlegung der beiden Maschinen vorsichtig sein, denn beim Download muss der Server ständig von der Festplatte Daten lesen, und das kann beim Web-Server auf die Performance schlagen.

Überlegungen zum definitiven Aufbau der Verbindungen zwischen LAN, DMZ und Internet

Es geht hier darum festzustellen, welche Basisprotokolle aus welchem Netz in welches Netz oder zu welcher Maschine weiter- und/oder umgeleitet werden sollen. Speziell bei «gefährlichen» Protokollen gilt der Grundsatz, dass die Verbindung zwischen dem LAN und dem Internet unterbrochen werden müssen. Das kann durch einen Proxy geschehen, durch den Einsatz von Mail-Relays etc. Nur «ungefährliche» Protokolle dürfen von innen direkt passieren. Als «ungefährlich» gilt z.B. der «ping request». Aber von außen dürfen keine Protokolle direkt passieren außer die Antwort auf den «ping request», also der «ping reply» oder ein «icmp host not reachable».

Es gibt hier zwei verschiedene Bereiche, die zu überlegen sind: Der eine ist der der Standard-Protokolle und -Prozesse, die für die Grundfunktionen zwischen den Netzen benötigt werden, und der zweite ist der der Zusatzfunktionen wie z.B. ein eigener Web- oder FTP-Server. Auch ein VPN-Server zählt zu den Zusatzfunktionen.

Grundfunktionen

Zwischen LAN und DMZ

LAN	DMZ	Bemerkungen
Mail-Server	Mail-Server	In beide Richtungen. Mails dürfen nicht direkt vom LAN ins Internet oder vom Internet zum LAN, damit der Mail-Server nicht direkt kompromittiert werden kann.
DNS-Server	DNS-Server	Vom LAN in DMZ.
HTTP	Proxy-Server	Vom LAN in DMZ, nie direkt. Der Proxy muss dann auf Viren filtern.
HTTPS Proxy-Port	Proxy-Server	HTTPS darf nicht direkt durchlaufen, da es eine End-to-End-Verschlüsselung zulässt.
FTP	Proxy-Server	Port 21 in die DMZ, Port 20 (aktives FTP) in beide Richtungen.
DNS-Server	Proxy-Server	NTP. Der DNS-Server holt sich beim Proxy die Zeit ab.

Zwischen DMZ und Internet

DMZ	Internet	Bemerkungen
Mail-Server	überall	In beide Richtungen. Mails dürfen nicht direkt vom LAN ins Internet oder vom Internet zum LAN, damit der Mail-Server nicht direkt kompromittiert werden kann.
DNS-Server	überall	In beide Richtungen, wenn wir unseren eigenen DNS-Server betreiben. Anderenfalls nur ins Internet.
Proxy-Server	HTTP/HTTPS	Von der DMZ ins Internet.
Proxy-Server	FTP	Port 21 in die DMZ, Port 20 (aktives FTP) in beide Richtungen.
Proxy-Server	NTP	Der Proxy holt sich die Zeit bei einem Server im Internet. Dafür benutzt der Autor den Server time.ethz.ch.

Zwischen LAN und Internet

LAN	Internet	Bemerkungen
ping request	ping reply, icmp host unreachable	Ping ist eines der Protokolle, die nicht cacheable sind. Zudem handelt es sich hier um ein Layer 3-Protokoll.

Wenn es in Ihrer Firma benötigt wird, müssen Sie hier eventuell noch die Dienste wie Telnet und ssh aufmachen. Bedenken Sie aber bitte, dass ssh ein verschlüsseltes Protokoll ist. Damit würden Sie dann verschlüsselte Verbindungen aus dem LAN ins Internet zulassen. Zweitens kann jemand (auch ein Virus/Wurm!) den offenen Port immer auch für verschlüsselte Verbindungen missbrauchen. Auch ein offener Telnet-Port kann für ssh missbraucht werden, und Sie können es nicht wirklich verhindern. Auch ein Application-Proxy verhindert das nicht wirklich zuverlässig. Zudem können mit ssh auch weitere Ports getunnelt werden, und in dem Moment kann es richtig gefährlich werden.

Mit ein wenig Know-how und den entsprechenden Tools aus dem Internet können Sie auch eine VPN-Verbindung irgendwohin öffnen, und niemand hindert Sie mehr, die firmeneigenen Daten über diese Verbindung nach draußen zu transferieren.

Mit ein bisschen Know-how lässt sich übrigens auch ein transparenter Proxy zum Tunneln missbrauchen.

Wirklich verhindern können Sie das nur schwer. Die einzige Möglichkeit, die Sie haben, ist, dass Sie für Telnet und ssh einen separaten Server zur Verfügung stellen. Auf dieser Maschine darf keiner eigene Programme installieren, und für ssh unterbinden Sie das Tunneling. Wenn Sie dafür einen Linux-Server über XWindow oder VNC-Viewer anbieten, können Sie auf diesem problemlos für die Home-Partition und für /tmp «noexec» setzen. Vorsicht, KDE läuft nicht, wenn die Home-Partition durch «noexec» blockiert ist!

Die separate Maschine macht vor einem ganz anderen Hintergrund Sinn: Diese kann spezifisch gesichert werden und ist damit weniger den alltäglichen Mail-Viren und -Würmern ausgesetzt.

Zusatzfunktionen Hier sind nur zwei häufig vorkommende Beispiele angegeben. Für seltenere Fälle können Sie anhand der benötigten Protokolle und der Meldungen im Firewall-Log die Firewall einstellen.

Web- und/oder FTP-Server Sie möchten einen Web-Server im Internet anbieten. Ob Sie dabei an Apache oder den Internet Information Server denken, ist dabei irrelevant. Vorgaben:

- Der Web-Server muss Zugriffe aus dem Internet zulassen.

- Der Server selbst hingegen darf hingegen nicht direkt mit dem Internet verkehren. Bedenken Sie bitte, dass im Fall der Kompromittierung des Servers es für einen Angreifer ein Leichtes wäre, einen offenen Port nach draußen zu finden, und über diesen Unfug anzustellen.

- Der Dienst soll sowohl vom Internet als auch vom LAN aus verfügbar sein.

Dieselben Überlegungen stellen sich für einen FTP-Server.

Die Protokolle hierfür sind:

	Protokoll	Bermerkung
HTTP	TCP Port 80	vom Internet zum Server
HTTPS	TCP Port 443	vom Internet zum Server
FTP	TCP 21	vom Internet zum Server
	TCP 20	vom Internet zum Server

VPN-Server Ein VPN-Server ist ein Server, der verschlüsselte Verbindungen von bzw. zu Ihrer DMZ zulässt. Dafür kommen gewisse Verbindungs-Programme zum Einsatz. Diese verwenden eigene Protokolle und Ports:

Beachten Sie bitte, dass Sie im Fall einer VPN-Verbindung nie wirklich sicher sein können, dass auf der Gegenseite nur der erwartete Mitarbeiter mit dem Firmen-

VPN-Typ	Protokoll	Bemerkung
PPTP	TCP 1723	vom Client zum Server
IPSec	GRE IP 47	in beide Richtungen
	UDP 500	in beide Richtungen
	ESP IP 50	in beide Richtungen
	AH IP 51	in beide Richtungen
OpenVPN	TCP 5000	vom Client zum Server

Laptop dranhängt, oder ob da nicht ein ganzes Netz freien Zugriff auf Ihr LAN sucht. Deshalb sind VPN-Verbindungen mit Vorsicht zu behandeln.

Weitere Aufteilung der DMZ

Je nach Sicherheitsanforderungen und Aufwand kann die DMZ auch noch in verschiedene Subnetze aufgeteilt werden. Eine Möglichkeit ist, die Firewall mit mehreren Netzwerkkarten zu bestücken, um auf diese die Netze zu verteilen. Eine andere Variante ist, jedes Netz durch eine eigene Firewall zu schützen. Das kann zwar deutlich sicherer sein, geht aber ins Geld. Andererseits ist beim Ausfall einer Firewall der Rest des Netzes noch verfügbar. Ob sich der Aufwand lohnt, kommt auf die Absicherung der Firewalls an. Theoretisch können Sie sehr wohl alles über eine Firewall laufen lassen, aber dann müssen Sie diese Maschine sehr gut absichern.

Die Variante mit den verschiedenen Netzwerkkarten zum Trennen einzelner Teile der DMZ wird sofort sinnvoll, wenn Sie Dienste im Internet anbieten wie HTTP/HTTPS oder FTP. In diesem Fall können Sie nämlich diese Rechner in das separate Subnetz stecken. Damit können sich dann die Rechner aus der einen DMZ (DNS-Server, Mail-Server und Web-Proxy) und der anderen DMZ (HTTP/HTTPS und FTP) nicht gegenseitig gefährden, wenn einer der Rechner doch einmal gehackt worden sein soll.

DMZ: Private oder Public-Adressen? Im Ringen um die richtige DMZ-Konfiguration haben sich zwei verschiedene Varianten herauskristallisiert. Die eine Philosophie geht davon aus, dass in der DMZ public IPs verwendet werden. Die andere bevorzugt in der DMZ private IPs, die dann an der externen Firewall auf die richtige externe IP umgemappt werden. Welches nun der richtige Weg zum Ziel ist, hängt stark von den benötigten Protokollen ab. Zum Beispiel PPTP kann recht einfach auf eine private IP umgemappt werden, IPSec hingegen nimmt solche Dinge übel und ist dann nur schwer zur Mitarbeit zu überreden.

Beide Varianten haben zudem ihre Vor- und Nachteile:

Konstellation	DMZ mit privaten IPs	DMZ mit Public IPs
Konfigurationsaufwand für NAT	relativ groß und je nach Konstellation im Lauf der Zeit fehleranfällig.	entfällt normalerweise
Es stehen wenige Public IPs zur Verfügung.	Mit NAT können verschiedene Ports auf verschiedene Maschinen umgeleitet werden – bei gleich bleibender Public IP.	Auch hier ist ein Remapping möglich, erschwert aber das Lesen der Firewall-Regeln. Zudem muss die Firewall-Software das Port-Forwarding beherrschen und in solchen Fällen müssen die entsprechenden Public IPs ebenfalls genatet werden.
Firewall-Software muss Portforwarding beherrschen	ja	nein (aber es gibt Ausnahmen)
Maschine in DMZ defekt	Wenn eine andere Maschine in der DMZ die Aufgabe übernehmen kann, ist ein Ummappen über die Firewall-Regeln einfach. Die externe IP bleibt dieselbe. Damit gewinnt man Zeit für die Reparatur.	Die Maschine muss meist umgehend ersetzt werden.

Wenn Sie es nicht lassen können und in der DMZ private Adressen verwenden möchten, dann beachten Sie:

- Alle Public IPs müssen Sie auf der externen Ethernet-Karte definieren. Falls Sie aus irgendeinem Grund auf mehrere Netzwerkkarten NAT einschalten müssen, müssen Sie die IPs im FW-Builder bei beiden Netzwerkkarten definieren. Sonst erstellt der FW-Builder für die Netzwerkkarte, für die die NAT-IP nicht eingestellt ist, keine NAT-Regel.

- In den NAT-Regeln müssen Sie sowohl für den Fall, dass vom Internet die Public IP angesteuert wird, eine Forwarding-Regel auf die Private IP als auch eine NAT-Regel der Private IP auf die Public IP.

Der Autor bevorzugt Public IPs in der DMZ, aber das ist – wie Sie aus der längst nicht vollständigen Liste ersehen können – eine Frage der Philosophie.

Damit aber im Fall, dass Sie in der DMZ Public IPs verwenden, der Router die IPs noch findet, müssen Sie entweder dem Provider beibringen, dass er in seinen Router einträgt, dass dieser über die externe IP Ihrer Firewall das gesamte Netz erreicht, oder Sie müssen `/proc/sys/net/ipv4/conf/all/proxy_arp` aktivieren. Letzteres geschieht am einfachsten durch den Befehl

```
echo "1" > proc/sys/net/ipv4/conf/all/proxy_arp
```

Da dieser Befehl nach jedem Boot-Vorgang fällig wird, sollten Sie dies am einfachsten in einem Netzwerk-Script eintragen.

Sonderfall: Zwei (oder mehr) Netzwerkkarten mit einer IP

Theoretisch können Sie übrigens auf zwei oder mehr Netzwerkkarten dieselbe IP einsetzen, um IPs zu sparen. Allerdings müssen Sie dann die Routing-Regeln sorgfältig erstellen. Beispiel:

- Ihr Netz hat den Range 194.200.1.16/255.255.255.240. Sie haben also nur 16 IPs, von denen wiederum drei reserviert sind:
    - Netz: 194.200.1.16
    - Broadcast-Adresse 194.200.1.31
    - Router: 194.200.1.17
- Damit haben Sie noch 13 IPs, von denen Sie mindestens eine an die Firewall abgeben müssen.

Wenn Sie nun die Firewall mit nur einer IP konfigurieren möchten, um Adressen zu sparen, geht das, indem Sie die IP 194.200.1.18 auf beide Netzwerkkarten verteilen:

eth0 (Intranet)	private IP	Private IP des Intranets
eth1 (DMZ)	194.200.1.18/255.255.255.240	erste IP der DMZ
eth2 (Internet)	194.200.1.18/255.255.255.255	Dies muss konfiguriert sein, damit der Rest des Netzes durch die Maschine auf eth1 gesucht wird.

Damit jetzt aber der Router des Providers erreicht wird, benötigen Sie noch zwei Routing-Regeln:

route add -host 194.200.1.17 dev eth2	Damit weiß die Maschine, dass der Host .17 über eth2 erreicht werden kann.
route add default 194.200.1.17	Damit ist der Default-Gateway ins Internet eingestellt.

Falls Sie auf der eth1 ebenfalls die Netmask 255.255.255.255 verwenden möchten, können Sie dies tun. Damit aber die Maschine dann das Netz 194.200.1.16/255.255.255.240 noch findet, müssen Sie in diesem Fall noch eine weitere Routing-Regel einfügen:

```
route add -net 194.200.1.16 netmask 255.255.255.240 dev eth1
```

Nach demselben Prinzip können Sie auch noch mehr Netzwerkkarten derselben Maschine mit derselben IP versorgen; ob das für Sie wartbar ist, müssen Sie aber selbst entscheiden.

FW-Builder: Server und Netze

Die Grundkonfiguration, die in unserem Beispiel sowohl für eine einelne Firewall mit DMZ als auch für zwei Firewalls gültig ist, wird schon hier beschrieben, sodass in den eigentlichen Firewall-Kapiteln nur noch die Firewallkonfiguration eingetragen werden muss.

Server definieren Definieren Sie im FW-Builder zunächst die Maschinen, die als Server dienen sollen. In vielen Fällen werden die Maschinen über einen kryptischen Maschinennamen bestimmt, in dem definiert ist:

- der Firmenname
- Maschinentyp – Server oder Client
- Zweck der Maschine
- ein- bis dreistellige Nummer als Zähler

Das kann dann z.B. folgendermaßen aussehen:

```
MFSRVML001
```

Aufgeschlüsselt sieht das so aus:

MF	SRV	ML	001
MeineFirma	SeRVer	MaiL	Zähler

Ein Beispiel zur Generierung einer neuen Maschine («Host»):

Der Autor benutzt hier zur besseren Lesbarkeit nicht die oben erwähnten Codes für die Maschinen, sondern schreibt direkt den Maschinennamen hinein. Um anschließend im FW-Builder die Maschinen gruppiert zu haben, schreibt er davor immer LAN, DMZ oder EXT (= Internet).

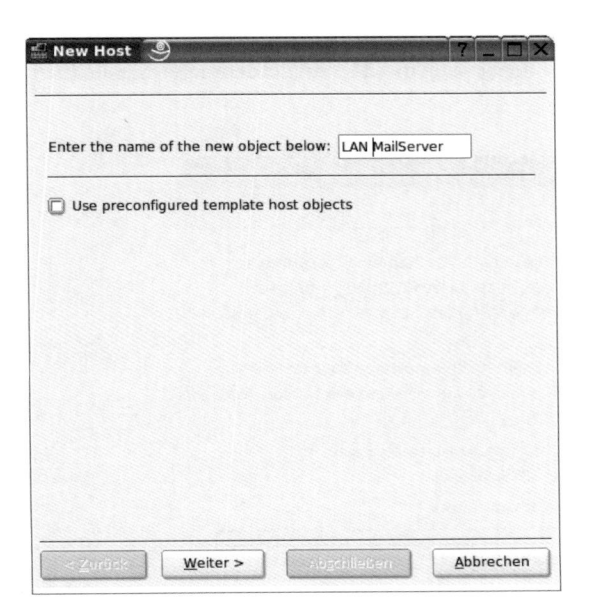

Dieser Host ist für den Mail-Server. Weiter:

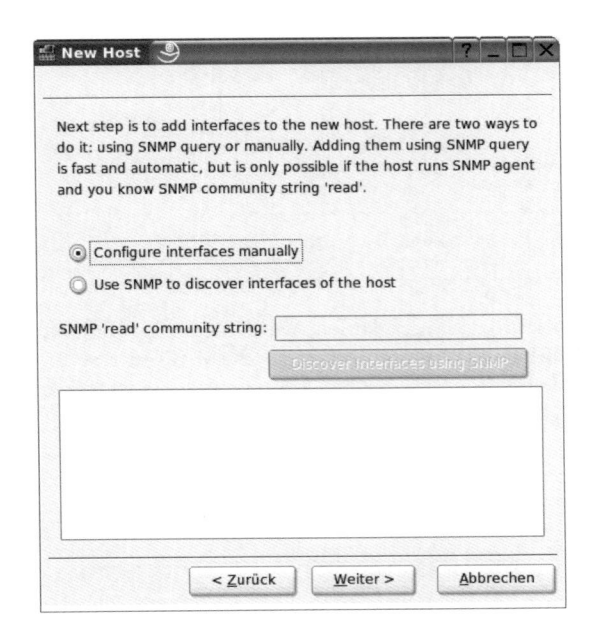

Kapitel 4
Firewalls

Die Interfaces, also die Netzwerkkarte(n) können über SNMP abgefragt werden, sofern die Maschinen SNMP aktiviert haben. Anderenfalls definieren Sie die Interfaces manuell:

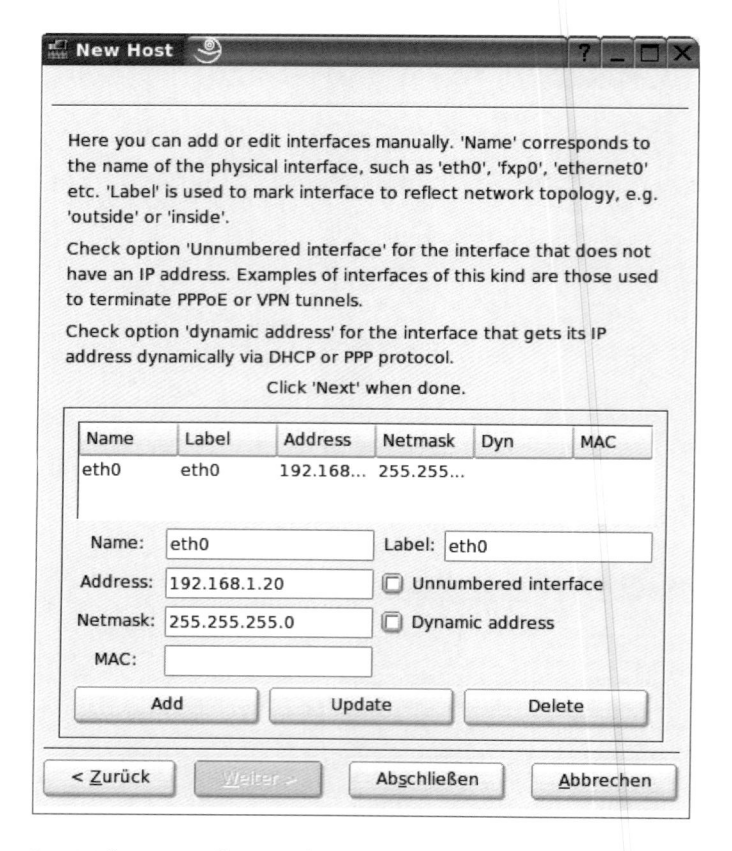

New Host

Here you can add or edit interfaces manually. 'Name' corresponds to the name of the physical interface, such as 'eth0', 'fxp0', 'ethernet0' etc. 'Label' is used to mark interface to reflect network topology, e.g. 'outside' or 'inside'.

Check option 'Unnumbered interface' for the interface that does not have an IP address. Examples of interfaces of this kind are those used to terminate PPPoE or VPN tunnels.

Check option 'dynamic address' for the interface that gets its IP address dynamically via DHCP or PPP protocol.

Click 'Next' when done.

Name	Label	Address	Netmask	Dyn	MAC
eth0	eth0	192.168...	255.255...		

Name: eth0   Label: eth0
Address: 192.168.1.20   ☐ Unnumbered interface
Netmask: 255.255.255.0   ☐ Dynamic address
MAC:

[Add]   [Update]   [Delete]

[< Zurück]   [Weiter >]   [Abschließen]   [Abbrechen]

Der Mail-Server soll unter der IP 192.168.1.20 laufen. Wenn Sie IP-Spoofing etc. verhindern möchten, können Sie als zusätzlichen Parameter die MAC-Adresse eintragen. Diese Angaben werden mit «Add» in die Konfiguration eingetragen. Anschließend können Sie abschließen, und der Host ist fertig:

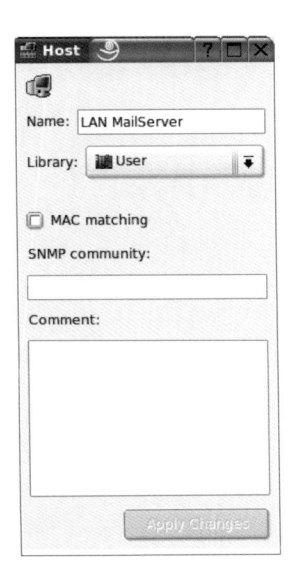

Auch die anderen benötigten Maschinen erstellen Sie auf dieselbe Weise.

Netze Ebenso definieren Sie nun die Netze. Das sind vor allem das LAN und die DMZ. Im LAN verwendet der Autor in diesem Beispiel den IP-Range 192.168.1.0/24:

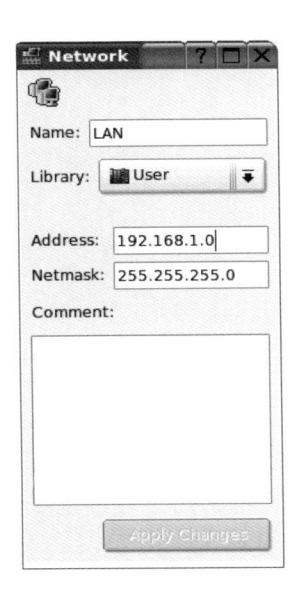

Und das vom Provider zugewiesene Netz ist hier 194.200.15.0/24:

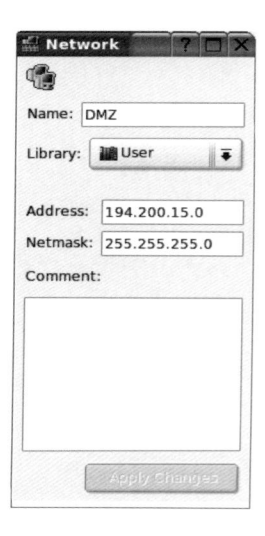

Damit «steht» schon einmal das Gerüst der Maschinen, die für das Netz vorgesehen sind:

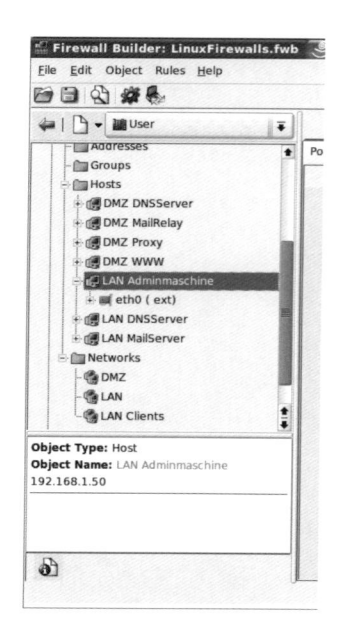

Wie Sie sehen, wurden hier noch die Clients, die ihre Adressen via DHCP erhalten, definiert. Des Weiteren ist hier die Administrationsmaschine separat aufgelistet.

Firewall-Objekt erstellen Erstellen Sie zunächst ein Firewall-Objekt. Der Autor hat es hier «SingleFW» benannt; nehmen Sie den Namen, der Ihren Standards entspricht. Als Abkürzung eignet sich z.B. «FW».

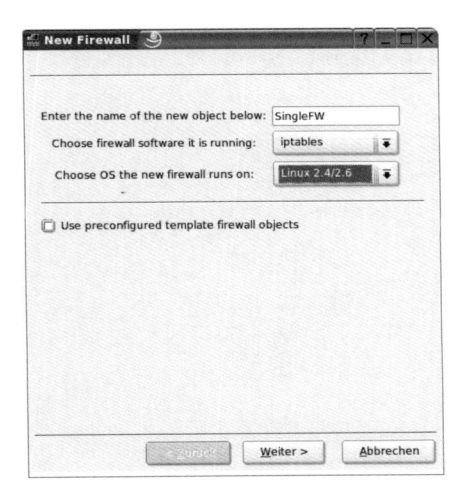

Für Linux wählen Sie «iptables» und den Kernel, heutzutage normalerweise Linux 2.4/2.6. Frühere Kernel basierten noch auf «ipchains», das von FW-Builder nicht unterstützt wird. Weiter ...

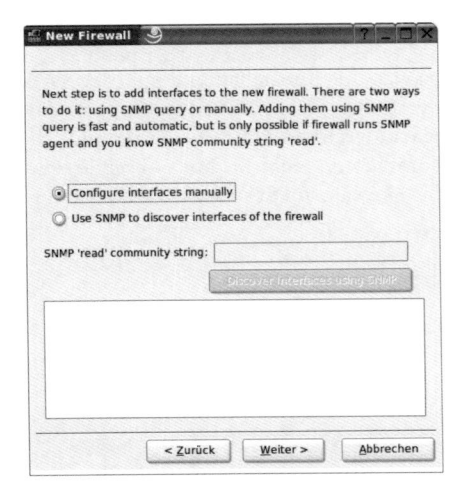

Kapitel 4
Firewalls

Die Interfaces der Firewall können via SNMP konfiguriert werden, wir machen es hier manuell.

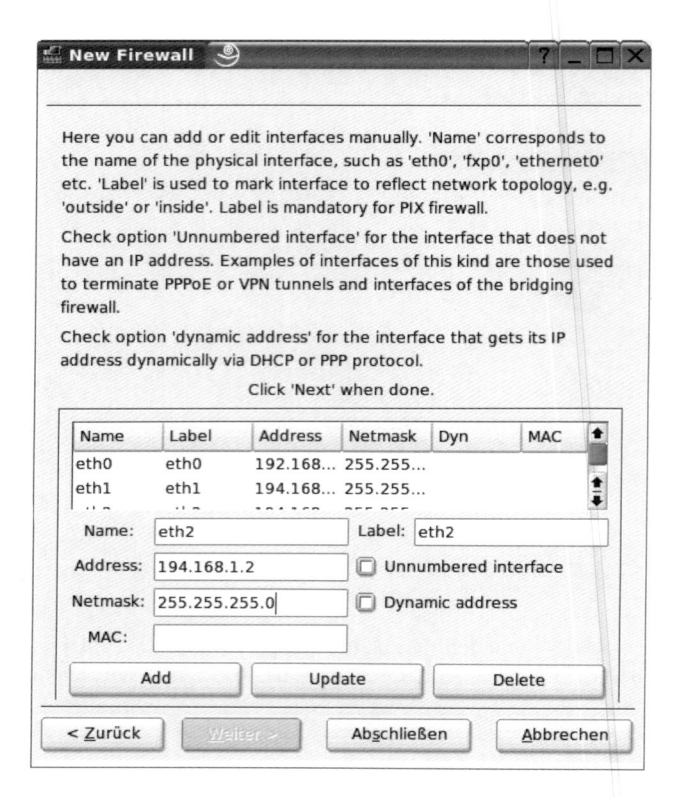

```
New Firewall

Here you can add or edit interfaces manually. 'Name' corresponds to
the name of the physical interface, such as 'eth0', 'fxp0', 'ethernet0'
etc. 'Label' is used to mark interface to reflect network topology, e.g.
'outside' or 'inside'. Label is mandatory for PIX firewall.
Check option 'Unnumbered interface' for the interface that does not
have an IP address. Examples of interfaces of this kind are those used
to terminate PPPoE or VPN tunnels and interfaces of the bridging
firewall.
Check option 'dynamic address' for the interface that gets its IP
address dynamically via DHCP or PPP protocol.
                    Click 'Next' when done.
```

Name	Label	Address	Netmask	Dyn	MAC
eth0	eth0	192.168...	255.255...		
eth1	eth1	194.168...	255.255...		

Name: eth2   Label: eth2
Address: 194.168.1.2   ☐ Unnumbered interface
Netmask: 255.255.255.0 ☐ Dynamic address
MAC:

[Add]   [Update]   [Delete]

[< Zurück] [Weiter >] [Abschließen] [Abbrechen]

Eine Falle droht bei der Definition insofern, dass die Konstellation wegen der NAT-Funktionalität auf beiden externen Netzwerkkarten als 255.255.255.0 (bzw. als das gesamte Sub-Netz) definiert sein muss, da anderenfalls für das externe und das DMZ-Interface ein NAT-Problem beim Kompilieren entsteht. Mit «Abschließen» kommen Sie dann auf die Hauptmaske der Firewall, auf der Sie nur noch die Version einstellen.

Firewall-Konfigurationen für den professionellen Einsatz

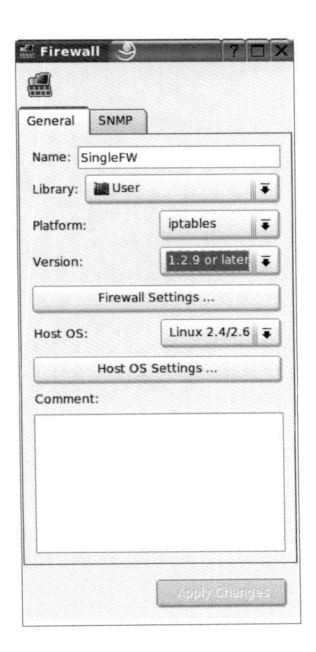

Nun kommen noch die «Firewall Settings» und «Host OS Settings».

Firewall Settings Wie Sie hier sehen werden, wird die Mehrheit der Definitionen für eine einfach konfigurierte Firewall nicht benötigt. Damit Sie aber die Grundkonfiguration sehen, hat der Autor alle Masken mit aufgenommen.

Compiler Bei Compiler müssen Sie normalerweise nichts einstellen, es sei denn, Sie haben die Administrationsmaschine anders konfiguriert, als es dem «Standard» für FW-Builder entspricht. Wie Sie sehen, können Sie hier auch eintragen, dass die Firewall von der Administrationsmaschine aus immer via ssh erreicht werden kann. Besser ist aber, diese Einstellung in die allgemeinen Firewall-Regeln aufzunehmen.

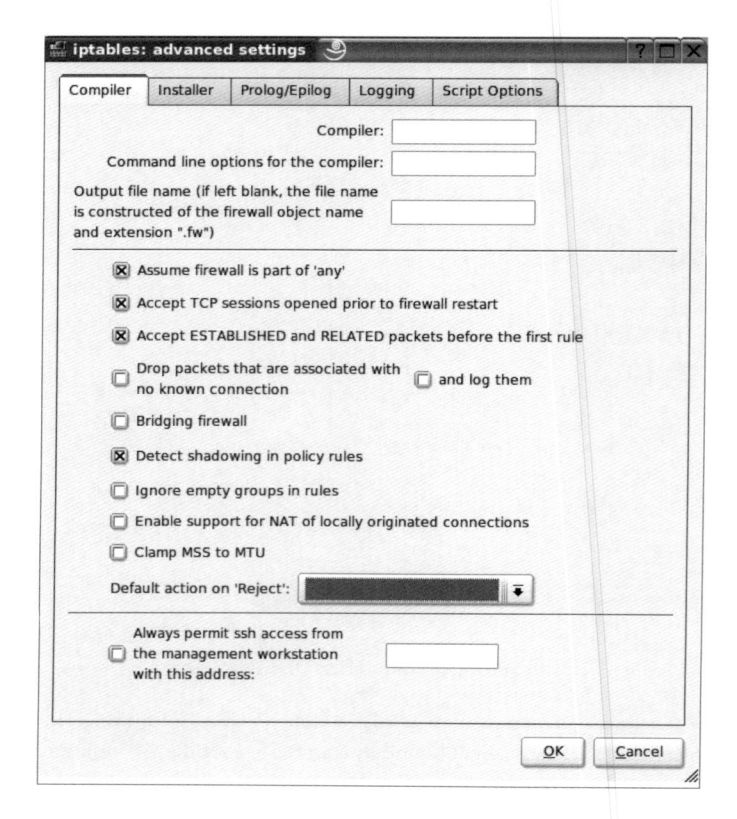

Installer Bei den Installer-Optionen können Sie verschiedene Parameter einstellen.

- Policy install script: Der Autor hat mit dieser Einstellung schlechte Erfahrungen gemacht, sodass er die «manuelle» Installation bevorzugt. Wenn Sie aber eine andere Linux-Distribution wie z.B. Sentry einsetzen möchten, auf der Sie das Starten des Firewall-Scripts nicht automatisieren können, weil sudo (Seite 79) fehlt, werden Sie nicht umhin kommen, ein Script mit «expect» etc. aufzubauen. Der Autor hat eine derartige Konstellation schon im Einsatz gehabt. Da das aber nicht ohne Tücken ist, geht der Autor darauf nicht ein.

- Command line options: Dieser Teil hängt direkt mit dem «Policy install script» zusammen, bleibt auch leer.

- Directory on the firewall: Scripts gehören nicht ins /etc-Verzeichnis, das als Default angegeben wird. Scripte gehören in /bin, /sbin, /usr/bin, /usr/sbin oder in ein eigenes Verzeichnis unter /usr/local. Deshalb hat der Autor hier /usr/local/fwbuilder gewählt.

- User name used to authenticate to the firewall: Das können Sie leer lassen.
- Alternative name or address used to communicate: Leer lassen
- A command for the installer: Benötigen Sie ebenfalls nicht, da die Basis das erstellt Firewall-Script ist.

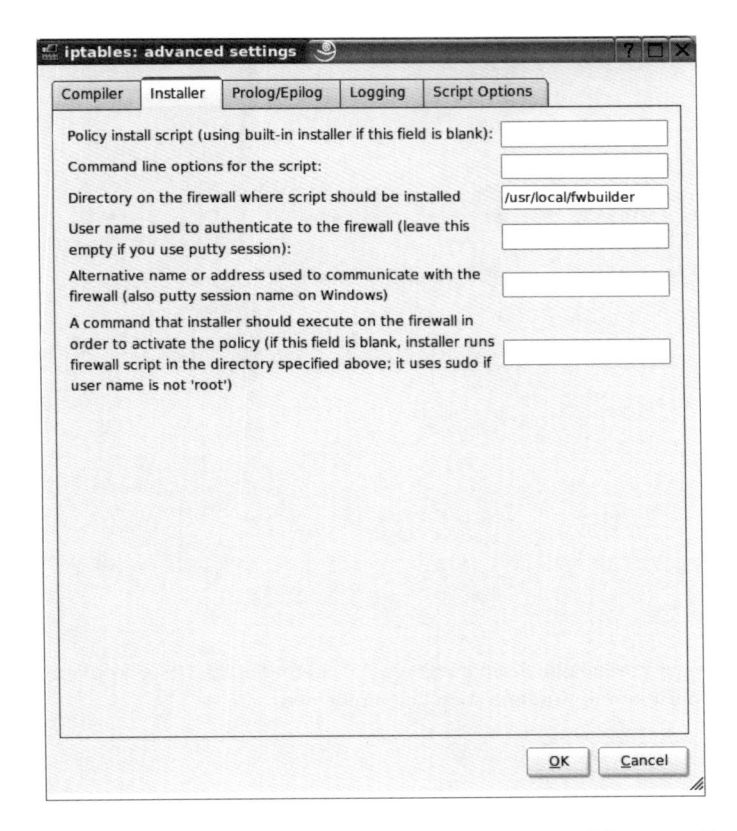

Im Zusammenhang mit der Installation des Scripts auf die Firewall wird der Autor noch einmal auf die Parameter der Install-Maske eingehen.

Prolog/Epilog Theoretisch können Sie hier noch weitere Kommandos in das Script integrieren. Wir brauchen es für die Grundkonfiguration nicht.

Kapitel 4
Firewalls

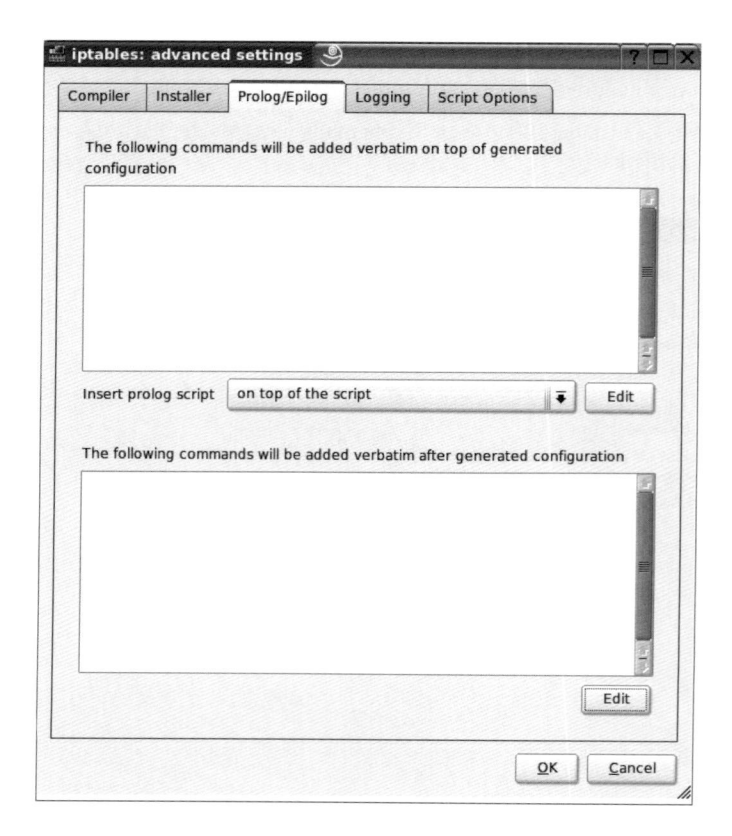

Sie können hier aber zusätzliche Scripte starten, z.B. wenn Sie die IPSec-Konfiguration direkt vor der Firewall-Konfiguration laden möchten.

Logging

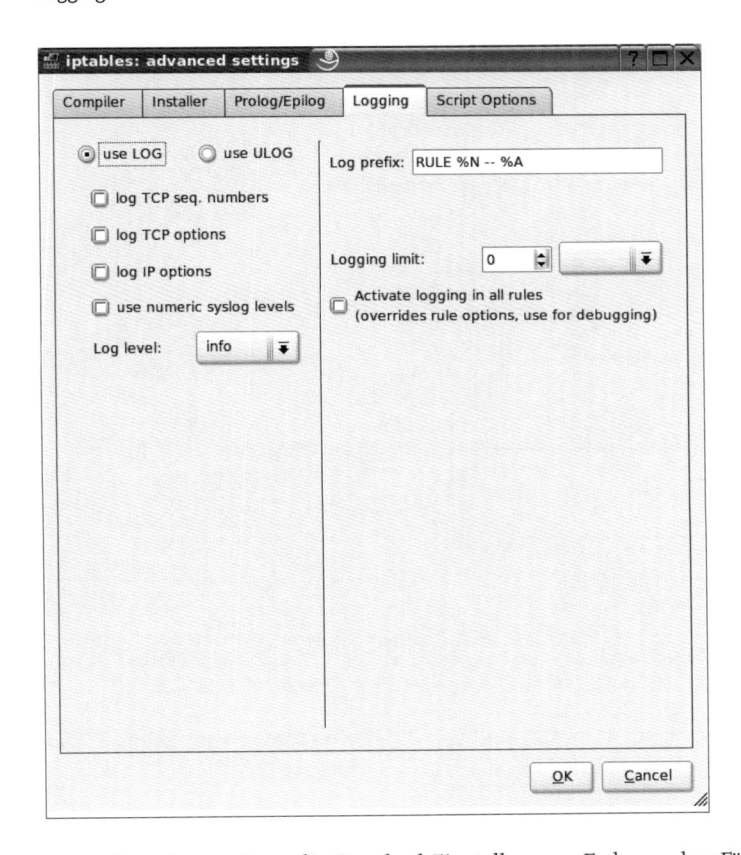

Normalerweise genügen die Standard-Einstellungen. Es kann aber Fälle geben, in denen Sie die Einstellung «Activate logging in all rules» (= Aktiviere Log in allen Regeln) benötigen, wenn Sie nicht wissen, warum etwas nicht funktioniert. Seien Sie sich darüber bewusst, dass sich das Log rasend schnell füllt. **Schalten Sie diesen Punkt deshalb wieder ab, sobald Sie das Problem gelöst haben (oder nach Hause gehen).**

Script Options «Load Modules» (lade Module) ist meist angebracht. Damit sorgt das Script dafür, dass die benötigten Firewall-Module geladen werden. Diese können Sie mit lsmod nachkontrollieren:

```
ipt_LOG                  3288   49 (autoclean)
ipt_multiport             696   52 (autoclean)
[...]
ipt_mac                   632    7 (autoclean)
ipt_MASQUERADE           1240    3 (autoclean)
ipt_state                 568  171 (autoclean)
iptable_filter           1644    1 (autoclean)
ip_nat_tftp              1648    0 (unused)
ip_nat_snmp_basic        8320    0 (unused)
ip_nat_irc               2128    0 (unused)
ip_nat_ftp               2768    0 (unused)
ip_nat_amanda            1148    0 (unused)
iptable_nat             15374    7 [ipt_MASQUERADE ip_nat_tftp
    ip_nat_snmp_basic ip_nat_irc ip_nat_ftp ip_nat_amanda]
ip_tables               11232    9 [ipt_LOG ipt_multiport ipt_mac
    ipt_MASQUERADE ipt_state iptable_filter iptable_nat]
ip_conntrack_tftp        1584    1
ip_conntrack_irc         2768    1
ip_conntrack_ftp         3696    1
ip_conntrack_amanda      1696    1
ip_conntrack            17252    6 [ipt_MASQUERADE ipt_state ip_nat_tftp
ip_nat_irc ip_nat_ftp ip_nat_amanda iptable_nat ip_conntrack_tftp
ip_conntrack_irc ip_conntrack_ftp ip_conntrack_amanda]
```

Das «Debugging» kann sinnvoll sein, wenn Sie beim Starten des Scripts Fehler bekommen.

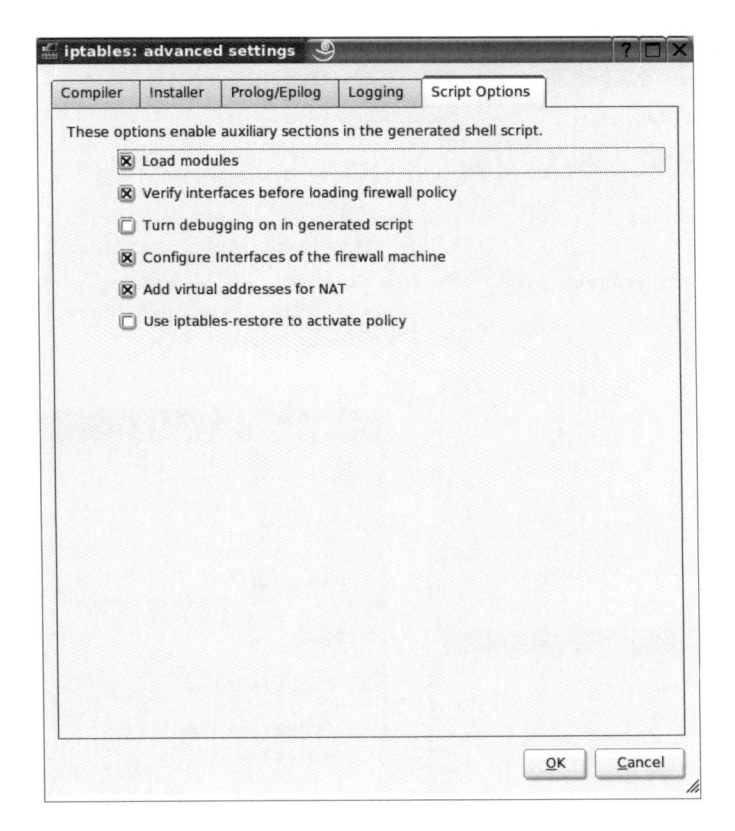

Firewall-Konfigurationen für den professionellen Einsatz

```
iptables: advanced settings

Compiler | Installer | Prolog/Epilog | Logging | Script Options

These options enable auxiliary sections in the generated shell script.
[X] Load modules
[X] Verify interfaces before loading firewall policy
[ ] Turn debugging on in generated script
[X] Configure Interfaces of the firewall machine
[X] Add virtual addresses for NAT
[ ] Use iptables-restore to activate policy

                                              OK    Cancel
```

Bei «Add virtual Addresses for NAT» (füge virtuelle Adressen für NAT hinzu) ist meist wichtig, wenn Public IPs auf private IPs umgebogen werden. Dafür muss auf der Firewall die IP existieren, damit sie bei Anfragen auf diese IP reagiert.

Achtung: Wenn Sie in der DMZ Public IPs verwenden und einen Zugriff auf eine dieser Maschinen über einen bestimmten Port auf eine anderen Maschine umbiegen möchten, dürfen Sie diese Funktionalität nicht aktivieren. Sonst wird die IP auf der Firewall aktiviert und die Maschine dahinter ist nicht mehr erreichbar.

Für jedes Netzwerk-Interface muss noch definiert werden, ob es eine feste IP, eine dynamische (DHCP) oder eine nicht real zugewiesene wie z.B. «eth+» ist. Nach einem Doppelklick mit der Maus auf die jeweiligen Schnittstellen können Sie die entsprechenden Einstellungen vornehmen.

Kapitel 4
Firewalls

Regular interface	Fixe IP-Nummer
Address is assigned dynamically	Dynamische IP-Nummer (DHCP)
Unnumbered interface	Nicht zugewiesen

Zusätzlich weisen Sie die folgenden Definitionen zu:

Management interface	Interface, über das die Firewall-Administrations-Maschine die Verbindung aufbaut
This interface is external (insecure)	Externes Interface. Die Zuweisung wird u.a. wegen der Adressierung der zu natenden Schnittstelle benötigt.

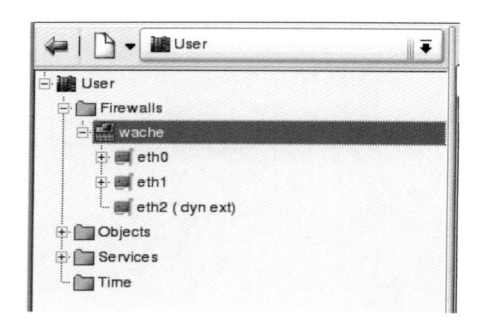

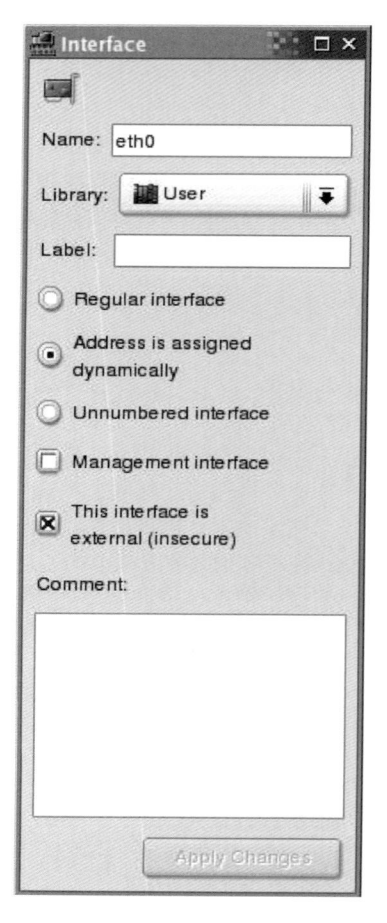

Host OS Settings Hier werden die Einstellungen zum zugrunde liegenden Betriebssystem – in unserem Fall Linux – definiert.

Options Die Optionen sind wichtig, da sie die Reaktion der Firewall auf bestimmte Ereignisse bestimmen. Vor allem die beiden ersten Optionen sollten Sie aktivieren.

- Packet forwarding: Paket-Weiterleitung soll die Firewall machen, da sie den Netzwerkverkehr von und zu LAN, DMZ und Internet ermöglichen soll.

- Kernel anti-spoofing protection: Damit wird in der Firewall der Kernel-Schutz gegen Spoofing aktiviert.

- Allow dynamic addresses: Wenn Ihre Firewall an einem ADSL-Anschluss mit dynamischer IP hängt, sollten Sie diesen Punkt aktivieren. Damit funktioniert die Firewall-Verbindung auch bei sich ändernden IPs bedingt durch neue DHCP-Requests der Firewall beim DHCP-Server des Providers.

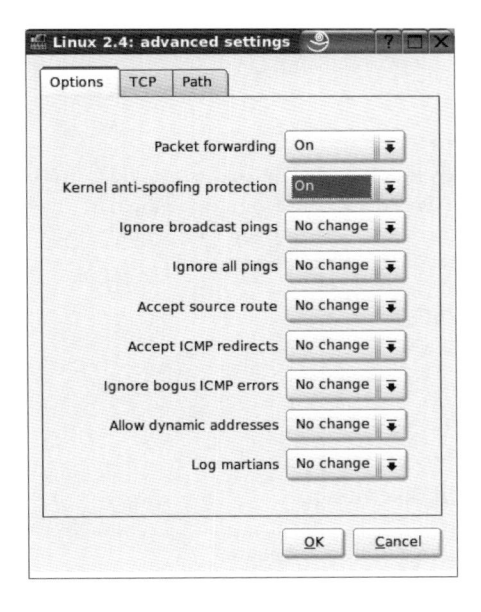

TCP Die TCP-Parameter müssen Sie normalerweise nicht ändern. Das hängt aber im Wesentlichen von der Firewall ab, die Sie einsetzen. Vor allem die beiden letzten Punkte «TCP Syn-cookies» und «TCP-timestamps» können sinnvoll sein. Wenn Sie möchten, können Sie diese auch präventiv auf «On» setzen.

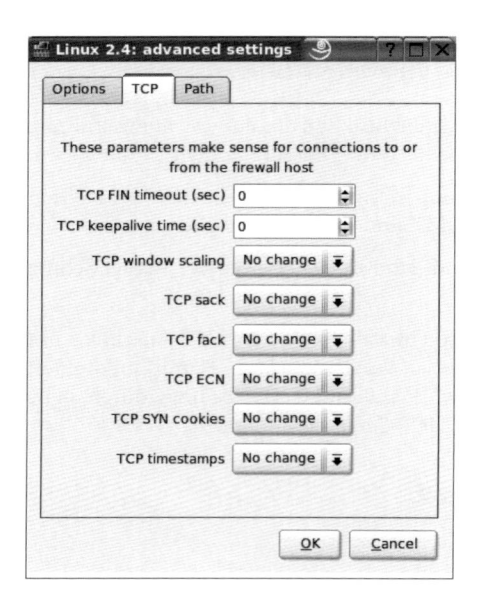

Path Die Optionen für «Path» (Pfade der Programme wie `iptables`) müssen Sie normalerweise ebenfalls nicht verstellen. Wenn aber die Programme nicht im Pfad sind, z.B., weil die Pfadvariable aus Sicherheitsüberlegungen leer bleibt, müssen Sie hier die genauen Pfade eintragen. Standard sind die folgenden Pfade:

iptables	/usr/sbin/iptables
ip	/sbin/ip
logger	/bin/logger
modprobe	/sbin/modprobe
lsmod	/sbin/lsmod
iptables-restore	/usr/sbin/iptables-restore

Unter anderem Firewalls wie Sentry benötigen diese Angaben.

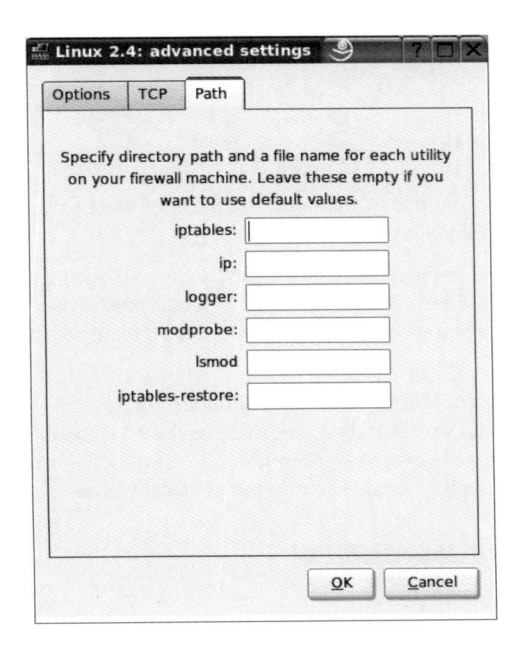

Firewall-Konfigurationen für den professionellen Einsatz

[Screenshot: Linux 2.4: advanced settings – Path tab. Felder: iptables, ip, logger, modprobe, lsmod, iptables-restore. Hinweis: "Specify directory path and a file name for each utility on your firewall machine. Leave these empty if you want to use default values." Buttons: OK, Cancel.]

Damit fehlen nur noch die Firewall- und NAT-Regeln. Zu diesen kommen wir beim Konfigurieren der Firewall selbst.

Policy (Regeln) In den Firewall-Regeln haben Sie die folgenden Optionen:

Option	Beschreibung
Source	Die Maschine, die die IP-Päckchen schickt
Destination	Maschine, die die IP-Päckchen erhalten soll
Service	Protokoll
Action	Was soll geschehen? ■ ACCEPT: akzeptieren ■ REJECT: zurückweisen ■ DROP: fallen lassen ■ ACCOUNTING: zählen
Time	Zeit, für die diese Regel gilt
Options	Soll der Traffic geloggt werden? Soll für die betreffende Regel «Stateful Inspection» (default) abgeschaltet werden?
Comment	Kommentar. Schreiben Sie hier am besten hinein, wofür diese Regel sein soll.

Wird ein Feld leer gelassen, bedeutet das, dass «Any», also «alle», gilt. Eine Spezialität ist «Options»:

135

Kapitel 4
Firewalls

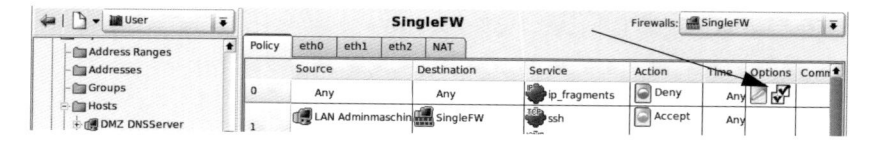

	Policy	eth0	eth1	eth2	NAT					
Address Ranges		Source		Destination		Service	Action	Time	Options	Comm
Addresses	0	Any		Any		ip_fragments	Deny	Any		
Groups	1	LAN Adminmaschin		SingleFW		ssh	Accept	Any		
Hosts										
DMZ DNSServer										

SingleFW — Firewalls: SingleFW

Die Firewall-Options werden Sie zwischendurch benötigen, da Sie über diese unter anderem «Stateful Inspection» einstellen können.

Hier können Sie unter anderem für einzelne Regeln die Logging-Optionen wie Log-Prefix und Loglevel, aber auch, ob die Firewall ebenfalls zum Object «Any» gehört. Das ist dann wichtig, wenn Sie die entsprechenden Einstellung der Firewall selbst verändert haben.

Unabhängig von den Veränderungen können Sie hier «Stateful Inspection» abschalten. Seien Sie damit vorsichtig, weil vor allem verbindungslose Protokolle wie UDP dann nicht mehr vernünftig überwacht werden können. Ohne «Stateful Inspection» müssen z.B. UDP-Protokolle in beide Richtungen geöffnet werden.

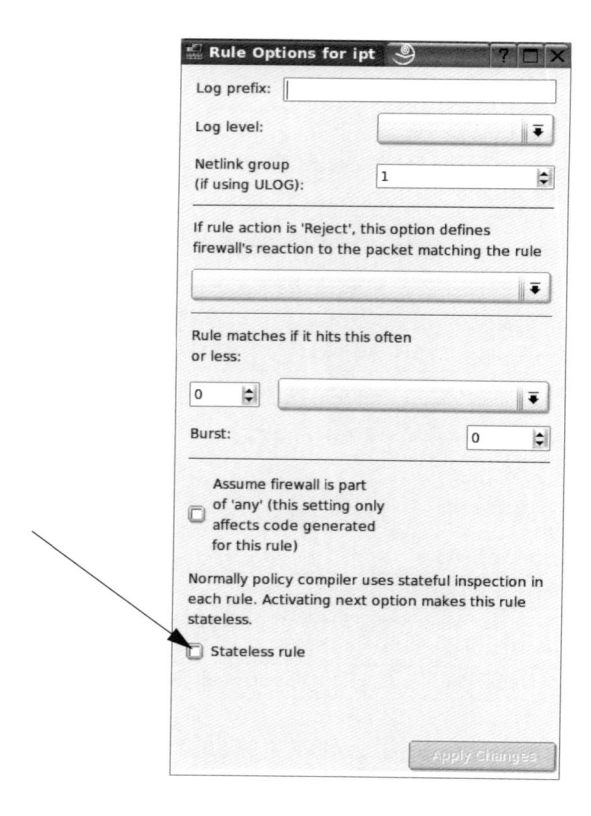

Firewall-Konfigurationen für den professionellen Einsatz

NAT Beim FW-Builder können Sie selbstverständlich die NAT-Regeln eintragen. Ein Beispiel:

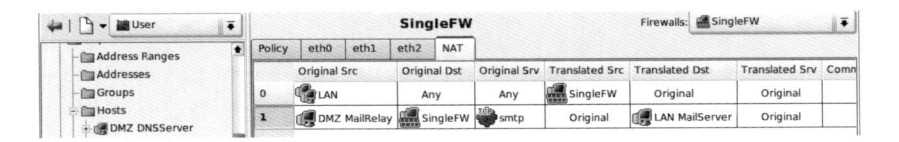

Policy	eth0	eth1	eth2	NAT				
	Original Src		Original Dst		Original Srv	Translated Src	Translated Dst	Translated Srv
0	LAN		Any		Any	SingleFW	Original	Original
1	DMZ MailRelay		SingleFW		smtp	Original	LAN MailServer	Original

Definition	Beschreibung
Original Source	Die Maschine, die das IP-Päckchen schickt
Original Destination	Ursprüngliches Ziel des Päckchens
Original Protocol	Ursprüngliches Protokoll
Translated Source	Übersetzte Maschinen-IP
Translated Destination	Übersetztes Ziel des Päckchens
Translated Protocol	Übersetztes Protokoll

- Jede Maschine aus dem LAN genatet. Diese NAT-Regel gilt zunächst für alle Maschinen.
- Wenn der Mail-Relay aus der DMZ die Firewall auf Port 25 «anspricht», wird dieser weitergeleitet an den internen Mail-Server.

Über den NAT-Regeln stehen die Policy-Regeln. Die Policy muss die Protokolle erlauben, anderenfalls wird die Verbindung geblockt und nicht genatet.

Regelwerk kompilieren Unter «kompilieren» versteht man beim FW-Builder, das Script aus den Angaben der grafischen Umgebung zu erstellen. Dazu extrahiert der «Compiler» zuerst die Informationen, die die Firewall betreffen, und erzeugt daraus ein Script, das die Firewall-Definition enthält.

Sie kompilieren das Script über das Menü «Rules» – «Compile».

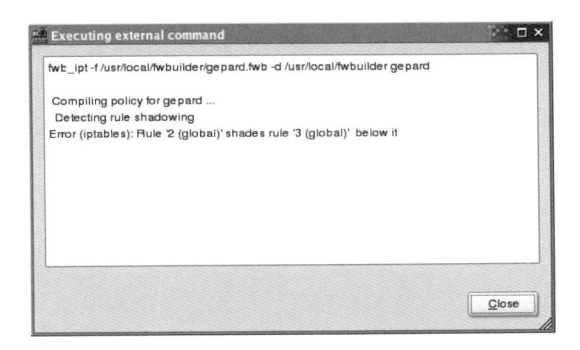

```
Executing external command
fwb_ipt -f /usr/local/fwbuilder/gepard.fwb -d /usr/local/fwbuilder gepard

Compiling policy for gepard ...
Detecting rule shadowing
Error (iptables): Rule '2 (global)' shades rule '3 (global)' below it
```

Kapitel 4
Firewalls

Hoppla – eine Fehlermeldung. Zum Glück sind die Meldungen gut verständlich, auch wenn sie leider auf Englisch ausgegeben werden:

```
Error (iptables): Rule '2 (global)' shades rule '3 (global)' below it
```

Das bedeutet, dass sich die zweite globale Regel und die dritte globale Regel überschneiden, sodass damit die dritte Regel sinnlos wird. Bei einfachen Regeln ist das selten der Fall. Wenn das Regelwerk hingegen komplexer wird, kommt sowas ab und zu vor.

Wenn alles erfolgreich durchgelaufen ist, sieht das so aus:

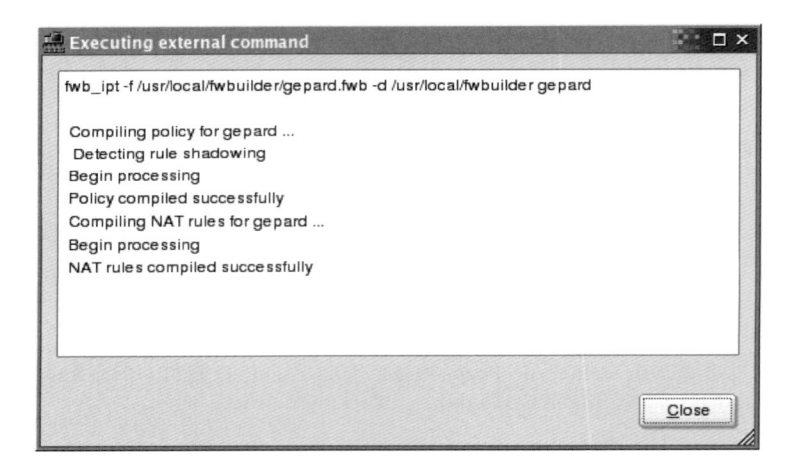

```
Executing external command

fwb_ipt -f /usr/local/fwbuilder/gepard.fwb -d /usr/local/fwbuilder gepard

Compiling policy for gepard ...
 Detecting rule shadowing
Begin processing
Policy compiled successfully
Compiling NAT rules for gepard ...
Begin processing
NAT rules compiled successfully

                                                    Close
```

Nun müssen Sie die neu erstellten Regeln noch auf die Maschine kopieren und laufen lassen.

Regelwerk installieren

Konfiguration Kontrollieren Sie, was bei der Firewall bezüglich Firewall-Settings im Firewall-Objekt steht. Machen Sie mit der Maus einen Doppelklick auf die Firewall. Es öffnet sich das Firewall-Fenster.

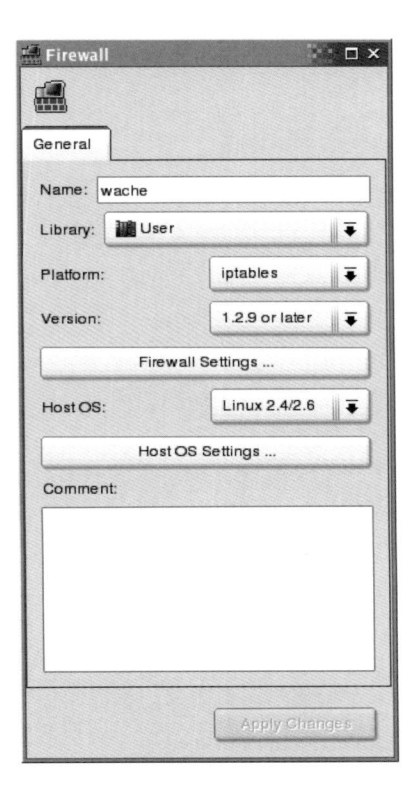

Hier klicken Sie auf die «Firewall-Settings» und wählen dann die Seite für den Installer:

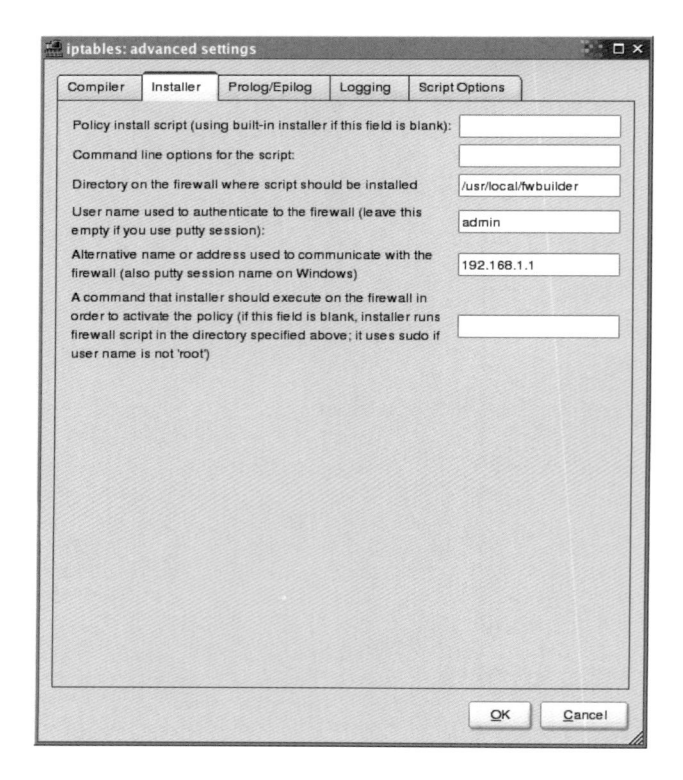

Sie benötigen normalerweise nur die drei auch hier ausgefüllten Parameter. Der Autor beschreibt Ihnen aber alle, damit Sie im Notfall auch eine unkonventionelle Firewall-Ansteuerung realisieren können.

Policy Install Script Wenn Sie dann beim «Policy Install Script» etwas eintragen, müssen Sie darauf achten, dass Sie für die Aktivierung im untersten Feld ebenfalls etwas eintragen. Einfacher ist es aber, wenn auf der Firewall «sudo» (Seite 79) installiert ist. Der Installer fordert Sie normalerweise auf, das Passwort für den verwendeten Benutzer-Account einzugeben, und das Script wird ohne weiteres installiert und aktiviert.

Command Line Options Wenn Sie oben ein «Policy Install Script» etwas eingetragen haben, können Sie hiermit noch Parameter an das Script übergeben.

Directory on the Firewall Als «Directory on the firewall where the script should be installed» ist die Vorgabe /etc denkbar schlecht geeignet. Das Firewall-Script ist ein Script, letztlich also ein Programm. Programme gehören unter Linux nicht nach /etc. Deshalb hat der Autor hier /usr/local/fwbuilder vorgeschlagen.

User name used to authenticate to the Firewall Tragen Sie den Namen des Benutzers ein, dessen Account Sie zum Installieren auf der Firewall benutzen möchten. Der Autor hat hier `admin` gewählt.

Alternative name or address to communicate Wenn der Name Ihrer Firewall nicht oder mit einem anderen Namen im DNS aufgelöst wird, können Sie hier den DNS-Namen oder die IP eintragen.

A command that installer should execute ... to activate Falls Sie bei «Policy Install Script» etwas eingetragen haben, können Sie hier den Befehl eintragen, den FW-Builder ausführen soll, damit das Script aktiviert wird.

Aktivieren Zum Aktivieren klicken Sie auf der Firewall auf «Rules» – «Install». Wenn die aktuellen Firewall-Regeln noch nicht kompiliert worden sind, holt FW-Builder dies hier nach. Anschließend geht dann ein Fenster auf, in dem Sie noch das Passwort eingeben können, das für das Login von `admin` benötigt wird.

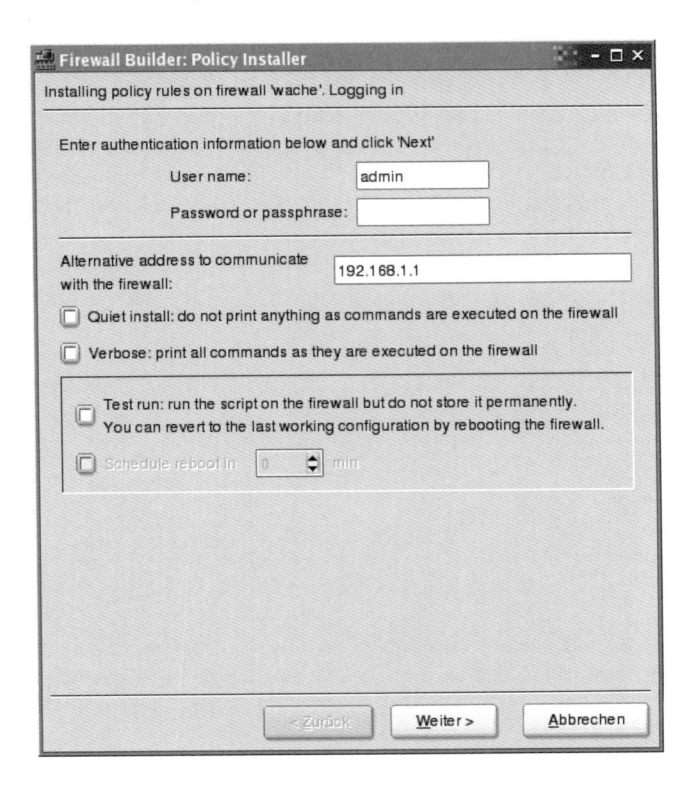

Wenn Sie Ihren «Public Key» bereits auf der Firewall in $HOME/.ssh/ authorized_keys[27] kopiert haben, benötigen Sie kein Passwort und können einfach mit «Weiter» bestätigen. Anderenfalls geben Sie noch das Passwort ein ...

«Quiet install» sollten Sie nicht verwenden, weil Sie dann keine Meldungen bekommen, wenn mal etwas schiefgeht.

«Verbose» zeigt alle auftretenden Meldungen an und ist von daher sehr gut, wenn Sie Schwierigkeiten mit dem Script haben.

Dasselbe gilt für «Test run». Hier wird das Script zwar ausgeführt, aber das Original bleibt erhalten, sodass beim Reboot das alte Script wieder reaktiviert wird.

4.2.5 Firewall-Installation und -Grundkonfiguration

Eine Firewall sollte nur mit den notwendigsten Programmen ausgestattet sein. So bietet sie Angriffen von außen weniger Angriffsfläche. Des Weiteren sollte sie bei viel Traffic nicht schlapp machen, und wenn mal der Fall eintritt, dass das Dateisystem wegen zu vieler Logs voll läuft, darf die Firewall ebenfalls nicht stehen bleiben.

Festplattenkonfiguration

Unter Unix und Linux sollten Sie sich die Mühe machen, die Festplatte zu partitionieren, also aufzuteilen. Wenn Sie mal eine neue Installation brauchen, kommen Sie um eine Neu-Formatierung der root-Partition / kaum umhin. Wenn Sie dann zudem die Partition nicht aufgeteilt haben, verlieren Sie alle Daten – oder Sie müssen ein Backup erstellen.

Partition	Größe	Bemerkungen
/boot	50–100 MB	nicht notwendig
/	1 GB	
swap	Memory–Memory * 2	
/usr	1–5 GB	nicht notwendig
/opt	1–5 GB	nicht notwendig
/var	4–8 GB	
/tmp	512 MB–1 GB	Größe sollte mindestens 512 MB betragen.
/home	Rest	

Die Partitionen, die hier mit «nicht notwendig» definiert sind, können Sie auch weglassen, wenn Sie diese nicht erstellen möchten. Wenn Sie aber auf /usr verzichten, sollten Sie stattdessen wenigstens eine Partition /usr/local erstellen.

---

27 Siehe Seite 80.

Die Partitionen /tmp und /var sollten Sie auf jeden Fall trennen, weil diese beiden Verzeichnisse durch Logs und temporäre Dateien voll laufen können. Wenn die System-Partition voll läuft, bleibt das System stehen. Das Einloggen ist dann unter Umständen auch von root nicht mehr möglich. Durch die Trennung dieser Partitionen wird dieses Problem entschärft.

Programmauswahl

Bei einer richtigen Firewall dürfen Sie nicht einfach alles «draufklatschen». Wählen Sie deshalb bei der Installation nur das aus, was Sie wirklich benötigen. Bei SuSE sind das:

- Minimal-Installation
- sudo (falls nicht bereits mitausgewählt)
- evtl. iptables
- evtl. OpenVPN

Konfiguration verschiedener Programme

ssh ssh muss auf einer Firewall so konfiguriert sein, dass es durch einen Hackerangriff nicht so schnell aus der Ruhe gebracht wird. Dazu müssen Sie in der Datei /etc/ssh/sshd_config noch ein paar Einstellungen vornehmen:

Parameter	Erklärung
Protocol 2	Protocol 1 ist mittlerweile nicht mehr als sicher anzusehen.
ListenAddress 192.168.1.1	Geben Sie hier die IP ein, auf die ssh reagieren soll.
PermitRootLogin **no**	root sollte sich nicht direkt einloggen können. Mit «sudo» (Seite 79) können einem Benutzer bestimmte Befehle erlaubt werden. Auch ein Vollzugriff auf root ist nach wie vor mit «su» möglich.
AllowTcpForwarding **no**	ssh erlaubt Port-Forwarding. Unter bestimmten Umständen kann es möglich sein, dass sie jemand über diesen Trick zwar nicht wirklich auf der Firewall einloggen kann, aber andererseits über andere Ports eine Lücke suchen kann.

sudoers Hängen Sie an die Datei /etc/sudoers noch den Befehl an:

```
admin    ALL=NOPASSWD: /usr/local/fwbuilder/firewall.fw
```

Anstelle von «firewall» schreiben Sie dort den Namen Ihrer Firewall (bzw. Ihres Firewall-Scripts) hinein. Sie können auch das Firewall-Reset-Script hinten dranhängen, wenn Sie dies möchten:

```
admin    ALL=NOPASSWD: /usr/local/fwbuilder/firewall.fw,
/usr/local/fwbuilder/reset.fw
```

Firewall für FW-Builder vorbereiten

Dieses Verzeichnis müssen Sie auf der Firewall normalerweise erst noch anlegen. Loggen Sie sich auf der Firewall ein und geben Sie – als root! – den Befehl

```
mkdir /usr/local/fwbuilder
```

ein. Der Autor hat als Benutzer für das Firewall-Installations-Script admin gewählt. Deshalb müssen Sie diesen Benutzer anlegen und das Verzeichnis /usr/local/fwbuilder für admin beschreibbar machen. Am einfachsten geben Sie ihm dafür auf dieses Verzeichnis das Eigentümer-Recht («owner»):

```
chown admin /usr/local/fwbuilder
```

Nun fehlt noch das Start-Script, das die Firewall-Konfiguration auch bei einem Neustart aktiviert. Erstellen Sie in /etc/init.d dafür die Datei fwbuilder, die so aussieht:

```
#! /bin/bash
### BEGIN INIT INFO
# Provides:          fwbuilder
# Required-Start: $network
# Required-Stop:
# Default-Start:  2 3 5
# Default-Stop:
# Description:    Configure the firewall startup
### END INIT INFO

fwpath=/usr/local/fwbuilder

case "$1" in
    start|reload)
        fwfile=$fwpath/$HOSTNAME.fw
        if [ ! -r "$fwfile" ]; then
            HOSTNAME=`echo $HOSTNAME | tr [a-z] [A-Z]`
            fwfile=$fwpath/$HOSTNAME.fw
        fi
        echo "fwbuilder file is $fwfile - executing."
        startproc $fwfile
        ;;
    stop)
        startproc $fwpath/reset.fw
```

```
        ;;
    restart)
        ## Stop the service and regardless of whether it was
        ## running or not, start it again.
        $0 stop
        $0 start
        ;;
    status)
        iptables -L
        ;;
    *)
        echo "Usage: $0 {start|stop|status|reload|restart}"
        exit 1
        ;;
esac
exit 0
```

Wenn Sie dieses Script in genau dieser Form einsetzen möchten, achten Sie bitte darauf, dass Sie den Namen der Firewall im FW-Builder entweder klein oder groß schreiben.

Außerdem benötigen Sie das Reset-Script /usr/local/fwbuilder/reset.sh, das so aussieht:

```
#!/bin/sh
#
#  Firewall Builder  Reset
#

if [ -x /usr/bin/logger ]; then
    logger -p info "Deactivating firewall script"
fi
modprobe ip_conntrack || exit 1
modprobe ip_conntrack_ftp || exit 1
modprobe ip_nat_ftp || exit 1


FWD=`cat /proc/sys/net/ipv4/ip_forward`
echo "0" > /proc/sys/net/ipv4/ip_forward

echo "30" > /proc/sys/net/ipv4/tcp_fin_timeout

echo "1800" > /proc/sys/net/ipv4/tcp_keepalive_intvl

iptables -P OUTPUT ACCEPT
```

Kapitel 4
Firewalls

```
iptables -P INPUT    ACCEPT
iptables -P FORWARD ACCEPT

cat /proc/net/ip_tables_names | while read table; do
    iptables -t $table -L -n | while read c chain rest; do
        if test "X$c" = "XChain" ; then
            iptables -t $table -F $chain
        fi
    done
    iptables -t $table -X
done

ip addr flush dev eth0 scope link
ip addr flush dev eth1 scope link

iptables -A INPUT   -m state --state ESTABLISHED,RELATED -j ACCEPT
iptables -A OUTPUT  -m state --state ESTABLISHED,RELATED -j ACCEPT
iptables -A FORWARD -m state --state ESTABLISHED,RELATED -j ACCEPT
```

Um das Script für das Booten zu aktivieren, starten Sie auf der Firewall als root YaST.

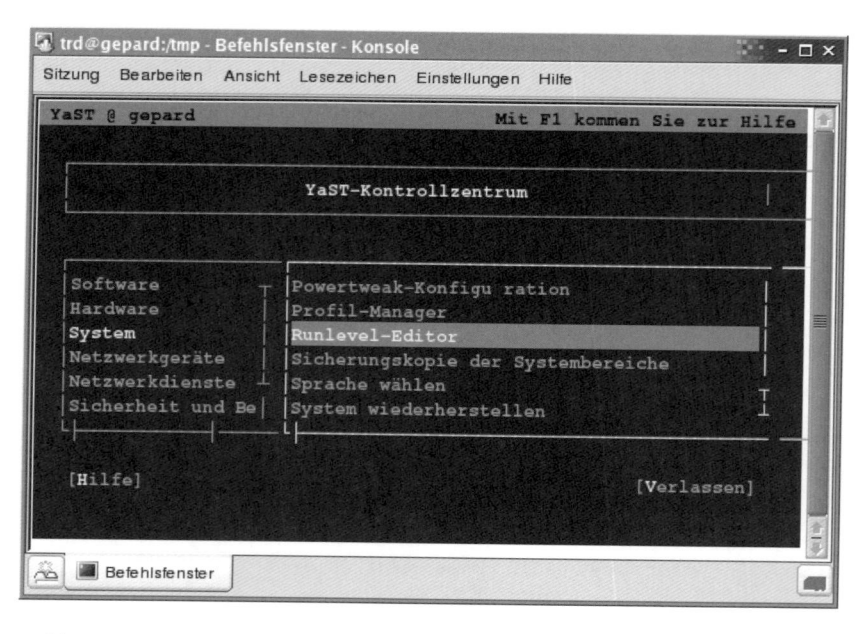

Wählen Sie «System», dann «Runlevel-Editor».

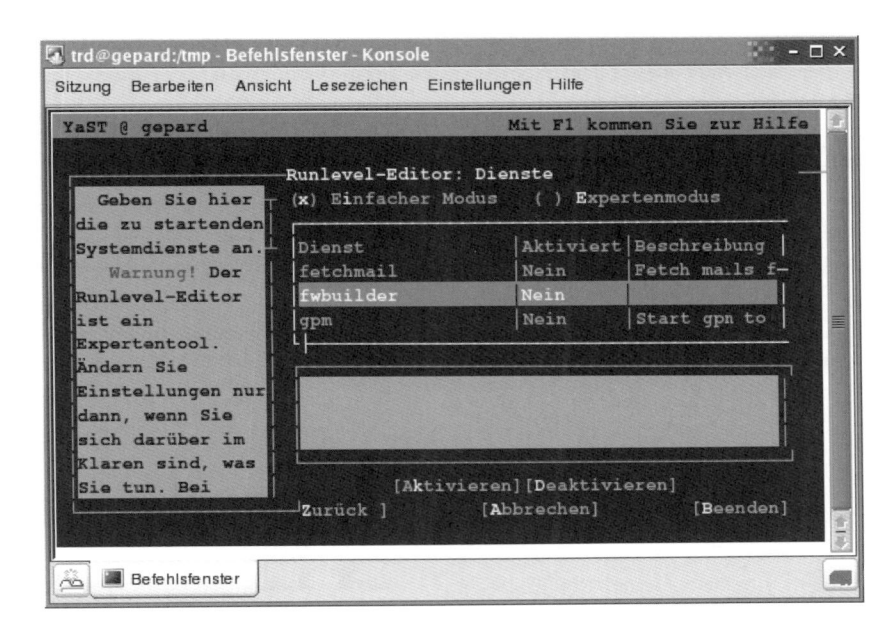

Firewall-Konfigurationen für den professionellen Einsatz

Mit «Alt+e» wechseln Sie in den «Experten-Modus».

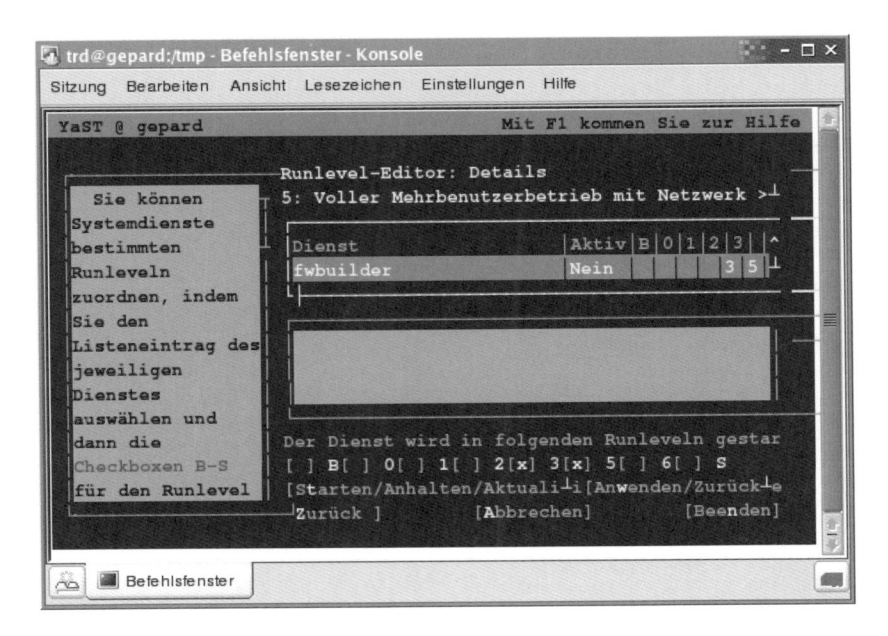

4.2.6 Einzelne Firewall mit DMZ

Eine einzelne Firewall kann das interne Netz vom Internet trennen. Des Weiteren kann sie – eine dritte Netzwerkkarte vorausgesetzt – auch eine DMZ schützen/beherbergen. Die Kosten für die Firewall-Hardware sind in diesem Fall gering, da es eine einzelne Maschine braucht.

Ein Schwachpunkt dieser Variante sei aber nicht verborgen: Wenn hier die Firewall von einem Angreifer geknackt wird, ist das eigene Netz diesem schutzlos ausgeliefert.

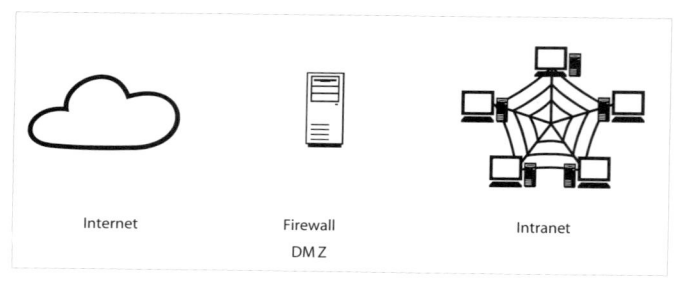

Internet — Firewall DMZ — Intranet

Der Vorteil einer solchen Single-Firewall-Lösung ist hingegen, dass im Fall von Schwierigkeiten die Firewall-Konfiguration verhältnismäßig einfach gehalten werden kann. NAT sollte aber vom Intranet in die DMZ und nach außen geführt werden. Es ist nicht gut, wenn die Firewall nur den Traffic nach draußen natet, da in diesem Fall ein Angreifer, ist er erst mal in der DMZ, versuchen kann, das Intranet zu erkunden. Über die von innen auf die DMZ-Maschinen zugreifenden Maschinen lässt sich die im Intranet vorherrschende Topologie herausfinden. Wird das interne LAN hingegen komplett genatet, funktioniert das nicht mehr.

Firewall-Regeln

Nr.	Source	Destination	Service	Action	Time	Options	Comment
1			ip_fragments	DENY		Log, Stateless rule	
2	Administrationsmaschine	Firewall	ssh ping-request	ALLOW		NoLog	

Firewall-Konfigurationen für den professionellen Einsatz

Nr.	Source	Destination	Service	Action	Time	Options	Comment
3	Firewall	Administrationsmaschine	ping-reply	ALLOW		NoLog	
4	IntFirewall	DMZ Proxy	NTP	ALLOW		NoLog	
5	LAN	Firewall	NetBIOS DHCP	DENY		NoLog	
6		Firewall		DENY		Log	
7	Firewall			DENY		Log	
8	LAN	DMZ Proxy	HTTP HTTPS FTP FTP-data	ALLOW		NoLog	
9	LAN DNS-Server	DMZ DNS-Server	domain (TCP+UDP)	ALLOW		NoLog	
10	LAN DNS-Server	DMZ Proxy	NTP	ALLOW		NoLog	
11	LAN Mail-Server	DMZ Mail-Relay	SMTP	ALLOW		NoLog	
12	DMZ Mail-Server	LAN Mail-Server	DMTP	ALLOW		NoLog	
13	LAN		ping request	ALLOW		NoLog	
14		LAN	ping reply all ICMP host unreacable	ALLOW		NoLog	
15	LAN			DENY		Log	
16	DMZ DNS-Server		domain (TCP+UDP)	ALLOW		NoLog	
17		DMZ DNS-Server	domain (TCP+UDP)	ALLOW		NoLog	
18	DMZ Mail-Relay		SMTP	ALLOW		NoLog	
19		DMZ Mail-Relay	SMTP	ALLOW		NoLog	
20	DMZ Proxy		HTTP HTTPS FTP FTP-data	ALLOW		NoLog	

Kapitel 4
Firewalls

Nr.	Source	Destination	Service	Action	Time	Options	Comment
21	DMZ Proxy	time.ethz.ch	NTP	ALLOW		NoLog	
22				DENY		Log	

Leere Felder entsprechen «Any», also Alle.

Achtung: Die zur besseren Gruppierung grau markierten Zeilen dürfen Sie nicht einfach stehen lassen. Wenn auch Sie zur Gruppierung «leere» Zeilen einfügen möchten, müssen Sie diese Zeile unbedingt auf «Disable» setzen, indem Sie mit der rechten Maustaste auf die Zahl klicken und «Disable Rule» klicken.

NAT-Regeln

Nr.	Original Source	Original Destination	Original Protocoll	Translated Source	Translated Destination	Translated Protocol
1	LAN			Firewall		
2	DMZ Mail-Relay	Firewall	SMTP		LAN Mail-Server	
3	LAN		HTTP HTTPS FTP Squid		DMZ Proxy	

NAT ist hier nur für drei Fälle nötig:

- Der erste ist der, bei dem das ganze LAN gegen das Internet mit der Adresse der Firewall genatet wird. Das ist der Normalfall.
- Der zweite ermöglicht es dem Mail-Relay in der DMZ, seine Mails beim Mail-Server im LAN abzuliefern, obgleich der Mail-Relay aus der DMZ nur die Adresse der Firewall ansteuern kann. Diese Form des Natens nennt man Reverse Nat.
- Die dritte Regel erzwingt die Benutzung des Proxys in der DMZ.

4.2.7 Interne und externe Firewall mit DMZ

Hier wird vorausgesetzt, dass zwei Firewalls eingesetzt werden, eine zwischen Intranet und DMZ, und eine zwischen DMZ und Internet.

| | Internet | Firewall | DMZ | Firewall | Intranet |

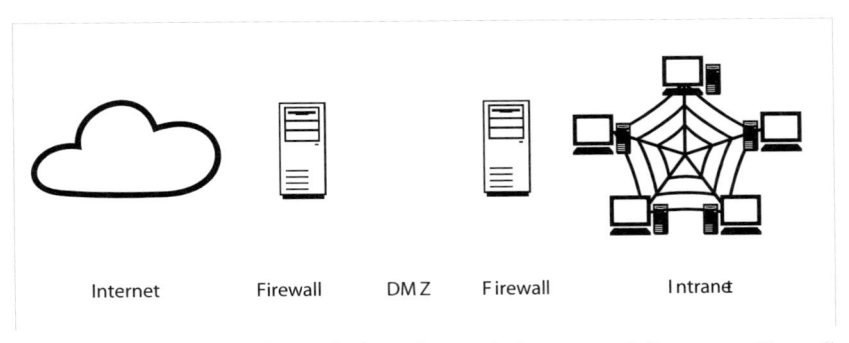

Damit werden die Firewall-Regeln komplexer. Die interne und die externe Firewall müssen bei bestimmten Protokollen aufeinander abgestimmt werden, damit sie die Protokolle auch wirklich weiterleiten. So wird z.B. der Ping in jedem Fall an der internen Firewall genatet, an der externen Firewall hingegen muss der Ping von der IP der internen Firewall (!) akzeptiert werden.

Damit ist klar, dass beide Firewalls separate Firewall-Regeln benötigen.

Interne Firewall

Die interne Firewall muss im Wesentlichen den Traffic vom LAN in die DMZ kontrollieren. Ansonsten darf von «draußen» nur der DMZ-Mail-Relay auf Port 25 SMTP rein, und auch das nur zum LAN-Mail-Server.

Nr.	Source	Destination	Service	Action	Time	Options	Comment
1			ip_fragments	DENY		Log, No Stateful inspection	
2	Administ-rationsmaschine	IntFirewall ExtFirewall	ssh ping-request	ALLOW		NoLog	
3	IntFirewall ExtFirewall	Administrationsmaschine	ping-reply	ALLOW		NoLog	
4	IntFirewall	DMZ Proxy	NTP	ALLOW		NoLog	
5	LAN	IntFirewall ExtFirewall	NetBIOS DHCP	DENY		NoLog	
6		IntFirewall ExtFirewall		DENY		Log	
7	IntFirewall ExtFirewall			DENY		Log	

Kapitel 4
Firewalls

Nr.	Source	Destination	Service	Action	Time	Options	Comment
8	LAN	DMZ Proxy	HTTP HTTPS FTP FTP-data	ALLOW		NoLog	
9	LAN DNS-Server	DMZ DNS-Server	domain (TCP+UDP)	ALLOW		NoLog	
10	LAN Mail-Server	DMZ Mail-Relay	SMTP	ALLOW		NoLog	
11	DMZ Mail-Server	LAN Mail-Server	DMTP	ALLOW		NoLog	
12	LAN		ping request	ALLOW		NoLog	
13		LAN	ping reply all ICMP host unreacable	ALLOW		NoLog	
14				DENY		Log	

Leere Felder entsprechen «Any», also Alle.

Achtung: Die zur besseren Gruppierung grau markierten Zeilen dürfen Sie nicht einfach stehen lassen. Wenn auch Sie zur Gruppierung «leere» Zeilen einfügen möchten, müssen Sie diese Zeile unbedingt auf «Disable» setzen, indem Sie mit der rechten Maustaste auf die Zahl klicken und im Menü «Disable Rule» wählen.

NAT-Regeln

Nr.	Original Source	Original Destination	Original Protocoll	Translated Source	Translated Destination	Translated Protocol
1	LAN				Firewall	
2	DMZ Mail-Relay	Firewall	SMTP		LAN Mail-Server	
3	LAN		HTTP HTTPS FTP Squid		DMZ Proxy	

NAT ist in unserem Kontext nur für drei Fälle nötig:

- Der erste ist der, bei dem das ganze LAN gegen das Internet mit der Adresse der Firewall genatet wird.

- Der zweite ermöglicht es dem Mail-Relay in der DMZ, seine Mails beim Mail-Server im LAN abzuliefern, obgleich der Mail-Relay aus der DMZ nur die Adresse der Firewall ansteuern kann.
- Die dritte Regel erzwingt die Benutzung des Proxys in der DMZ.

Externe Firewall

Nr.	Source	Destination	Service	Action	Time	Options	Comment
1			ip_fragments	DENY		Log, Stateless rule	
2	IntFirewall	ExtFirewall[28]	ssh ping-request	ALLOW		NoLog	
3	ExtFirewall	IntFirewall	ping-reply	ALLOW		NoLog	
4	ExtFirewall	DMZ Proxy	NTP	ALLOW		NoLog	
5		ExtFirewall		DENY		Log	
6	ExtFirewall			DENY		Log	
7	IntFirewall		ping request	ALLOW		NoLog	
8		IntFirewall	ping reply all ICMP host unreacable	ALLOW		NoLog	
9	IntFirewall			DENY		Log	
10	DMZ DNSServer		domain (TCP+UDP)	ALLOW		NoLog	
11		DMZ DNS-Server	domain (TCP+UDP	ALLOW		NoLog	
12	DMZ Mail-Relay		SMTP	ALLOW		NoLog	
13		DMZ Mail-Relay	SMTP	ALLOW		NoLog	
14	DMZ Proxy		HTTP HTTPS FTP FTP-data	ALLOW		NoLog	
15	DMZ Proxy	time.ethz.ch	NTP	ALLOW		NoLog	
16				DENY		Log	

Leere Felder entsprechen «Any», also Alle.

Achtung: Die zur besseren Gruppierung grau markierten Zeilen dürfen Sie nicht einfach stehen lassen. Wenn auch Sie zur Gruppierung «leere» Zeilen einfügen möchten, müssen Sie diese Zeile unbedingt auf «Disable» setzen, indem Sie mit der rechten Maustaste auf die Zahl klicken und «Disable Rule» auswählen.

NAT-Regeln

Auf der externen Firewall benötigen Sie keine NAT-Regeln, wenn Sie in der DMZ «Public IP» verwenden.

4.3 Log auf der Firewall

Auf der Firewall wird – je nach Log-Optionen – der Netzwerkverkehr ins Log geschrieben. Das ist dann wichtig, wenn Sie z.B. feststellen müssen, warum ein Protokoll nicht so recht will. Gerade die «DENY»-Einträge sind dann ganz wichtig, um festzustellen, was vergessen wurde.

Wenn ein Protokoll nicht so recht will, dann schauen Sie mal in der Datei /var/log/messages nach. Dort stehen die letzten «DENY» (und ACCEPT) drin, sofern Sie diese loggen. Das kann dann folgendermaßen aussehen:

```
Aug 21 20:10:36 dragon kernel: RULE 15 -- DENY IN=eth2
  OUT=MAC=00:60:97:9a:ef:b0:00:09:7b:8a:78:a9:08:00 SRC=221.211.255.12
  DST=80.219.77.108 LEN=443 TOS=0x00 PREC=0x00 TTL=42 ID=0 DF PROTO=UDP
  SPT=42674 DPT=1026 LEN=423
Aug 21 20:10:36 dragon kernel: RULE 15 -- DENY IN=eth2
  OUT=MAC=00:60:97:9a:ef:b0:00:09:7b:8a:78:a9:08:00 SRC=221.211.255.12
  DST=80.219.77.108 LEN=443 TOS=0x00 PREC=0x00 TTL=42 ID=0 DF PROTO=UDP
  SPT=42674 DPT=1027 LEN=42
```

Aus dem obigen Beispiel lässt sich zunächst ablesen:

Source	221.211.255.12
Destination	80.219.77.108
Protokoll	UDP
Source-Port	42674
Destination-Port	1026, 1027

Das ist demzufolge ein Portscan (Destination-Port aufsteigend).

---

28 Die externe Firewall «sieht» nur die IP der internen Firewall, nicht aber die IP der Administrationsmaschine, weil die interne Firewall den Netzwerkverkehr natet. Deshalb müssen die benötigten Protokolle auf der internen Firewall sowohl für die interne als auch für die externe Firewall zugelassen werden.

Etwas anderes ist z.B. Folgendes:

```
Aug 21 18:37:49 dragon kernel: RULE 15 -- DENY IN=eth2 OUT=
  MAC=00:60:97:9a:ef:b0:00:09:7b:8a:78:a9:08:00 SRC=218.89.167.96
  DST=80.219.77.108 LEN=404 TOS=0x00 PREC=0x00 TTL=118 ID=45497
  PROTO=UDP SPT=1124 DPT=1434 LEN=384
```

Das wird sich wiederholen, aber nicht regelmäßig, denn Destination-Port 1434 ist der administrative Port für Microsoft SQL-Server. Dazu kommt eine Länge von 384 Bytes (LEN=384). Beides deutet auf den Wurm SQL-Slammer hin. Dieser treibt trotz des seit über zwei Jahren existierenden Patches von Microsoft nach wie vor sein Unwesen. Offensichtlich gibt es immer noch genügend Leute, die diesen Wurm nicht ernst nehmen und ihn deshalb ohne ihr Wissen auf ihrem Rechner haben.

Mit dem Befehl `tail -f /var/log/messages` können Sie die laufende Datei /var/log/messages auf eingehende DENY vonseiten der Firewall überprüfen.

Sie suchen nach einem Wurm, der sich über Port 1434 (SQL-Slammer, s.o.) verbreitet. Geben Sie den Befehl `grep "DST=1434" /var/log/messages` ein. Nun werden Ihnen sämtliche Einträge angezeigt, bei denen ein Verbindungsversuch auf Port 1434 stattfindet.

Achtung: Nicht jeder Zugriff auf einen Wurm-Port ist einem Wurm zuzuschreiben. Meist sind es Port-Scans. Diese ignorieren Sie am besten.

Keine Angst, Sie müssen nicht alle Ports und die Methode zur Erkennung von Viren oder Würmern kennen. Wichtiger ist, dass Sie wissen – oder nachschauen können –, welche Ports für was zuständig sind. Deshalb hat der Autor die wichtigsten Ports im Anhang ab Seite 203 aufgelistet.

Kapitel 5

Netzwerk-Konfiguration und -Diagnose

Wie oft kommt es vor, dass etwas nicht wirklich funktioniert. Dann ist man jedesmal froh zu wissen, welches Tool nun hilft. Um nicht unnötig alle Tools durchzulesen, können Sie aufgrund der Kurzbeschreibung direkt zum richtigen Tool «springen».

Netzwerk-Konfiguration

ethtool	Ethernet-Konfiguration abrufen und verändern	158
ifconfig	Konfiguration des Interfaces: IP/Netzmaske/Broadcast/MAC	159
ifport	Interface umstellen – ähnlich wie ethtool	159
ip	Konfiguration des Interfaces: IP/Netzmaske/Broadcast/MAC, Multicast, Routing	163
route	Routing	173

Netzwerk-Diagnose

arp	arp-Tabellen abfragen und bearbeiten	176
ifstatus	Interface-Status abfragen	177
nmap	Portscan	177
netstat	Netzwerkstatistiken wie Ports, Routes ...	178
ping	Abfrage, ob Antwort aus dem Netz (ICMP)	179
tcpdump	Paket-Sniffing auf der Netzwerkkarte	181
traceroute und mtr	Abfrage, ob Antwort von jedem Router auf dem Weg zum Ziel	182

5.1 Netzwerk-Konfiguration

Normalerweise laufen Linux-Maschinen von vornherein mit den passenden Einstellungen für das Netzwerk bzw. werden mit der Grundkonfiguration der IP mit den korrekten Einstellungen versorgt. Es gibt aber Fälle, in denen eine Korrektur notwendig oder erwünscht ist. Deshalb beschreibt der Autor hier die dafür gebräuchlichen Tools.

Kapitel 5
Netzwerk-Konfiguration und -Diagnose

5.1.1 ethtool

Wenn Sie nicht wissen, ob Ihre Netzwerkkarte gerade im Fullduplex-Mode läuft, aber dies gerne wüssten, ist ethtool genau das Richtige für Sie. Mit ethtool können Sie kontrollieren, wie Ihre Netzwerkkarte eingestellt ist, und diese auch konfigurieren. Der Befehl

```
ethtool eth0
```

zeigt Ihnen zunächst einmal den Status Ihrer Netzwerkkarte:

```
Settings for eth0:
    Supported ports: [ TP MII ]
    Supported link modes:    10baseT/Half 10baseT/Full
                             100baseT/Half 100baseT/Full
    Supports auto-negotiation: Yes
    Advertised link modes:   10baseT/Half 10baseT/Full
                             100baseT/Half 100baseT/Full
    Advertised auto-negotiation: Yes
    Speed: 100Mb/s
    Duplex: Full
    Port: MII
    PHYAD: 32
    Transceiver: internal
    Auto-negotiation: on
    Supports Wake-on: pumbg
    Wake-on: d
    Current message level: 0xffffffff (-1)
    Link detected: yes
```

Mit den entsprechenden Parametern können Sie das dann umstellen:

`ethtool -s eth0 speed 100`	umgestellt auf 100 MBit
`ethtool -s eth0 duplex full`	umgestellt auf Fullduplex
`ethtool -s eth0 autoneg on`	Autonegotiation eingeschaltet

Allerdings ist es abhängig von der eingebauten Netzwerkkarte, ob Sie das umstellen können. Wenn Sie diese Meldung bekommen, dann funktioniert es mit Ihrer Netzwerkkarte nicht:

```
Settings for eth0:
No data available
```

5.1.2 ifport

Neben `ethtool` gibt es `ifport`, das weniger heikel ist als `ethtool`. Auch mit `ifport` können Sie die Netzwerkkarten umstellen. Die Befehlssyntax lautet:

```
ifport interface [auto|10baseT|10base2|aui|100baseT|##]
```

Stellen Sie Ihre Ethernet-Karte nur um, wenn Sie mit «Autonegotiation», also der automatischen Einstellung, nicht zufrieden sind. Der Autor hat allerdings noch nie ein Problem mit der Performance von Linux-Maschinen am Netz erlebt. Windows reagiert da wesentlich empfindlicher ...

Um Ihre Netzwerkkarte auf 100 MBit umzustellen, geben Sie den folgenden Befehl ein:

```
ifport eth0 100baseT
```

Wenn Ihre Netzwerkkarte `ethtool` unterstützt, ist es besser, Sie verwenden dieses (Seite 158).

5.1.3 ifconfig

Sie benötigen auf einer Netzwerkkarte eine weitere IP? Oder Sie möchten die MTU[29] umstellen, was vor allem bei (A)DSL des öfteren geschehen muss? Sie möchten die MAC-Adresse Ihrer Netzwerkkarte ändern? Dies alles und viel mehr können Sie mit `ifconfig` erledigen.

IP umstellen

Sie können «on the fly» die IP umstellen. Bitte denken Sie daran, dass Sie hier bei Fehlern keine Verbindung von bzw. zur betreffenden Maschine mehr haben. Wenn Sie diese Umstellung auf einer entfernten Maschine (indem Sie sich mit `ssh` oder `telnet` einloggen) machen und damit die IP umstellen, auf die Sie verbunden sind, verlieren Sie die Verbindung ebenfalls. Haben Sie aber alles richtig gemacht, können Sie sich mit der neuen IP wieder verbinden. Ein weiteres Problem ist, dass die Maschine bei der IP-Umstellung die Routes «verliert». Deshalb muss auch diese neu eingestellt werden. Der Autor benutzt im Beispiel auch diesen Befehl; Sie finden ihn auf Seite 173 erklärt.

Die Maschine läuft auf 192.168.1.15, aber Sie möchten sie auf 192.168.1.25 laufen lassen. Zuerst kontrollieren wir die Route mit dem Befehl `netstat -rn` (Details auf Seite 178):

```
Kernel IP Routentabelle
```

---

29 Maximum Transfer Unit.

Kapitel 5
Netzwerk-Konfiguration und -Diagnose

Ziel	Router	Genmask	Flags	MSS	Fenster	irtt	Iface
192.168.1.0	0.0.0.0	255.255.255.192	U	0	0	0	eth0
127.0.0.0	0.0.0.0	255.0.0.0	U	0	0	0	lo
0.0.0.0	192.168.1.1	0.0.0.0	UG	0	0	0	eth0

Aha, der Default-Gateway ist auf 192.168.1.1. Damit ist dann klar, was eingestellt werden muss – es sind die beiden Befehle

```
ifconfig eth0 192.168.1.25 netmask 255.255.255.192 broadcast 192.168.1.63
route add default gw 192.168.1.1
```

Achtung: Wenn Sie nicht im selben Subnetz sind – in diesem Beispiel Ihre Maschine keine IP aus dem Bereich 192.168.1.1 bis 192.168.1.62 hat, verlieren Sie nach dem ersten Befehl die Verbindung und können sich nicht einloggen, da die Maschine nicht mehr «weiß», wohin die Verbindung aufgebaut werden soll. Der `route`-Befehl fehlt nämlich noch. Um dieses Problem zu umgehen, müssen Sie die IP und `route` gleichzeitig umstellen. Das machen Sie, indem Sie beide Befehle verbinden, und hinterher den Befehl von der Konsole «freigeben»:

```
ifconfig eth0 192.168.1.25 netmask 255.255.255.192 broadcast 192.168.1.63
   && route add default gw 192.168.1.1 &
```

Zur Erklärung: Das «&&» bedeutet, dass der nächste Befehl ausgeführt wird, wenn der vorherige erfolgreich war. Das «&» gibt die Konsole wieder frei – beide Befehle laufen im Hintergrund. Danach sollte Ihnen ein Login auf der neuen IP möglich sein.

Nun ist alles in Ordnung, und Sie möchten die Änderung dauerhaft eintragen. Die IP ist eingetragen im Verzeichnis `/etc/sysconfig/network` in der Datei `ifcfg-eth0` oder `ifcfg-eth-[mac-adresse]`. Dort können Sie die neue IP eintragen, und damit «überlebt» sie auch den nächsten Reboot:

```
BOOTPROTO='static'
MTU=''
REMOTE_IPADDR=''
STARTMODE='auto'
UNIQUE='bsAa.Er3ucFaoZE2'
USERCONTROL='no'
_nm_name='bus-pci-0000:00:0a.0'
BROADCAST='192.168.1.63'
IPADDR='192.168.1.25'
NETMASK='255.255.255.192'
NETWORK='192.168.1.0'
```

Falls Sie die Route auf eine komplett andere IP umgebogen haben, müssen Sie diese ebenfalls korrigieren. Das tun Sie in der Datei `/etc/sysconfig/network/routes`.

```
default 192.168.1.1 - -
```

Weitere IP auf Netzwerkkarte legen

Zunächst einmal etwas ganz Einfaches. Ihre Netzwerkkarte `eth0` läuft auf der IP 192.168.1.1, und Sie benötigen für einen speziellen Test (oder einen Web-Server ...) die IP-Nummer 192.168.1.101 auf derselben Karte. Sie geben den Befehl ein:

```
ifconfig eth0:1 192.168.1.101 netmask 255.255.255.0
```

... und schon steht auf Ihrer Netzwerkkarte zusätzlich die IP 192.168.1.101 zur Verfügung. Um diese wieder zu deaktivieren, geben Sie ein:

```
ifconfig eth0:1 down
```

MTU umstellen

Sie haben (A)DSL und wundern sich, dass der Netzwerkverkehr des Browsers sehr langsam ist – oder dass manche Seiten auch nicht angezeigt werden. Kontrollieren Sie dafür die Netzwerkkarte, an der (A)DSL hängt. Im Beispiel hier ist es `eth1`:

```
ifconfig eth1
```

Als Resultat erhalten Sie unter anderem:

```
eth1 [...]
     UP BROADCAST NOTRAILERS RUNNING MULTICAST  MTU:1500  Metric:1
     [...]
```

Für (A)DSL benötigen Sie aber die MTU 1492. Das stellen Sie um mit

```
ifconfig eth1 mtu 1492
```

... und schon läuft die Karte mit dieser MTU, wie Sie mit `ifconfig eth1` kontrollieren können:

```
eth1 [...]
     UP BROADCAST NOTRAILERS RUNNING MULTICAST  MTU:1492  Metric:1
     [...]
```

Um diese Änderung dauerhaft zu machen, müssen Sie die MTU im Verzeichnis /etc/sysconfig/network in der Datei ifcfg-eth1 bzw. ifcfg-[MAC-Adresse] anpassen:

```
BOOTPROTO='static'
MTU='1492'
REMOTE_IPADDR=''
STARTMODE='auto'
UNIQUE='bsAa.Er3ucFaoZE2'
USERCONTROL='no'
BROADCAST='192.168.1.63'
IPADDR='192.168.1.25'
NETMASK='255.255.255.192'
NETWORK='192.168.1.0'
```

MAC-Adresse umstellen

Eine Warnung gleich im Voraus: Wenn Sie hier eine «falsche» MAC-Adresse eintragen, funktioniert Ihr Netz nicht mehr! In jedem Fall braucht es danach einen Moment, bis die anderen Maschinen und/oder Switches wissen, dass Ihre Maschine plötzlich mit einer neuen MAC-Adresse daherkommt.

Die MAC-Adresse ist theoretisch weltweit eindeutig. Die ersten drei Octets sind abhängig vom Hersteller, und die letzten drei kann der Hersteller fortlaufend vergeben. Innerhalb eines Subnetzes darf eine MAC-Adresse nur einmal vorkommen, damit die Maschinen nicht durcheinander kommen. Für den Router gilt gar, dass die MAC-Adressen in allen Subnetzen, auf die er Zugriff hat, eindeutig sein müssen.

Die alte MAC-Adresse lesen Sie aus mit ifconfig eth0:

```
eth0  Protokoll:Ethernet   Hardware Adresse 00:01:02:74:E1:0A
   [...]
```

Die neue MAC-Adresse wählen Sie mit dem Befehl

```
ifconfig eth0 hw ether 00:01:03:74:E1:1A
```

Das geht aber nur, wenn die Netzwerkkarte inaktiv ist, also aktuell keine IP zugewiesen ist. Damit sieht die vollständige Sequenz zum Ändern so aus:

```
ifdown eth0
ifconfig eth0 hw ether 00:01:03:74:E1:1A
ifup eth0
```

Da damit die route verloren gegangen ist, muss diese neu gesetzt werden:

```
route add default gw 192.168.1.1
```

Auf einer Netzwerkkarte, die eine laufende Verbindung hat, können Sie über diesen Weg die MAC-Adresse nicht ohne weiteres ändern. Wenn Sie also auf einer «entfernten» Maschine die MAC der Netzwerkkarte, über die Sie verbunden sind, ändern möchten, müssen Sie anders vorgehen. Da müssen Sie die MAC-Adresse im Verzeichnis /etc/sysconfig/network in der Datei ifcfg-eth0 bzw. ifcfg-[MAC-Adresse] eintragen:

```
BOOTPROTO='static'
MTU='1500'
MAC='00:01:03:74:E1:1A'
REMOTE_IPADDR=''
STARTMODE='auto'
UNIQUE='bsAa.Er3ucFaoZE2'
USERCONTROL='no'
BROADCAST='192.168.1.63'
IPADDR='192.168.1.15'
NETMASK='255.255.255.192'
NETWORK='192.168.1.0'
```

5.1.4 ip

ip ist unter den Konfigurationsprogrammen die «eierlegende Wollmilchsau». Damit lassen sich praktisch alle Netzwerk-Einstellungen vornehmen. Leider wird ip damit auch sehr komplex. Wenn Sie es sich einfacher machen möchten, schauen Sie sich besser einmal route auf Seite 173 und die anderen Tools an.

ip kennt die «Objekte» link, addr, route, rule, neigh, tunnel, maddr, mroute und monitor. Der Autor geht auf die Parameter im Einzelnen ein, da ip zusammen mit ihnen ein mächtiges Konfigurationstool für das Netzwerk darstellt.

ip link

Zunächst können Sie mit ip link nachschauen, welche Netzwerk-Devices aktiv sind. Dabei werden Ihnen alle Verbindungen angezeigt. Wenn Sie nur die Details für eine Verbindung interessieren, z.B. für eth0, dann verwenden Sie den Befehl ip link show eth0. Das sieht dann z.B. so aus:

```
2: eth0: <BROADCAST,MULTICAST,UP> mtu 1500 qdisc pfifo_fast qlen 1000
    link/ether 00:01:02:74:ea:ee brd ff:ff:ff:ff:ff:ff
```

Kapitel 5
Netzwerk-Konfiguration und -Diagnose

Mit `ip link set device` können Sie alle Parameter umstellen:

```
ip link set DEVICE { up | down | arp { on | off } |
    promisc { on | off } |
    allmulti { on | off } |
    dynamic { on | off } |
    multicast { on | off } |
    txqueuelen PACKETS |
    name NEWNAME |
    address LLADDR | broadcast LLADDR |
    mtu MTU }
```

up/down/arp	Device (de)aktivieren, `arp`-Requests zulassen. Wenn Sie Letzteres abschalten, bekommen Sie auf diesem Interface keine Verbindung mehr, es sei denn, Sie pflegen die `arp`-Tabellen von Hand (siehe Seite 176). Umgekehrt sollten Sie das bei Schnittstellen, die mit «NOARP» bezeichnet sind, nie aktivieren, es sei denn, Sie wissen genau, was Sie tun.
promisc	Der Promiscous Mode erlaubt das Sniffen sämtlicher Pakete, die an dieser Schnittstelle «anklopfen».
allmulti	
dynamic	Diesen Parameter brauchen Sie nicht, das ist für IPV6, dem zukünftigen IP-Standard.
multicast	Damit können Sie Mehrfach-Routing-Einträge aufbauen. Normalerweise sollten Sie diesen Parameter nie benötigen.
txqueuelen	Die Transmit-Queue-Länge wird mit diesem Parameter angepasst. Normalerweise sollten Sie diesen Parameter nie benötigen.
name	Sie können hier den Namen des Interfaces umbenennen, z.B. von eth0 auf eth3. Wenn Sie aber eine Firewall auf der Maschine laufen haben, müssen Sie mit diesem Parameter vorsichtig sein. Die Firewall bekommt diese Änderung erst mit, wenn Sie diese (also das Firewall-Script) neu starten.
address	Auch hier lässt sich die MAC-Adresse umstellen – ähnlich wie bei `ifconfig` (siehe Seite 159).
mtu	Die Standard-MTU auf Ethernet ist 1500. Bei (A)DSL benötigen Sie aber 1492. Manchmal kann es deshalb Sinn machen, das gesamte Subnetz, das am DSL-Anschluss hängt, darauf umzustellen. Dasselbe können Sie auch mit `ifconfig` (siehe Seite 159).

ip addr

Mit `ip addr` stellen Sie die Interface-IP(s) ein. Es ist möglich, auf einem Interface mehrere Adressen einzutragen. Eine Gemeinheit der Geschichte ist aber, dass Sie die eingetragene IP nur beim Befehl `ip addr` sehen; bei `ifconfig -a` sehen Sie davon nichts. Bei `netstat -rn` können Sie immerhin vermuten, dass eine weitere IP auf der Netzwerkkarte läuft, wenn Sie ein Netz in der Form /24 mitangeben. Die vollständige Befehlssequenz für `ip addr` ist:

```
ip addr {add|del} IFADDR dev STRING
    ip addr {show|flush} [ dev STRING ] [ scope SCOPE-ID ]
      [ to PREFIX ] [ FLAG-LIST ] [ label PATTERN ]
```

Sie fügen eine Adresse ein mit

```
ip addr add 192.168.99.1/24 broadcast 192.168.99.255 dev eth0
```

Kontrollieren können Sie diese mit

```
ip addr show eth0
```

In der Routing-Tabelle taucht dann dieses Netz ebenfalls auf:

```
192.168.99.0    0.0.0.0         255.255.255.0   U       0 0 0 eth0
```

Mit

```
ip addr flush eth0
```

löschen Sie sämtliche Einträge für die Netzwerkkarte – inklusive IP-Nummer. Bei laufenden Verbindungen werden diese sofort abgebrochen.

ip route

Mit `ip route` können Sie die Routing-Tabellen anzeigen und manipulieren. Allein schon dieser Befehl ist sehr umfangreich, wie Sie sehen, wenn Sie den Befehl `ip route help` ausführen:

```
Usage: ip route { list | flush } SELECTOR
       ip route get ADDRESS [ from ADDRESS iif STRING ]
                 [ oif STRING ] [ tos TOS ][30]
       ip route { add | del | change | append | replace | monitor } ROUTE
SELECTOR := [ root PREFIX ] [ match PREFIX ] [ exact PREFIX ]
            [ table TABLE_ID ] [ proto RTPROTO ]
```

Kapitel 5
Netzwerk-Konfiguration und -Diagnose

```
                    [ type TYPE ] [ scope SCOPE ]
ROUTE    := NODE_SPEC [ INFO_SPEC ]
NODE_SPEC := [ TYPE ] PREFIX [ tos TOS ]
             [ table TABLE_ID ] [ proto RTPROTO ]
             [ scope SCOPE ] [ metric METRIC ]
INFO_SPEC := NH OPTIONS FLAGS [ nexthop NH ]...
NH       := [ via ADDRESS ] [ dev STRING ] [ weight NUMBER ] NHFLAGS
OPTIONS  := FLAGS [ mtu NUMBER ] [ advmss NUMBER ]
             [ rtt NUMBER ] [ rttvar NUMBER ] [fragtimeout seconds]
             [ window NUMBER] [ cwnd NUMBER ] [ ssthresh REALM ]
             [ reordering NUMBER] [ realms REALM ]
TYPE     := [ unicast | local | broadcast | multicast | throw |
             unreachable | prohibit | blackhole | nat ]
TABLE_ID := [ local | main | default | all | NUMBER ]
SCOPE    := [ host | link | global | NUMBER ]
FLAGS    := [ equalize ]
NHFLAGS  := [ onlink | pervasive ]
RTPROTO  := [ kernel | boot | static | NUMBER ]
```

Der Autor beschränkt sich hier deshalb auf den Teil, der für die Routes in einem kleinen Netzwerk wichtig ist.

```
test:/tmp # ip route
192.168.1.0/24 dev eth0   proto kernel   scope link   src 192.168.1.15
127.0.0.0/8 dev lo   scope link
default via 192.168.1.1 dev ppp0
```

Das Hinzufügen einer route ist einfach:

```
ip route add 192.168.99.0/24 via 192.168.1.30 dev eth0
```

Das «dev eth0» dürfen Sie weglassen, sofern Sie das gesamte Netz nur über eine Netzwerkkarte erreichen. Damit ist die Route für das Netz 192.168.99.0/24 gesetzt – beim Befehl ip route wird das dann so angezeigt:

```
192.168.99.0/24 via 192.168.1.30 dev eth0
```

---

30 ToS WertBedeutung
 0000(0)Normales Routing
 0001(1)Minimale Kosten
 0010(2)Maximale Zuverlässigkeit
 0100(4)Maximaler Durchsatz
 1000(8)Minimale Verzögerung

Weiteres zum Routing steht im nächsten Absatz unter `ip rule`.

ip rule

Mit `ip rule` werden Regeln in der Routing-Policy festgelegt.

```
ip rule [ list | add | del ] SELECTOR ACTION
SELECTOR := [ from PREFIX ] [ to PREFIX ] [ tos TOS ]³¹ [ fwmark FWMARK ]
            [ dev STRING ] [ pref NUMBER ]
ACTION   := [ table TABLE_ID ] [ nat ADDRESS ]
            [ prohibit | reject | unreachable ]
            [ realms [SRCREALM/]DSTREALM ]
TABLE_ID := [ local | main | default | NUMBER ]
```

Klassisches Routing richtet sich nur nach der Zieladresse. Es kann aber sein, dass Sie für spezielle Fälle ein anderes Routing möchten, abhängig von der Source-Adresse, dem Protokoll, den Ports etc. Solche Dinge können Sie mit `ip rule` realisieren. Es gibt vier verschiedene Routing-Typen:

`unicast` — Die Route, die von der Routing-Regel definiert ist.
`blackhole` — «Schwarzes Loch» – die Pakete werden einfach geschluckt.
`unreachable` — Das führt zu einer Antwort ICMP-Meldung Netz nicht erreichbar (network unreachable).
`prohibit` — Rückmeldung: «Communication is administratively prohibited»
`nat` — Network Address Translation (vgl. Seite 48): Eine IP wird durch eine andere ersetzt.

Änderungen an diesen Routing-Tabellen werden nicht sofort aktiviert, sondern erst, wenn sie mit dem Befehl

```
ip route flush cache
```

aktiviert werden. Der Hintergrund dieser verzögerten Aktivierung ist, dass damit sichergestellt ist, dass ein Script die neuen Routing-Einträge generiert hat.

---

[31] ToS WertBedeutung
    0000(0)Normales Routing
    0001(1)Minimale Kosten
    0010(2)Maximale Zuverlässigkeit
    0100(4)Maximaler Durchsatz
    1000(8)Minimale Verzögerung

Default ist (`ip rule list`):

```
0:       from all lookup local
32766:   from all lookup main
32767:   from all lookup default
```

Diese Liste wird von oben nach unten abgearbeitet. Sie können auch weitere Namen einhängen, das geschieht in der Datei /etc/iproute2/rt_tables. Die Inhalte der einzelnen Tables können Sie mit dem Befehl

```
ip route list table [name]
```

abfragen.

Sie wollen von 192.168.99.0 keinen Traffic durchlassen:

```
ip rule add from 192.168.2.0/24 priority 5000 prohibit
```

Dann zeigt `ip rule list` an:

```
0:       from all lookup local
5000:    from 192.168.99.0/24 lookup main blackhole
32766:   from all lookup main
32767:   from all lookup default
```

Möchten Sie die neue Regel wieder löschen, geben Sie ein:

```
ip rule del priority 5000
```

Nun machen wir ein Beispiel, eine Maschine mit vier Netzwerkkarten dient als Gateway:

```
eth0    LAN, IP 192.168.1.1
eth1    DMZ, IP 192.168.2.1
eth2    Internet, Provider 1, IP 192.194.66.2
eth3    Internet, Provider 2, IP 192.195.20.2
```

In die Datei /etc/iproute2/rt_tables schreiben Sie (fett angegeben):

```
#
# reserved values
#
255      local
```

```
254     main
253     default
0       unspec
#
# local
#
#1      inr.ruhep
# Meine Rules
10      lan
11      dmz
```

Nun erstellen wir dazu die Rules:

```
ip route add 192.168.1.0/24 via 192.168.1.1 table lan proto static
ip rule add default via 192.194.66.1 table lan proto static
ip route add throw 0/0 table lan proto static
ip route add 192.168.2.0/24 via 192.168.2.1 table dmz proto static
ip rule add default via 192.195.20.1 table dmz proto static
ip route add throw 0/0 table dmz proto static

ip rule add pref 10000 table lan iif eth0
ip rule add pref 10001 table lan iif eth1
ip rule add pref 15002 to 192.168.1.0/24 table lan
ip rule add pref 15003 to 192.168.2.0/24 table dmz
```

Wenn Sie überall denselben Default-Gateway verwenden möchten, weil Sie «nur» 192.194.66.0/24 haben, genügt ein

```
ip route add 0/0 via 192.194.66.1 table main proto static
```

Weitergehende Beispiele finden Sie auch im Internet, so z.B. auf http://www.kazna.pl.ua/sysadmins/rout/linrout.htm.

ip neigh

Der Befehl `ip neigh` steht für «ip neighbour», also ip-Nachbar(schaft). Er hat dieselbe Funktionalität wie `arp` (Seite 176). Wenn Sie den Befehl `ip neigh` ausführen, wird Ihnen die Arp-Tabelle angezeigt.

```
192.168.1.1 dev eth0 lladdr 00:02:44:20:f2:7d nud reachable
192.168.1.20 dev eth0 nud failed
```

Der zweite ist «failed», weil die Maschine mit der IP 192.168.1.20 beim arp-Request nicht geantwortet hat. «nud» steht für «Neighbour unreachability detection» (= Nachbar nicht erreichbar). Das ist normal, wenn eine Maschine nicht läuft oder vom Netz genommen wurde. Die «nud»-Bezeichnungen bedeuten:

permanent   Permanenter Eintrag
noarp   Der Eintrag wird als gültig betrachtet, beim nächsten Aufruf erfolgt kein arp-Request.
stale   Der Eintrag ist vermutlich gültig, aber die Maschine antwortet nicht. Der Eintrag ist damit als fragwürdig zu betrachten.
reachable   Maschine erreichbar

Sie können ip neigh-Einträge hinzufügen, ändern/ersetzen oder löschen.

add   neue MAC-Adresse mit korrespondierender IP hinzufügen
change   IP zu MAC-Adresse ändern
replace   neue IP und MAC-Adresse hinzufügen oder bisherige IP zur MAC-Adresse ersetzen

Beispiel:

```
ip neigh add  192.168.99.1 lladdr 00:02:44:20:f2:7d dev eth0
```

Damit wird die Maschine 192.168.99.1 über eth0 gesucht:

```
test:/tmp # ip neigh
192.168.1.1 dev eth0 lladdr 00:02:44:20:f2:7d nud delay
192.168.99.1 dev eth0 lladdr 00:02:44:20:f2:7d nud permanent
```

ip tunnel

Mit ip tunnel können Sie einen «Tunnel» zwischen zwei Maschinen aufbauen. Als Tunnel-Mode werden sip, ipip oder gre verwendet.

```
ip tunnel { add | change | del | show } [ NAME ]
    [ mode { ipip | gre | sit } ]
    [ remote ADDR ] [ local ADDR ]
    [ [i|o]seq ] [ [i|o]key KEY ] [ [i|o]csum ] ]
    [ ttl TTL ] [ tos TOS ] [ [no]pmtudisc ]
    [ dev PHYS_DEV ]
```

Beispiel:

Zuerst müssen Sie für ipip das Modul laden:

```
    modprobe ipip
```

Danach können Sie den Tunnel starten:

```
test:/tmp # iptunnel add gir0 mode ipip local 192.168.11.1 remote 192.168.11.2
```

Das Ganze geht auch in einem Script:

```
#!/bin/bash

# Modul ipip laden
# Modul/Mode:     ipip/ipip
#                 ip_gre/gre
#                 (keins)/sit
modprobe ipip
MODE ipip

# IP des entfernten Servers
REMOTEIP=192.195.20.1

# IP der lokalen Maschine
LOCALIP=192.194.66.1

# Privates Netz hier
PRIVATELOCAL=192.168.1.1

# Privates Netz auf der anderen Seite
PRIVATEREMOTE=192.168.3.1

# Routes zu den entfernten Netzen
REMOTENET="$PRIVATEREMOTE/32 192.168.3.0/24 192.168.4.0/24"

# Tunnel-Device
TUNDEV=tunnel0

start()
{
    ip tunnel add ${TUNDEV} mode $MODE remote ${REMOTEIP} local ${LOCALIP} ttl 255
    ifconfig ${TUNDEV} ${PRIVATELOCAL} pointopoint ${PRIVATEREMOTE}
    for net in ${REMOTENET}; do
        ip route add $net dev ${TUNDEV}
    done
}

stop()
{
    ifconfig ${TUNDEV} down
```

Kapitel 5
Netzwerk-Konfiguration und -Diagnose

```
        ip tunnel del ${TUNDEV}
}

case "$1" in
    start)
        start
        ;;
    stop)
        stop
        ;;
    restart)
        stop
        start
        ;;
    *)
        echo "$0 start | stop | restart"
        ;;

esac
```

Diese Art von Tunnel ist nicht verschlüsselt. Deshalb sollten Sie dafür IPSec, PPTP oder OpenVPN verwenden.

ip maddr

Multicast ermöglicht es, einer Netzwerkkarte mehrere MAC-Adressen zuzuweisen. Mit `ip maddr` können Sie Ihrer Netzwerkkarte weitere MAC-Adressen zuweisen. Aber auch hier gilt, dass Sie damit sehr vorsichtig sein sollten, da es sonst passieren kann, dass Ihr Netz nicht mehr läuft.

```
ip maddr add "33:33:ff:11:2a:73" dev eth0
```

... und schwupps – Ihre Netzwerkkarte hat eine zweite MAC-Adresse.

Mit `ip maddr` können Sie diese dann überprüfen.

```
test:/tmp # ip maddr show eth0
2:    eth0
    link  33:33:ff:10:1a:73 static
    link  33:33:ff:10:1a:75
    link  33:33:00:00:00:01
    link  01:00:5e:00:00:01
```

Netzwerk-Konfiguration

ip mroute

Mit `ip mroute` werden Ihnen die Routes angezeigt, sofern Sie den mrouted (Router-Daemon) einsetzen. Hier sind aber Einschränkungen, sodass der Autor darauf nicht eingeht.

ip monitor

`ip monitor` ermöglicht es, den Status von Devices und Routes auf dem Bildschirm zu überwachen. `ip monitor` setzt aber eigentlich einen laufenden Routing-Monitor wie rtmon voraus. Für Router im Internet ist dieses Tool sehr sinnvoll, aber in einem LAN benötigen Sie es nicht.

5.1.5 route

Mit dem Befehl `route` können Sie einfach und schnell die Routes der Maschine eintragen oder löschen. Der Autor führt hier für `route` nur die wichtigsten Befehle auf.

Zusätzliche Routes müssen dann eingetragen werden, wenn der Default-Gateway diese nicht kennt. Innerhalb des eigenen Netzes genügt es normalerweise, Routes nur auf dem eigenen Default-Gateway einzutragen. Bei weit verzweigten Netzen hingegen müssen die Routes auf verschiedenen Maschinen eingetragen werden.

Route hinzufügen

Sie haben ein weiteres Subnetz 192.168.11.0/24 hinter der Maschine 192.168.1.20. Diese ist aber nicht der Default-Gateway. Fügen Sie auf Ihrem Default-Gateway den Befehl aus:

```
route add -net 192.168.11.0/24 gw 192.168.1.20
```

Mit `netstat -rn` oder `route` können Sie das Ergebnis kontrollieren:

```
Kernel IP Routentabelle
Ziel           Router        Genmask          Flags   MSS Fenster irtt Iface
192.168.1.0    0.0.0.0       255.255.255.192  U         0 0          0 eth0
192.168.11.0   192.168.1.20  255.255.255.0    UG        0 0          0 eth0
127.0.0.0      0.0.0.0       255.0.0.0        U         0 0          0 lo
0.0.0.0        192.168.1.1   0.0.0.0          UG        0 0          0 eth0
```

Etwas verrückter wird es, wenn wir auf einem Netz ein zweites Netz einbinden möchten, ohne die IP einzutragen. Das ist unschön, aber möglich mit:

```
route add -net 192.168.11.0/24 dev eth0
```

Kapitel 5
Netzwerk-Konfiguration und -Diagnose

Damit sieht die Routing-Tabelle dann so aus:

```
Kernel IP Routentabelle
Ziel          Router        Genmask           Flags   MSS Fenster irtt Iface
192.168.1.0   0.0.0.0       255.255.255.192   U       0   0       0    eth0
192.168.11.0  0.0.0.0       255.255.255.0     UG      0   0       0    eth0
127.0.0.0     0.0.0.0       255.0.0.0         U       0   0       0    lo
0.0.0.0       192.168.1.1   0.0.0.0           UG      0   0       0    eth0
```

Schlussendlich – Sie haben eine Maschine mit zwei Netzwerkkarten `eth0` und `eth1`. Sie haben auf eth0 das Netz 192.168.1.0/24, möchten aber auf `eth1` die Maschine mit der IP 192.168.1.240 platzieren. Das wird nun komplizierter, da das Problem dabei das ist, dass die Maschinen auf beiden Seiten sich gegenseitig erreichen sollen. Die einzelne Maschine entspricht zunächst einmal dem Netz 192.168.1.240/32. Die Netzwerkkarte eth0 hat die IP 192.168.1.1, und die eth1 erhält die 192.168.1.2, da diese gerade frei ist. Damit die Maschine aber standardmäßig immer `eth0` für das Netz nehmen soll, nehmen wir als Netzmaske 255.255.255.255 auf der Netzwerkkarte `eth1`. Damit haben wir bei Abfrage des Befehls `ifconfig -a` das folgende Resultat:

```
eth0 [...]
     inet Adresse:192.168.1.1  Bcast:192.168.1.255  Maske:255.255.255.0
     [...]
eth2 [...]
     inet Adresse:192.168.1.2  Bcast:192.168.1.255  Maske:255.255.255.255
     [...]
```

Damit nun die Route für die eine Maschine auf die zweite Netzwerkkarte zeigt, führen Sie den Befehl aus:

```
route add -host 192.168.1.240 dev eth1
```

Damit zeigt `netstat -rn` schon einmal an:

```
Kernel IP Routentabelle
Ziel            Router        Genmask           Flags   MSS Fenster irtt Iface
192.168.1.0     0.0.0.0       255.255.255.192   U       0   0       0    eth0
192.168.1.240   0.0.0.0       255.255.255.255   UH      0   0       0    eth1
127.0.0.0       0.0.0.0       255.0.0.0         U       0   0       0    lo
0.0.0.0         192.168.1.1   0.0.0.0           UG      0   0       0    eth0
```

Probieren Sie jetzt einen Ping von einem Netz ins andere, z.B. von 192.168.1.15 nach 192.168.1.240:

```
test:/tmp # ping 192.168.1.240
PING 192.168.1.240 (192.168.1.240) 56(84) bytes of data.
From 192.168.1.15: icmp_seq=2 Destination Host Unreachable
```

Huch – das funktioniert ja gar nicht. Warum nicht? Die eine Maschine macht nur einen arp-Request, um die andere Maschine zu finden. arp-Requests werden aber normalerweise nicht geroutet. Deshalb müssen wir dem Gateway noch beibringen, die arp-Requests zu routen.

```
echo "1" > /proc/sys/net/ipv4/conf/eth0/proxy_arp
echo "1" > /proc/sys/net/ipv4/conf/eth1/proxy_arp
```

Wenn Ihr Rechner keine anderen Netze enthält/kennt, können Sie auch den Befehl

```
echo "1" > /proc/sys/net/ipv4/conf/all/proxy_arp
```

verwenden. Sollte es noch nicht funktionieren, fehlt noch das gesetzte Forwarding-Flag. Setzen Sie in diesem Fall noch das Forwarding-Flag:

```
echo "1" > /proc/sys/net/ipv4/conf/eth0/forwarding
echo "1" > /proc/sys/net/ipv4/conf/eth1/forwarding
```

Nun liefert der Ping die erwünschte Antwort:

```
PING 192.168.1.240 (192.168.1.240) 56(84) bytes of data.
64 bytes from 192.168.1.240: icmp_seq=1 ttl=64 time=0.253 ms
64 bytes from 192.168.1.240: icmp_seq=2 ttl=64 time=0.235 ms
```

Route löschen

Der Befehl lautet genauso wie beim Hinzufügen, nur dass anstelle des «add» (Englisch für hinzufügen/addieren) der Befehl «del» (delete, Englisch für «löschen») verwendet wird:

```
route del -net 192.168.11.0/24 gw 192.168.1.20
```

5.2   Netzwerk-Diagnose

Wenn die Firewall läuft, kann es sein, dass bestimmte Aktionen nicht funktionieren, weil Ports geschlossen sind. Dann ist es gut, wenn Sie wissen, welche Netzwerk-Analyse-Werkzeuge Sie zur Verfügung haben.

Kapitel 5
Netzwerk-Konfiguration und -Diagnose

5.2.1 arp

Mit dem Befehl arp können Sie die MAC-Adressen der Netzwerkkarten im eigenen Subnetz überprüfen und die dieser MAC-Adresse zugewiesene(n) IP-Nummer(n) auslesen, soweit diese von der eigenen Maschine bereits aufgerufen wurden.

Mit arp -a fragen Sie den aktuellen arp-Cache ab:

```
trd@test:~> /sbin/arp -a
test1.mydomain.com (192.168.1.1) auf 00:02:44:19:F1:7E [ether] auf eth0
test2.mydomain.com (192.168.1.20) auf 00:02:44:47:FF:BE [ether] auf eth0
test3.mydomain.priv (192.168.100.30) auf <unvollständig> auf eth0
```

Der letzte Eintrag zeigt, wie es aussieht, wenn die Maschine versucht hat, über den arp-Request die IP herauszufinden.

Es ist auch möglich, eine MAC-Adresse einer IP per arp-Befehl zuzuweisen:

```
/sbin/arp -s 192.168.100.99 "00:02:44:47:FF:BF"
```

Wenn wir das nun mit arp -a kontrollieren, wird angezeigt:

```
? (192.168.100.99) auf 00:02:44:47:FF:BF [ether] PERM auf eth0
```

Diesen Eintrag löschen Sie wieder mit

```
/sbin/arp -d 192.168.100.99
```

Bitte seien Sie sich bewusst, dass das gefährlich ist. Damit können Sie nämlich auch falsche arp-Einträge erzeugen. Dann werden die IP-Päckchen im Fall an eine andere als die gewünschte Maschine geschickt. Hier steckt also auch ein Sicherheitsrisiko.

Wenn Sie wissen möchten, welche MAC-Adresse die Maschine test2.mydomain.com hat, geben Sie ein:

```
arp -D test2.mydomain.com
```

5.2.2 ifstatus

Der Befehl `ifstatus` basiert letztlich auf dem Befehl `ifup`. Das Programm unterscheidet die Ausgabe bzw. sein Verhalten durch den Aufruf-Namen.

Aufruf	Link basiert auf Programm
ifstatus	ifup

`ifstatus-dhcp` führt zur Ausgabe eines Subsets dessen, was `ifstatus` ausgibt. Insofern genügt `ifstatus` für alle Lebenslagen. Die Ausgabe ist auch erschöpfend:

```
test:/tmp # ifstatus eth0
    eth0        device: Silicon Integrated Systems [SiS] SiS900 PCI Fast Ethernet
    (rev 82)
    eth0        configuration: eth-id-00:90:f5:10:1d:76
    eth0        DHCP client (dhcpcd) is running
                IPADDR=192.168.1.15
                NETMASK=255.255.255.0
                DOMAIN='mydomain.com'
                DNS=192.168.1.5
                DHCPSIADDR=192.168.1.5
                DHCPCHADDR=00:90:F5:1A:1D:76
                REBINDTIME=6300
eth0 is up
2: eth0: <BROADCAST,MULTICAST,NOTRAILERS,UP> mtu 1500 qdisc pfifo_fast qlen 1000
    link/ether 00:90:f5:10:1d:76 brd ff:ff:ff:ff:ff:ff
    inet 192.168.1.15/24 brd 192.168.1.255 scope global eth0
    inet6 fe80::290:f5ff:fe10:1c16/64 scope link
        valid_lft forever preferred_lft forever
    eth0        IP address: 192.168.1.15/24
```

5.2.3 nmap

Zwischendurch kommt man in die Verlegenheit, dass einen interessiert, ob die Firewall bestimmte Ports wirklich blockt – oder nicht. Diese Frage kann mit nmap beantwortet werden. nmap ist ein Tool, mit dem Sie – in Grenzen – kontrollieren können, ob bestimmte Ports bei Ihrer Firewall offen sind – oder nicht.

Am wichtigsten dürften die folgenden Parameter sein:

-sT	TCP scannen
-sU	UDP scannen
-sP	Ping – erreichbare Maschine(n)

-p Range   1024:5000 -> Scan der Ports 1024-5000. Sie können auch mehrere Bereiche – mit Kommata getrennt – zusammen angeben.

Beispiel:

```
test:/tmp # nmap -sT -sU localhost

Starting nmap 3.70 ( http://www.insecure.org/nmap/ ) at 2005-08-09 22:09 CEST
Interesting ports on localhost (127.0.0.1):
(The 3134 ports scanned but not shown below are in state: closed)
PORT     STATE          SERVICE
22/tcp   open           ssh
68/udp   open|filtered  dhcpclient
111/tcp  open           rpcbind
111/udp  open|filtered  rpcbind

Nmap run completed -- 1 IP address (1 host up) scanned in 1.475 seconds
```

Die 3134 Ports erklären sich daraus, dass per Default bei TCP 1658 Ports und bei UDP 1476 Ports gescannt werden.

Etwas anders kann es aussehen, wenn die IP der Maschine, z.B. eth0, gescannt wird.

5.2.4 netstat

`netstat` zeigt Ihnen die aktuellen Netzwerk-Statistiken an. Sie möchten wissen, welche TCP- und UDP-Sessions gerade offen sind? Nichts einfacher als das – mit `netstat -antu` sehen Sie die aktuellen Verbindungen:

Aktive Internetverbindungen (Server und stehende Verbindungen):

Proto	Recv-Q	Send-Q	Local Address	Foreign Address	State
tcp	0	0	0.0.0.0:111	0.0.0.0:*	LISTEN
tcp	0	0	192.168.1.70:32970	192.168.1.1:22	VERBUNDEN
tcp	0	0	192.168.1.70:32972	192.168.1.1:22	VERBUNDEN
tcp	0	0	192.168.1.70:32773	192.168.10.6:1723	VERBUNDEN
tcp	0	0	:::22	:::*	LISTEN
udp	0	0	0.0.0.0:68	0.0.0.0:*	
udp	0	0	0.0.0.0:111	0.0.0.0:*	

Die Manpage hat erschöpfend Informationen zu `netstat`, aber die wichtigsten Parameter sind hier in einem Befehl:

```
netstat -antup
```

- `-a` Welche Ports warten auf Verbindungen?
- `-n` Numerischer Output. So versucht `netstat` nicht, die IP-Nummern via DNS aufzulösen.
- `-p` Welches Programm hat den Port geöffnet? Diese Daten werden aber nur angezeigt, wenn root `netstat` aufruft.
- `-t` Protokolltyp TCP
- `-u` Protokolltyp UDP

```
netstat -rn
```

- `-r` Routing-Tabellen

Der Befehl `/sbin/route -n` liefert ein mit `netstat -rn` vergleichbares Ergebnis. Der Vorteil von `netstat -rn` ist aber, dass Sie dafür weder `root` sein müssen noch den Pfad `/sbin` anhängen müssen.

5.2.5 ping

Sie erwarten von einer Maschine Antwort, aber sie gibt Ihnen keine? Im eigenen Netz können Sie immerhin mit `ping` feststellen, ob die Maschine überhaupt erreichbar ist. Im Internet funktioniert dies leider nicht immer, weil teilweise Firewalls ICMP-Pakete – und damit auch den `ping` – verweigern.

Der `ping` kann verschiedene Parameter verarbeiten. Am gebräuchlichsten ist wohl der `ping` nur mit dem Parameter der IP oder mit dem DNS-Namen:

```
trd@test:~> ping www.heise.de
PING www.heise.de (193.99.144.85) 56(84) bytes of data.
64 bytes from www.heise.de (193.99.144.85): icmp_seq=1 ttl=248 time=20.6
    ms
```

oder

```
trd@test:~> ping 193.99.144.85
PING 193.99.144.85 (193.99.144.85) 56(84) bytes of data.
64 bytes from 193.99.144.85: icmp_seq=1 ttl=248 time=22.5 ms
```

Da aber bei Linux der `ping` dann nicht aufhört, ist es besser, sich der Parameter zu bedienen:

- `-c anzahl` Anzahl `ping`, und dann bricht `ping` ab.

Kapitel 5
Netzwerk-Konfiguration und -Diagnose

`-w sekunden`   Anzahl Sekunden, bevor `ping` den nächsten `ping` sendet, auch wenn es keine Antwort erhalten hat.

Schauen wir mal, was mit diesen Parametern passiert:

```
trd@test:~> ping -c 1 -w 2 www.heise.de
PING www.heise.de (193.99.144.85) 56(84) bytes of data.
64 bytes from www.heise.de (193.99.144.85): icmp_seq=1 ttl=248 time=19.6 ms

--- www.heise.de ping statistics ---
1 packets transmitted, 1 received, 0% packet loss, time 0ms
rtt min/avg/max/mdev = 19.675/19.675/19.675/0.000 ms
```

Für das Austesten von Problemen mit der MTU ist der Parameter `-s` hilfreich. Hier können Sie dann die gesendete Paket-Größe gesetzt werden.

```
test:/tmp # ping -f -c 100 -w 2 www.heise.de -s 65536
Error: packet size 65536 is too large. Maximum is 65507
```

Dumm gelaufen – die Maximal-Größe beträgt 65507 Bytes – also noch einmal:

```
test:/tmp # ping -f -c 100 -w 2 www.heise.de -s 65507
PING www.heise.de (193.99.144.85) 65507(65535) bytes of data.
................................................................
................................................................
...............
--- www.heise.de ping statistics ---
164 packets transmitted, 0 received, 100% packet loss, time 1994ms
, ipg/ewma 12.234/0.000 ms
```

Wie Sie an diesem Beispiel sehen, braucht es hier deutlich länger, bis der Durchlauf erledigt ist. Wenn die MTUs nicht zusammenpassen, kommt es bei bestimmten Paket-Größen zu massiven Performance-Verlusten.

Um die Stabilität Ihrer Verbindung zu testen, können Sie die Verbindung auch «fluten», indem Sie es mit dem Parameter `-f` versuchen (dieser Parameter ist nur als root möglich!):

```
test:/tmp # ping -f -c 100 -w 2 www.heise.de
PING www.heise.de (193.99.144.85) 56(84) bytes of data.
.
--- www.heise.de ping statistics ---
101 packets transmitted, 100 received, 0% packet loss, time 1443ms
rtt min/avg/max/mdev = 17.661/20.397/47.096/4.294 ms, pipe 4, ipg/ewma
14.435/19.283 ms
```

Der ping hat hier innerhalb knapp 20 Millisekunden 100 Pakete über das Internet gesendet – und 100 Antworten erhalten.

Achtung: Denken Sie bitte daran, dass ein «Fluten» als Angriff aufgefasst werden kann.

Weitere, selten verwendete Parameter finden Sie über die man-Page.

5.2.6 tcpdump

Zwischendurch kommt man in Zweifel, ob der Verkehr das Ziel überhaupt erreicht. In diesen Fällen ist `tcpdump` sehr hilfreich. Mit `tcpdump` können Sie den Traffic auf einer oder allen Netzwerkkarten überwachen. Zudem ist es bei Netzwerk-Problemen ein sehr gutes Informations-Tool.

Die wichtigsten Parameter sind:

`-n`	Hostnamen nicht über DNS auflösen, auch Ports nicht konvertieren, sondern numerisch anzeigen.
`-i eth0`	Interface, auf dem `tcpdump` sniffen soll.
`host hostip`	Der Host, von bzw. zu dem der Traffic überwacht werden soll.
`port portnr`	Der zu überwachende Port wird hier eingegeben.
`proto tcp/udp/...`	Damit können Sie das zu sniffende Protokoll eingeben.
`-w [datei]`	Die Daten werden in die Datei geschrieben. Soll nur die Ausgabe am Bildschirm erfolgen, geben Sie anstelle der Datei «-» (ein Bindestrich) ein.
`-A`	Daten in ASCII (menschenlesbar) ausgeben.
`-s [länge]`	Per Default gibt tcpdump 68 Bytes zurück. Wenn das Päckchen länger ist, müssen Sie deshalb die Länge hier angeben. Mehr als die MTU macht selten Sinn. Die MTU beträgt normalerweise 1500.

Sie müssen sich allerdings darüber bewusst sein, dass der Traffic, der durch die Firewall mit `iptables` geblockt wird, nur auf der Netzwerkkarte angezeigt wird, auf der sie reinkommt.

Wenn Sie doch einmal in Verlegenheit kommen sollten, mehr Informationen mit tcpdump auslesen zu müssen, dann finden Sie erschöpfende Hilfe in den Man-Pages mit dem Befehl «`man tcpdump`».

Wollen Sie z.B. das FTP-Protokoll sniffen, ist dies kein Problem:

```
tcpdump -i ppp0 -n -N tcp -A -s 1500 -w /tmp/test.txt
```

Loggen Sie sich jetzt auf einem FTP-Server ein, geben Sie den Befehl «ls» ein, und danach loggen Sie sich mit «bye» aus. Da FTP das Protokoll komplett unverschlüsselt überträgt, sind in dieser Datei nun auch Passwörter enthalten. Wenn Sie mit `vi /tmp/test.txt` in die Datei reinschauen und mit /PASS nach dem Passwort-Eintrag sehen, erkennen Sie Ihr Passwort ...

5.2.7 traceroute und mtr

Sie wollen wissen, ob die Verbindung zu einem Server überhaupt funktioniert oder ob die Verbindung schon auf dem Weg dorthin klemmt. Für solche Fälle sind `traceroute` und `mtr` genau das richtige Werkzeug. `traceroute` und `mtr` zeigen die einzelnen Router auf dem Weg zum Zielrechner an, während der `ping` nur die Antwort des Zielrechners anzeigt (oder auch nicht).

`traceroute` und `mtr` sind vergleichbare Programme, mit dem einen Unterschied, dass `traceroute` den Befehl nur einmal ausführt, während `mtr` ihn permanent wiederholt und somit auch eine sich dynamische verändernde Route zeigt.

traceroute

Der `traceroute`-Befehl hat eine ganze Anzahl von Parametern:

```
traceroute [-nFV] [-f first_ttl] [-m max_hops] [-p port]
    [-S source_addr] [-I interface]
    [-t tos] [-w timeout] [-q nqueries] host [packetlen]
```

Die meisten Parameter brauchen Sie normalerweise nie, deshalb geht der Autor nur auf die drei wichtigsten ein.

`-n`	Die IP-Nummern werden nicht über Reverse-Lookup des DNS-Servers aufgelöst. Das spart Zeit.
`-S source_addr`	Diesen Parameter werden Sie nur benötigen, wenn Sie auf einer Maschine mit mehreren IPs eine bestimmte als Source angeben möchten oder wegen Firewall-Regeln müssen.
`-I interface`	Hat Ihre Maschine mehrere Interfaces, kann es in seltenen Fällen sinnvoll sein, das zu benutzende Interface vorzugeben.

traceroute macht allerdings nur einen Durchgang, und da können die Maschinen durchaus alle erreichbar sein. Die Ausgabe kann z.B so aussehen:

```
test:~ # traceroute -n www.heise.de
traceroute to www.heise.de (193.99.144.85), 30 hops max, 40 byte packets
 1  * * *
 2  * * *
 3  10.244.64.1    7.975 ms    10.073 ms    12.124 ms
 4  62.2.33.5    120.370 ms   118.506 ms   118.009 ms
 5  62.2.33.5    116.928 ms   115.101 ms   115.049 ms
 6  62.2.4.186    21.561 ms    19.706 ms    26.441 ms
 7  80.81.192.132  18.088 ms   22.723 ms    25.985 ms
 8  213.83.57.21   27.308 ms   25.476 ms    26.597 ms
 9  213.83.57.21(N!)  29.080 ms * *
```

Wie Sie sehen, sind am Anfang «*» gesetzt. Das deutet auf eine Firewall hin, die ICMP zumindest teilweise sperrt. Manche Ziel-Server bzw. die davorstehende Firewall sperren ebenfalls ICMP, sodass es Ihnen passieren kann, dass Sie am Ende die «*» haben. Damit ist dann leider nicht sicher, ob der Weg zum Server geklappt hat oder nicht.

Ebenfalls interessant im obigen Beispiel ist die IP 10.244.64.1. Das ist eine private IP des Providers. Im Verlauf des Weges muss also ein privates Netz traversiert werden, was aber bei korrekt gesetzten Routing-Tabellen und ordnungsgemäß aufgesetztem NAT (Seite 48) Ihrer Firewall nicht stört.

Traceroute können Sie auch als Benutzer verwenden, wenn Sie den Pfad /usr/sbin voranstellen, also /usr/sbin/traceroute schreiben.

mtr   mtr zeigt die route permanent an und macht per Default alle Sekunde einen neuen traceroute. Dadurch zeigt er Ihnen den «Dauerzustand» der Verbindung. Auch hier hat es viele Parameter, von denen Sie – wie bei traceroute – normalerweise höchstens drei benötigen:

```
mtr [-hvrctglsni] [--help] [--version] [--report]
    [--report-cycles COUNT] [--curses] [--split] [--raw]
    [--no-dns] [--address IP.ADD.RE.SS] [--inter-
    val SECONDS] [--psize BYTES | -p BYTES] HOSTNAME
    [PACKETSIZE]
```

-n
--no-dns   Die IP-Nummern werden nicht über Reverse-Lookup des DNS-Servers aufgelöst. Das spart Zeit.

Kapitel 5
Netzwerk-Konfiguration und -Diagnose

--address IP   Diesen Parameter werden Sie nur benötigen, wenn Sie auf einer Maschine mit mehreren IPs eine bestimmte als Source angeben möchten oder wegen Firewall-Regeln müssen.

-i s   Intervall in Sekunden

--interval s

Im obigen Beispiel mit www.heise.de sieht das so aus:

```
test:/tmp # mtr www.heise.de
HOST: test                          Loss%   Snt   Last    Avg   Best   Wrst  StDev
  1. ???                            100.0    1    0.0    0.0    0.0    0.0    0.0
  2. 10.244.64.1                     0.0%    1    7.6    7.6    7.6    7.6    0.0
  3. tengig-11-0.blx0TF001.gw.cab    0.0%    1    9.5    9.5    9.5    9.5    0.0
  4. tengig-11-0.blx0TF001.gw.cab    0.0%    1   10.0   10.0   10.0   10.0    0.0
  5. pos-0-0.blxZHZ002.bb.cableco    0.0%    1   10.4   10.4   10.4   10.4    0.0
  6. de-cix.ffm.plusline.net         0.0%    1   17.3   17.3   17.3   17.3    0.0
  7. heisel.f.de.plusline.net        0.0%    1   21.3   21.3   21.3   21.3    0.0
  8. www.heise.de                    0.0%    1   18.0   18.0   18.0   18.0    0.0
```

Damit Sie mtr-Ergebnisse als Report bekommen, setzen Sie als Parameter noch «--report --report-cycles=X» an.

Vielleicht sagt Ihnen eine grafische Oberfläche mehr zu? Dann installieren Sie mtr-gtk anstelle oder zusammen mit mtr. Voraussetzung ist aber, dass auf der von Ihnen für das Tracen verwendeten Maschine eine grafische Oberfläche mit Xwindow installiert ist.

Programme auch dem Benutzer erlauben

Sowohl mtr als auch mtr-gtk benötigen root-Rechte. Falls Sie also Sie mtr oder mtr-gtk verwenden möchten, ohne sich als root einzuloggen, müssen Sie das suid-Bit setzen:

```
chmod u+s /usr/bin/mtr
chmod u+s /usr/X11R6/bin/xmtr
```

Kapitel 6

Kleine Einführung in Anti-Spam

Als Spam werden unerwünschte Werbe-E-Mails oder Viren-E-Mails bezeichnet. Leider nehmen Spams immer mehr zu, allein im Jahr 2004 waren ca. 60% der E-Mails Spams. Damit wird es immer interessanter, Spams rauszufiltern oder wenigstens als solche kenntlich zu machen.

6.1 Juristische Überlegungen

Wenn Sie nicht nur Ihre eigenen E-Mails filtern, sondern auch die Ihrer Firma, müssen Sie zudem ein paar juristische Fallen beachten. Deshalb führt der Autor Sie hier erst mal in die Feinheiten der Adressierung eines normalen Briefes ein, um eine Grundlage für die Problematik bei E-Mails zu haben.

Als Privatpost gilt ein Brief oder Paket in dem Moment, in dem der Name der adressierten Person ganz oben steht, unabhängig von der Firmen- oder Privat-Adresse:

> Hans Muster
>
> Musterfirma
>
> [Adresse]

In diesem Fall muss der Brief an Hans Muster ungeöffnet weitergereicht werden. Wird er geöffnet, ist dies illegal und die Firma kann von Hans Muster auf Einhaltung der Regeln (oder im schlimmsten Fall auf Schadenersatz) verklagt werden. Anders sieht es aus mit

> Musterfirma
>
> Hans Muster
>
> [Adresse]

Hier darf die Post erstens durch den firmeninternen Postdienst geöffnet werden, und zweitens – im Fall der Abwesenheit von Hans Muster – auch an den Kollegen von Hans Muster weitergeleitet werden. Sobald der Personenname unter der Firma steht, entspricht dies nämlich einem «zu Handen von» («z.H.» oder «zH»).

In Deutschland galt bis anhin, dass Firmen-E-Mails einem «z.H.» entsprechen, also als der Firma zugehörig betrachtet wurden. Mittlerweile gibt es aber Gerichtsurteile, die diese Sicht ablehnen und die E-Mails als privat betrachten.

In der Schweiz gelten E-Mails grundsätzlich als «privat», unabhängig von der Geschäftsadresse. Das bedeutet im Prinzip, dass Sie jegliche E-Mail zustellen müssen.

Sowohl in Deutschland als auch in der Schweiz kann aber die Firma in der Firmen-Policy an die Firma gesendete E-Mails als Firmen-Eigentum festlegen. Dies bedingt aber einen entsprechenden Hinweis im Arbeitsvertrag. Wenn die Regelung im Mitarbeiter-Handbuch aufgenommen wird, muss im Arbeitsvertrag ein Verweis sein, dass das Mitarbeiter-Handbuch Teil des Arbeitsvertrages ist. Fehlt eine entsprechende Regelung, befindet sich der Administrator beim Filtern sofort mit einem Bein (und im dümmsten Fall mit beiden) im Gefängnis. In diesem Fall muss der Administrator vor der Filterung veranlassen, dass die entsprechende Klausel ins Vertragsregelwerk aufgenommen und von jedem Mitarbeiter unterschrieben wird.

Die Situation in anderen Ländern ist dem Autor nicht bekannt. Grundsätzlich muss sich der Administrator, der E-Mails filtern möchte, sich über die juristischen Gegebenheiten schlau machen.

Beachten Sie bitte, dass eine Filterung bedingt, dass ein Filter-Programm in die E-Mail hineinschauen muss, es also nicht mehr in dem Sinne privat ist. Des Weiteren werden des Öfteren E-Mails als fälschlich positiv rausgefiltert. In diesen Fällen wird der Administrator nach einer Meldung des Mitarbeiters, dass er eine Mail erwartet, aber nicht erhalten hat, in die aussortierten E-Mails hineinschauen, um festzustellen, ob es sich darunter befindet. Wenn Sie sich als Administrator nun nicht juristisch abgesichert haben, «gehen Sie ohne Umweg über das Los direkt ins Gefängnis».

6.2 Filterarten

Wir müssen nun zwischen den Filterarten unterscheiden, dem Virenscanner und einem Inhalts-Scanner.

6.2.1 Virenscanner

Den Virenscanner sollten Sie nie vernachlässigen, sondern dafür sorgen, dass er immer aktuell ist. Anderenfalls sind Sie oder Ihre Firma gefährdet.

Überlegen Sie sich immer, was passiert, wenn Ihre Daten publik werden. Für Privatleute ist das vordergründig wenig problematisch; für Firmen ist das aber schlimmer. In jedem Fall denken Sie bitte mal über folgende beiden Szenarien nach:

- Wenn aber ein Eindringling dann Ihren Computer missbraucht, um teure Sachen zu bestellen, wird sich die geschädigte Firma bei Ihnen schadlos halten. Schließlich haben die Ihre IP-Nummer und den Zeitpunkt, zu dem Sie sich (angeblich) eingeloggt und etwas bestellt haben. Hat der Eindringling dann noch

Ihre Kreditkarten- oder Bankkontonummer auf Ihrem Computer gefunden, weil Sie früher mal etwas auf dem Computer damit gemacht haben, haben Sie endgültig schlechte Karten, Ihr Geld ohne einen Riesenaufwand zurückzubekommen.

- Der Eindringling benutzt Ihren Computer oder Ihr Netzwerk, um Spam-Mails zu versenden: Sie kommen auf die «Blacklist», eine schwarze Liste der Spam-Mailer. Wenn Sie erst mal darauf sind, werden Sie innerhalb kürzester Zeit keine E-Mails mehr versenden können. Für einen Privatmann mag das noch verkraftbar sein, aber für eine Firma kann das bereits den Konkurs bedeuten. Unter bestimmten Umständen können Sie juristisch belangt werden, vor allem, da mittlerweile Bestrebungen im Gang sind, Spams zu verbieten. Zum ganzen Ärger kommt hinzu, dass es sehr schwer ist, aus dieser Blacklist wieder ausgetragen zu werden.

Der Virenscanner ist meist unabhänig/separat vom eigentlichen SMTP-Daemon. Die Funktion des Inhalts-Scanners hingegen können die SMTP-Daemons hingegen meist selbst übernehmen.

6.2.2 Scanner nach Inhalten

Die zweite Variante ist der Filter nach bestimmten Zeichen und/oder Wörtern in der E-Mail-Absender-Adresse oder im Text. Die Letztere ist diejenige, die letztlich deutlich anspruchsvoller ist.

Ungültige E-Mail-Adressen auszufiltern, ist nicht so ganz einfach:

- E-Mails aus einer ungültigen Domain können theoretisch von vornherein gefiltert werden. Was aber, wenn die entsprechende Domain bzw. deren DNS-Server[32] zufällig gerade nicht erreichbar ist?

- Wenn hingegen E-Mail-Adressen aus einer gültigen Domain kommen, kann meist nicht kontrolliert werden, ob diese gültig sind. Die meisten Mail-Relays der betreffenden Domains verweigern die entsprechende Anfrage. Ursache dafür ist u.a. das Spam-Problem(!). Eine Rückfrage, ob die Absender-Adresse gültig ist, und die positive oder negative Bestätigung ist eben auch für Spammer interessant, um Adressen zu verifizieren. Zudem gibt es bisher im DNS[33] keinen Flag, um einen Mail-Sender zu identifizieren, sondern nur einen Mail-Empfänger[34]. Als Sender kann aber auch ein anderer Gateway fungieren.

- Auch die Adresse des Mail-Relays ist nicht unbedingt ausschlaggebend. Wenn Sie z.B. eine web.de-Adresse verwenden, aber Ihr Internet-Provider Sie zwingt, E-Mails bei ihm zu relayen, kommt die Mail mit Ihrer web.de-Absender-Adresse vom Relay des Providers.

---

32 Domain Name Service.
33 Domain Name Service.
34 Das ist der «MX»-Flag – Mail-eXchange.

Kapitel 6
Kleine Einführung in Anti-Spam

Schließlich möchten Sie Spam-Mails aussortieren, die z.B. für Viagra, angebliche große Geldtransfers[35] oder Sex werben. An Letzterem kann man einfach erkennen, dass das nicht so einfach ist wie es aussieht:

- Angenommen, Sie haben einen Geschäftspartner, der in Essex (England) sitzt. Dieser schreibt Ihnen eine Mail, in der er Sie einlädt, ihn in Essex zu besuchen. Wenn jetzt der Filter auf «sex» reagiert, wird Ihnen die Mail nicht zugestellt, weil Essex vom Filter rausgeworfen wird.

- Des Weiteren – und da wird es dann komplizierter – bedeutet «sex» im Englischen auch «Geschlecht». Wenn Sie nun eine Reise buchen und der Reiseveranstalter will wissen, ob Sie Mann oder Frau sind, geben Sie dies normalerweise an (warum auch nicht). Dann bekommen Sie vom Reiseveranstalter eine E-Mail zurück, in dem die Angaben auf Englisch bestätigt werden. Dann steht z.B. drin «sex: male» (Geschlecht: männlich). Diese E-Mail darf nicht gefiltert werden, da es u.U. die einzige Buchungsbestätigung für Sie ist.

Ein weiteres Problem ist, dass je nach Sprache dasselbe Wort harmlos oder – mit derselben Schreibweise – eine völlig andere Bedeutung bis hin zur Beleidigung bedeuten kann. Selbst dieselbe Sprache bewahrt einem hier nicht vor Peinlichkeiten, wenn beide Personen aus einem unterschiedlichen Kulturkreis kommen. Auch wenn es komisch klingt, gibt es sogar zwischen britischem und amerikanischem Englisch derartige Unterschiede. Selbst in der deutschen Sprache sind wir vor Missverständnissen nicht gefeit. Wenn ein Österreicher nach Deutschland kommt und im Restaurant «Palatschinken» bestellt, wird der deutsche Kellner nur verwundert den Kopf schütteln und sich fragen, was für eine Zubereitung dieser Schinken nun haben soll? Dabei möchte der Österreicher schlicht und ergreifend Pfannkuchen. Es soll mal einen deutschen General gegeben haben, der in Österreich auf der Speisekarte «Palatschinken» bestellt hat. Dann war er tödlich beleidigt, als er anstelle von Schinken Pfannkuchen bekam ...

Aufgrund dieser Problematik filtern viele Firmen die E-Mails nur noch insoweit, dass sie im Betreff «Spam: ...» einfügen und die E-Mails ansonsten an ihre MitarbeiterInnen weiterleiten.

6.3 SMTP-Server

Sie können grundsätzlich einen beliebigen SMTP-Server[36] auswählen. Für Linux sind die bekanntesten wohl `sendmail`, `postfix` und `exim`. Da leider in den letzten Jahren bei `sendmail` immer wieder schwerwiegende Sicherheitsprobleme auftraten, hat der Autor von Beschreibungen zu dessen Konfiguration abgesehen.

---

35 Spams der sog. «Nigeria-Connection» sind dafür bekannt-berüchtigt.
36 Simple Mail Transfer Agent: Mailtransfer-Programm.

6.3.1 Postfix

Installieren Sie `postfix`. Bei SuSE Linux wird dieses auf der CD bzw. DVD mitgeliefert.

Die Default-Installation funktioniert, wenn man keinen Virenfilter installiert. Sobald aber der Virenfilter geladen werden soll, muss leider «von Hand» eingegriffen werden. Da heutzutage die Virengefahr ziemlich angestiegen ist, geht der Autor nicht mehr auf die Installation ohne Antiviren-Programm ein.

Postfix-Config Diese Datei befindet sich bei SuSE im Directory `/etc/sysconfig`. Sie können diese Änderung mit YaST2 oder manuell in `/etc/sysconfig/postfix` nachtragen.

```
POSTFIX_MASQUERADE_DOMAIN="test.com,test2.com"
POSTFIX_LOCALDOMAINS="test.com,test2.com"
POSTFIX_CHROOT="yes"
POSTFIX_UPDATE_CHROOT_JAIL=yes
```

Falls Sie diese Aktion manuell machen, müssen Sie hinterher noch den Befehl

```
SuSEconfig --module postfix
```

ausführen.

Alle anderen Dateien zu Postfix befinden sich in `/etc/postfix`.

Parametrisierung in /etc/postfix Die hier beschriebenen Dateien mit Ausnahme von main.cf und master.cf bilden Grundlage einer Art Datenbank, die Postfix benutzt.

Mit dem Befehl

```
postmap [datei]
```

erstellen bzw. überschreiben Sie die Datei `[datei].db`.

main.cf Der erstere Wert wird automatisch von YaST2 eingetragen, sollte also bereits in Ordnung sein. Der zweite Wert wird bei SuSE 9.2 ebenfalls korrekt eingetragen. Bei SuSE 9.0 hingegen müssen Sie diesen noch manuell einfügen, da hier offenbar ein Fehler im Script vorliegt.

```
masquerade_domains = test.com,test2.com
mydestination = test.com,test2.com
```

Zur Erklärung: `masquerade_domains` setzt die Domains fest, die «maskiert» werden können, wenn Sie nach außen andere E-Mail-Adressen publizieren möchten. Auf Details geht der Autor weiter unten ein.

`mydestination` ist notwendig, wenn die betreffenden Destinations lokal auf der Maschine existieren und die Mails nicht an einen anderen Relay weitergeleitet werden müssen.

Achtung: Wenn Sie `mydestination` setzen müssen, müssen Sie nach jeder Änderung via YaST2 aufpassen, dass Sie die von YaST2 erstellte `/etc/postfix/main.cf.SuSEconfig` auf `main.cf` verschieben und diese Änderung manuell nachtragen. Alternativ können Sie auch die Datei `/etc/postfix/main.cf.SuSEconfig` wieder löschen und von Hand die Änderungen eintragen.

master.cf In der Datei `/etc/postfix/master.cf` müssen Sie überprüfen, ob die folgenden Zeilen aktiviert sind. Falls sie durch ein Gartenhag «#» auskommentiert sind, entfernen Sie das Gartenhag (Zeilenumbruch nach «-o» hier schrifttechnisch nicht zu verhindern):

```
smtp      inet     n        -        y        -        2        smtpd -o
     content_filter=smtp:[localhost]:10024
localhost:10025 inet   n        -        y        -        -        smtpd -o
     content_filter=
local     unix     -        n        n        -        -        local
```

Die beiden Zeilen mit «content_filter» gibt die Mails an den Antiviren-Wächter weiter, den Sie deshalb mitinstallieren müssen. Ohne Virenscanner müssen Sie diese Zeilen auch auskommentiert lassen.

transport Hier hängen Sie ans Ende:

```
test.com      :
.test.com     :
test2.com     :
.test2.com    :
*             smtp:
```

Angenommen, Sie möchten eine einzelne Adresse an einen anderen Relay weiterleiten, geht auch dieses:

```
myname@test3.com    smtp:[mail.test3.com]
```

In diesem Fall wird der Name direkt aufgelöst, ohne dass erst der DNS-Server nach seinem MX-Record gefragt wird. Möchten Sie an eine Domain leiten, geht auch dies:

```
myname@test3.com      smtp:test3.com
```

Ohne Parameter nach dem Doppelpunkt bedeutet, dass diese Mails lokal ausgeliefert werden sollen. Die letzte Zeile ist schlussendlich der Verweis auf den Default-Gateway. Da dieser aber bei einem einzelnen Rechner lokal ist, wird diese nur mit «smtp:» angegeben. Das ist übrigens nicht wirklich dokumentiert, funktioniert aber.

access In dieser Datei ist enthalten, welche Absender-Domains geroutet und welche geblockt werden. In unserem Beispiel hängen Sie hinten an die Datei an:

```
test.com       OK
test2.com      OK
```

Wenn Sie intern eine Domäne verwenden, die hier nicht gelistet ist, bekommen Sie für diese keine Mails, da Postfix (auch intern!) die Annahme verweigert. Einen Spammer können Sie hier ebenfalls ausschließen:

```
spammer.com    REJECT
spam2.com      REJECT
```

Tragen Sie hier nie «* OK» oder «* RELAY» ein, da damit Ihr Rechner als Mail-Relay missbraucht werden kann.

sender_canonical Hier wird der «interne» Name auf den Public Name gemappt. Das sieht dann so aus:

```
martin@test.com martin@mydomain.com
miriam@test2.com miriam@mydomain.com
```

virtual Die virtuellen Namen von «draußen» werden hier auf die intern benutzten Namen umgemappt. Das ist also genau umgekehrt wie in sender_canonical:

```
martin@mydomain.com martin@test.com
miriam@mydomain.com miriam@test2.com
```

SASL-Authentifizierung

Sie können diese Änderung mit YaST2 oder manuell in /etc/sysconfig/postfix nachtragen:

```
POSTFIX_SMTP_AUTH=yes
```

Antivir und spamassassin

Antivir ist ein Zusatzprogramm, das auch unter dem Namen Amavis läuft. Es scannt die Viren- und Spam-Mails raus, benötigt für das Spamfiltering aber zusätzlich den spamassassin.

Beide Programme werden auf der SuSE-CD mitgeliefert. Amavis ist aber nicht mehr auf dem aktuellsten Stand und sollte als (alte) Demoversion verstanden werden, da sich gerade im Virenbereich alle paar Tage etwas ändert. Für die Benutzung und Update müssen Sie sich auf http://www.hbedv.com oder http://www.antivir.de registrieren. Falls Sie das Programm nur privat benutzen, ist die Registrierung gratis. Die Registrierung muss einmal jährlich verlängert werden. Dann bekommen Sie das Lizenzfile hbedv.key und lic_info.txt zugeschickt und kopieren es in das Verzeichnis /usr/lib/AntiVir. Alternativ können Sie auch das ebenfalls mitgesendete zip-File ins Verzeichnis kopieren und entzippen mit

```
gunzip hbedv.zip
```

Wenn Sie kontrollieren möchten, ob aktuelle Updates vorhanden sind:

```
antivir --update --check
```

Den Update können Sie dann mit dem Befehl

```
antivir --update
```

ausführen. Um dies zu automatisieren, können Sie das in die /etc/crontab eintragen:

```
10 0 * * *    root   /usr/lib/AntiVir/antivir --update >> /var/log/antivir.log
```

In diesem Fall wird der Filter jede Nacht um 0:10 Uhr aktualisiert. Wenn Sie das Update alle vier Stunden machen möchten, schreiben Sie einfach anstelle der 0 alle Zeiten hin: 0,4,8,12,16,20.

Achtung: Sie dürfen zwischen den Kommata keine Leerzeichen einsetzen.

SMTP-Server

Wie Sie hier sehen, wird der Output der Meldungen in die Datei /var/log/antivir.log geschrieben. Damit haben Sie dann eine Kontrolle, was Antivir anstellt.

Achtung: Wenn Sie den Cronjob aufsetzen: Denken Sie bitte daran, dass der Antiviren-Registrierungs-Schlüssel auch mal abläuft. Danach klappt das Update nicht mehr. Deshalb ist es sehr wichtig, dass Sie ab und zu in der Datei nachschauen, ob das Update noch klappt oder ob Sie den Schlüssel erneuern müssen.

Da der amavis alle infizierten oder gespamten Mails in der SuSE-Version herausfiltert, indem ein entsprechender Parameter drangesetzt wird, sollten Sie sich überlegen, ob Sie das in /etc/amavisd.conf mit «#» auskommentieren, wenn Sie die Mails trotzdem zugestellt haben möchten:

```
#@addr_extension_virus_maps      = ('virus');
#@addr_extension_spam_maps       = ('spam');
#@addr_extension_banned_maps     = ('banned');
#@addr_extension_bad_header_maps = ('badh');
```

Anderenfalls hängt Amavisd an die Namen +spam etc. ran, und damit können die Mails nicht zugestellt werden. Und in dem Fall müssen Sie für diese Mails weitere «Benutzer» erstellen oder diese Benutzer via /etc/aliases umleiten, was arbeitsaufwendig und fehlerträchtig ist.

Durch das Auskommentieren der Adressextensions (addr_extension) werden die folgenden Zeilen wichtig und sollten entsprechend aktiviert/deaktivier/angepasst werden:

```
# $final_virus_destiny      = D_DISCARD;
# $final_banned_destiny     = D_BOUNCE;
$final_spam_destiny = D_PAss;
# $final_bad_header_destiny = D_PAss;
```

In diesem Fall wird nur die Spam-Mail zugestellt («D_PAss»). Die Parameter bedeuten:

D_DISCARD	Mail löschen
D_BOUNCE	Mail abweisen/zurücksenden
D_PAss	Mail durchlassen

Eine weitere Variante: Sie verschieben die betroffenen Mails in die Quarantäne, abhängig vom Typ der geblockten Mail. Leider geschieht das nicht automatisch:

```
$virus_quarantine_to='bsmtp:$QUARANTINEDIR/virus-%b-%i-%n.bsmtp';
$banned_quarantine_to='bsmtp:$QUARANTINEDIR/banned-%b-%i-%n.bsmtp';
```

Kapitel 6
Kleine Einführung in Anti-Spam

```
$bad_header_quarantine_to='bsmtp:$QUARANTINEDIR/bad_header-%b-%i-%n.bsmtp';
$spam_quarantine_to='bsmtp:$QUARANTINEDIR/spam-%b-%i-%n.bsmtp';
```

Achtung: Tragen Sie hier nur das ein, was Sie nicht über die Regeln DISCARD, BOUNCE oder PAss abhandeln!

Damit Sie wissen, wo $QUARANTINEDIR hinverweist, können Sie in der Datei danach suchen. In der SuSE-Installation verweist sie auf:

```
$QUARANTINEDIR = '/var/spool/amavis/virusmails';
```

Nun fehlt noch die Konfiguration von spamassassin. Editieren Sie die Datei /etc/mail/spamassassin/local.cf und passen Sie diese an:

```
# rewrite the Subject: line with ****SPAM**** .* if set to 1 (default=1)
rewrite_subject 1
# report briefly, recommended for report_header==1 (default=0)
use_terse_report 1
```

Damit beide Programme laufen, starten Sie diese mit

```
/etc/init.d/spamd start
/etc/init.d/amavis start
```

Relaying von Postfix über Ihren Provider Eine kleine Falle droht, wenn Sie versuchen, postfix über einen anderen Server zu relayen. Da viele SMTP-Server zum Relay Passwörter unterschlüsselt erwarten, müssen Sie die folgende Variable in /etc/sysconfig/postfix leer lassen:

```
POSTFIX_SMTP_AUTH_OPTIONS=""
```

Anderenfalls tragen Sie dort eine der im File erwähnten Varianten ein. Nun können Sie noch in die Datei /etc/postfix/sasl_password das entsprechende Relay-Passwort eintragen:

```
smtp.relaydomain.com       t.dierkesmann@relaydomain.com:passwd
```

Damit der Relay der relaydomain.com verwendet wird, müssen Sie in /etc/sysconfig/postfix eintragen:

```
POSTFIX_RELAYHOST="smtp.relaydomain.com:25"
```

Falls dies nicht der «MX» des Providers ist, machen Sie noch eckige Klammern um den Namen:

```
POSTFIX_RELAYHOST="[smtp.relaydomain.com]:25"
```

Um diese Änderungen in die Postfix-Konfiguration zu übernehmen, führen Sie hinterher noch den Befehl

```
SuSEconfig --module postfix
```

aus.

Troubleshooting Sie erhalten eine Fehlermeldung wie

```
warning: connect to transport spamassassin: No such file or directory.
```

Das deutet darauf hin, dass Sie bei Postfix in `master.cf` in der Zeile

```
localhost:10025 inet    n       -       y       -       -       smtpd -o
content_filter=
```

bei `content_filter=spamassassin` eingetragen hatten. Und das geht nur, wenn Sie das auch definiert haben:

```
# Spamassassin only - must not be used with amavisd
spamassassin unix -     n       n       -       -       pipe
  flags=q user=filter
  argv=/usr/bin/spamc -p 10027 -f -e
  /usr/sbin/sendmail -of -f ${sender} ${recipient}
```

Zudem müssen Sie die betreffende Mail im Verzeichnis `/var/spool/postfix/active/[...]/[Mail]` löschen.

Maschinen/Subnetze

A.1 Class B

Die Anzahl Bits wird hier nach den erste 16 Bit gezählt, also nach dem Teil der Netzmaske 255.255.

# bits	Maske	Effektive Anzahl Subnetze	Maschinen
1	255.255.128.0	2	32766
2	255.255.192.0	4	16382
3	255.255.224.0	8	8190
4	255.255.240.0	16	4094
5	255.255.248.0	32	2046
6	255.255.252.0	64	1022
7	255.255.254.0	128	510
8	255.255.255.0	256	254
9	255.255.255.128	512	126
10	255.255.255.192	1024	62
11	255.255.255.224	2048	30
12	255.255.255.240	4096	14
13	255.255.255.248	8192	6
14	255.255.255.252	16384	2

Wenn Sie Class B-Netze im Internen Netz verwenden möchten, seien Sie vorsichtig mit IPs, die auf .0 oder .255 enden und keine Netzwerk- oder Broadcast-Adressen sind. Manche Router und Betriebssysteme kommen damit nicht zurecht.

A.2 Class C

Die Basis der Netzmaske ist hier 255.255.255.

# bits	Maske	Effektive Anzahl	
		Subnetze	Maschinen
1	255.255.255.128	2	126
2	255.255.255.192	4	62
3	255.255.255.224	8	30
4	255.255.255.240	16	14
5	255.255.255.248	32	6
6	255.255.255.252	64	2

Protokoll-Liste[37]

PROTOCOL Nummern: Im Internet Protocol (IP) [DDN], [RFC791] ist ein Feld genannt «Protocol», um das Protokoll zu identifizieren. Dieses ist 8 Bit lang (Werte von 0–255).

B.1 Assigned Internet Protocol Numbers

Decimal	Keyword	Protocol	References
0		Reserved	[JBP]
1	ICMP	Internet Control Message	[RFC792,JBP]
2	IGMP	Internet Group Management	[RFC1112,JBP]
3	GGP	Gateway-to-Gateway	[RFC823,MB]
4	IP	IP in IP (encasulation)	[JBP]
5	ST	Stream	[RFC1190,IEN119,JWF]
6	TCP	Transmission Control	[RFC793,JBP]
7	UCL	UCL	[PK]
8	EGP	Exterior Gateway Protocol	[RFC888,DLM1]
9	IGP	any private interior gateway	[JBP]
10	BBN-RCC-MON	BBN RCC Monitoring	[SGC]
11	NVP-II	Network Voice Protocol	[RFC741,SC3]
12	PUP	PUP	[PUP,XEROX]
13	ARGUS	ARGUS	[RWS4]
14	EMCON	EMCON	[BN7]
15	XNET	Cross Net Debugger	[IEN158,JFH2]
16	CHAOS	Chaos	[NC3]
17	UDP	User Datagram	[RFC768,JBP]
18	MUX	Multiplexing	[IEN90,JBP]
19	DCN-MEAS	DCN Measurement Subsystems	[DLM1]
20	HMP	Host Monitoring	[RFC869,RH6]
21	PRM	Packet Radio Measurement	[ZSU]
22	XNS-IDP	XEROX NS IDP	[ETHERNET,XEROX]
23	TRUNK-1	Trunk-1	[BWB6]

---

37 http://www.faqs.org/rfcs/rfc1700.html

Anhang B
Protokoll-Liste

24	TRUNK-2	Trunk-2	[BWB6]
25	LEAF-1	Leaf-1	[BWB6]
26	LEAF-2	Leaf-2	[BWB6]
27	RDP	Reliable Data Protocol	[RFC908,RH6]
28	IRTP	Internet Reliable Transaction	[RFC938,TXM]
29	ISO-TP4	ISO Transport Protocol Class 4	[RFC905,RC77]
30	NETBLT	Bulk Data Transfer Protocol	[RFC969,DDC1]
31	MFE-NSP	MFE Network Services Protocol	[MFENET,BCH2]
32	MERIT-INP	MERIT Internodal Protocol	[HWB]
33	SEP	Sequential Exchange Protocol	[JC120]
34	3PC	Third Party Connect Protocol	[SAF3]
35	IDPR	Inter-Domain Policy Routing Protocol	[MXS1]
36	XTP	XTP	[GXC]
37	DDP	Datagram Delivery Protocol	[WXC]
38	IDPR-CMTP	IDPR Control Message Transport Proto	[MXS1]
39	TP++	TP++ Transport Protocol	[DXF]
40	IL	IL Transport Protocol	[DXP2]
41	SIP	Simple Internet Protocol	[SXD]
42	SDRP	Source Demand Routing Protocol	[DXE1]
43	SIP-SR	SIP Source Route	[SXD]
44	SIP-FRAG	SIP Fragment	[SXD]
45	IDRP	Inter-Domain Routing Protocol	[Sue Hares]
46	RSVP	Reservation Protocol	[Bob Braden]
47	GRE	General Routing Encapsulation	[Tony Li]
48	MHRP	Mobile Host Routing Protocol	[David Johnson]
49	BNA	BNA	[Gary Salamon]
50	SIPP-ESP	SIPP Encap Security Payload	[Steve Deering]
51	SIPP-AH	SIPP Authentication Header	[Steve Deering]
52	I-NLSP	Integrated Net Layer Security TUBA	[GLENN]
53	SWIPE	IP with Encryption	[JI6]
54	NHRP	NBMA Next Hop Resolution Protocol	
55-60		Unassigned	[JBP]
61		any host internal protocol	[JBP]
62	CFTP	CFTP	[CFTP,HCF2]
63		any local network	[JBP]
64	SAT-EXPAK	SATNET and Backroom EXPAK	[SHB]
65	KRYPTOLAN	Kryptolan	[PXL1]
66	RVD	MIT Remote Virtual Disk Protocol	[MBG]
67	IPPC	Internet Pluribus Packet Core	[SHB]
68		any distributed file system	[JBP]
69	SAT-MON	SATNET Monitoring	[SHB]
70	VISA	VISA Protocol	[GXT1]
71	IPCV	Internet Packet Core Utility	[SHB]
72	CPNX	Computer Protocol Network Executive	[DXM2]

Assigned Internet Protocol Numbers

73	CPHB	Computer Protocol Heart Beat	[DXM2]
74	WSN	Wang Span Network	[VXD]
75	PVP	Packet Video Protocol	[SC3]
76	BR-SAT-MON	Backroom SATNET Monitoring	[SHB]
77	SUN-ND	SUN ND PROTOCOL-Temporary	[WM3]
78	WB-MON	WIDEBAND Monitoring	[SHB]
79	WB-EXPAK	WIDEBAND EXPAK	[SHB]
80	ISO-IP	ISO Internet Protocol	[MTR]
81	VMTP	VMTP	[DRC3]
82	SECURE-VMTP	SECURE-VMTP	[DRC3]
83	VINES	VINES	[BXH]
84	TTP	TTP	[JXS]
85	NSFNET-IGP	NSFNET-IGP	[HWB]
86	DGP	Dissimilar Gateway Protocol	[DGP,ML109]
87	TCF	TCF	[GAL5]
88	IGRP	IGRP	[CISCO,GXS]
89	OSPFIGP	OSPFIGP	[RFC1583,JTM4]
90	Sprite-RPC	Sprite RPC Protocol	[SPRITE,BXW]
91	LARP	Locus Address Resolution Protocol	[BXH]
92	MTP	Multicast Transport Protocol	[SXA]
93	AX.25	AX.25 Frames	[BK29]
94	IPIP	IP-within-IP Encapsulation Protocol	[JI6]
95	MICP	Mobile Internetworking Control Pro.	[JI6]
96	SCC-SP	Semaphore Communications Sec. Pro.	[HXH]
97	ETHERIP	Ethernet-within-IP Encapsulation	[RXH1]
98	ENCAP	Encapsulation Header	[RFC1241,RXB3]
99		any private encryption scheme	[JBP]
100	GMTP	GMTP	[RXB5]
101-254		Unassigned	[JBP]
255		Reserved	[JBP]

Anhang C

Port-Liste

Auf der Port-Liste finden Sie die wichtigsten Ports. die Sie für die Firewall benötigen. Eine vollständige Liste finden Sie auf http://www.iana.org/assignments/port-numbers.

```
Keyword         Decimal     Description                         References
-------         -------     -----------                         ----------
tcpmux          1/tcp       TCP Port Service Multiplexer
tcpmux          1/udp       TCP Port Service Multiplexer

echo            7/tcp       Echo
echo            7/udp       Echo
#               8/tcp       Unassigned
#               8/udp       Unassigned
discard         9/tcp       Discard
discard         9/udp       Discard
#               10/tcp      Unassigned
#               10/udp      Unassigned
systat          11/tcp      Active Users
systat          11/udp      Active Users
#               12/tcp      Unassigned
#               12/udp      Unassigned
daytime         13/tcp      Daytime (RFC 867)
daytime         13/udp      Daytime (RFC 867)

ftp-data        20/tcp      File Transfer [Default Data]
ftp-data        20/udp      File Transfer [Default Data]
ftp             21/tcp      File Transfer [Control]
ftp             21/udp      File Transfer [Control]
#                           Jon Postel <postel@isi.edu>
ssh             22/tcp      ssh Remote Login Protocol
ssh             22/udp      ssh Remote Login Protocol
telnet          23/tcp      Telnet
telnet          23/udp      Telnet

smtp            25/tcp      Simple Mail Transfer
smtp            25/udp      Simple Mail Transfer
```

Anhang C
Port-Liste

```
time            37/tcp      Time
time            37/udp      Time

domain          53/tcp      Domain Name Server
domain          53/udp      Domain Name Server

bootps          67/tcp      Bootstrap Protocol Server
bootps          67/udp      Bootstrap Protocol Server
bootpc          68/tcp      Bootstrap Protocol Client
bootpc          68/udp      Bootstrap Protocol Client

tftp            69/tcp      Trivial File Transfer
tftp            69/udp      Trivial File Transfer

gopher          70/tcp      Gopher
gopher          70/udp      Gopher

finger          79/tcp      Finger
finger          79/udp      Finger

http            80/tcp      World Wide Web HTTP
http            80/udp      World Wide Web HTTP
www             80/tcp      World Wide Web HTTP
www             80/udp      World Wide Web HTTP

kerberos        88/tcp      Kerberos
kerberos        88/udp      Kerberos

rtelnet         107/tcp     Remote Telnet Service
rtelnet         107/udp     Remote Telnet Service

pop2            109/tcp     Post Office Protocol - Version 2
pop2            109/udp     Post Office Protocol - Version 2

pop3            110/tcp     Post Office Protocol - Version 3
pop3            110/udp     Post Office Protocol - Version 3

sunrpc          111/tcp     SUN Remote Procedure Call
sunrpc          111/udp     SUN Remote Procedure Call

auth            113/tcp     Authentication Service
auth            113/udp     Authentication Service

sftp            115/tcp     Simple File Transfer Protocol
sftp            115/udp     Simple File Transfer Protocol
```

```
nntp            119/tcp     Network News Transfer Protocol
nntp            119/udp     Network News Transfer Protocol

ntp             123/tcp     Network Time Protocol
ntp             123/udp     Network Time Protocol

epmap           135/tcp     DCE endpoint resolution
epmap           135/udp     DCE endpoint resolution
#                           Joe Pato <pato@apollo.hp.com>
profile         136/tcp     PROFILE Naming System
profile         136/udp     PROFILE Naming System
#                           Larry Peterson <llp@ARIZONA.EDU>
netbios-ns      137/tcp     NETBIOS Name Service
netbios-ns      137/udp     NETBIOS Name Service
netbios-dgm     138/tcp     NETBIOS Datagram Service
netbios-dgm     138/udp     NETBIOS Datagram Service
netbios-ssn     139/tcp     NETBIOS Session Service
netbios-ssn     139/udp     NETBIOS Session Service

imap            143/tcp     Internet Message Access Protocol
imap            143/udp     Internet Message Access Protocol

sql-net         150/tcp     SQL-NET
sql-net         150/udp     SQL-NET

snmp            161/tcp     SNMP
snmp            161/udp     SNMP
snmptrap        162/tcp     SNMPTRAP
snmptrap        162/udp     SNMPTRAP

xdmcp           177/tcp     X Display Manager Control Protocol
xdmcp           177/udp     X Display Manager Control Protocol

nextstep        178/tcp     NextStep Window Server
nextstep        178/udp     NextStep Window Server

irc             194/tcp     Internet Relay Chat Protocol
irc             194/udp     Internet Relay Chat Protocol

at-rtmp         201/tcp     AppleTalk Routing Maintenance
at-rtmp         201/udp     AppleTalk Routing Maintenance
at-nbp          202/tcp     AppleTalk Name Binding
at-nbp          202/udp     AppleTalk Name Binding
at-3            203/tcp     AppleTalk Unused
at-3            203/udp     AppleTalk Unused
at-echo         204/tcp     AppleTalk Echo
```

```
at-echo         204/udp    AppleTalk Echo
at-5            205/tcp    AppleTalk Unused
at-5            205/udp    AppleTalk Unused
at-zis          206/tcp    AppleTalk Zone Information
at-zis          206/udp    AppleTalk Zone Information
at-7            207/tcp    AppleTalk Unused
at-7            207/udp    AppleTalk Unused
at-8            208/tcp    AppleTalk Unused
at-8            208/udp    AppleTalk Unused

qmtp            209/tcp    The Quick Mail Transfer Protocol
qmtp            209/udp    The Quick Mail Transfer Protocol

https           443/tcp    http protocol over TLS/ssL
https           443/udp    http protocol over TLS/ssL

microsoft-ds    445/tcp    Microsoft-DS
microsoft-ds    445/udp    Microsoft-DS

isakmp          500/tcp    isakmp
isakmp          500/udp    isakmp

exec            512/tcp    remote process execution;
#                          authentication performed using
#                          passwords and UNIX login names
comsat          512/udp
biff            512/udp    used by mail system to notify users
#                          of new mail received; currently
#                          receives messages only from
#                          processes on the same machine
login           513/tcp    remote login a la telnet;
#                          automatic authentication performed
#                          based on priviledged port numbers
#                          and distributed data bases which
#                          identify "authentication domains"
who             513/udp    maintains data bases showing who's
#                          logged in to machines on a local
#                          net and the load average of the
#                          machine
shell           514/tcp    cmd
#                          like exec, but automatic authentication
#                          is performed as for login server
syslog          514/udp
printer         515/tcp    spooler
printer         515/udp    spooler
```

Assigned Internet Protocol Numbers

```
uucp              540/tcp     uucpd
uucp              540/udp     uucpd
uucp-rlogin        541/tcp    uucp-rlogin
uucp-rlogin        541/udp    uucp-rlogin

klogin          543/tcp
klogin          543/udp
kshell          544/tcp    krcmd
kshell          544/udp    krcmd

dhcpv6-client    546/tcp    DHCPv6 Client
dhcpv6-client    546/udp    DHCPv6 Client
dhcpv6-server    547/tcp    DHCPv6 Server
dhcpv6-server    547/udp    DHCPv6 Server

rtsp             554/tcp    Real Time Stream Control Protocol
rtsp             554/udp    Real Time Stream Control Protocol

ldaps            636/tcp    ldap protocol over TLS/ssL (was sldap)
ldaps            636/udp    ldap protocol over TLS/ssL (was sldap)

tell              754/tcp      send
tell              754/udp      send

quotad         762/tcp
quotad         762/udp

dhcp-failover2  847/tcp    dhcp-failover 2
dhcp-failover2  847/udp    dhcp-failover 2

telnets          992/tcp    telnet protocol over TLS/ssL
telnets          992/udp    telnet protocol over TLS/ssL
imaps             993/tcp    imap4 protocol over TLS/ssL
imaps             993/udp    imap4 protocol over TLS/ssL

«Upper ports» > 1024

Keyword          Decimal    Description                       References
-------          -------    -----------                       ----------

ms-sql-s         1433/tcp   Microsoft-SQL-Server
ms-sql-s         1433/udp   Microsoft-SQL-Server
ms-sql-m         1434/tcp   Microsoft-SQL-Monitor
ms-sql-m         1434/udp   Microsoft-SQL-Monitor

orasrv           1521/tcp   oracle
orasrv           1521/udp   oracle
```

Anhang C
Port-Liste

pptp	1723/tcp	pptp
pptp	1723/udp	pptp
nfs	2049/tcp	Network File System - Sun Microsystems
nfs	2049/udp	Network File System - Sun Microsystems
webmin	10000/tcp	WebMin

CD-ROM

Es ist immer lästig, wenn man Scripte abschreiben muss. Dabei schleichen sich schnell Fehler ein. Auch Downloads sind – je nach Leitungskapazität – manchmal eine mühsame Angelegenheit. Im Fall von Firewall-Builder kommt hinzu, dass ältere Versionen auf dem Server oft nicht mehr verfügbar sind.

Deshalb finden Sie auf der CD-ROM sowohl die Scripts, die im Buch verwendet werden, als auch die fwbuilder-Programme in separaten Verzeichnissen, die hier einzeln beschrieben werden.

D.1 scripts

iptunnel.sh   Aufbau eines Tunnels mit ip (Seite 170)
fwbuilder   Firewall Start-Stop-Scripte fwbuilder und reset.sh

D.2 www.fwbuilder.org

Hier finden Sie sowohl den Firewall-Builder für die verschiedenen SuSE-Linux-Versionen als auch weitere Addons von der fwbuilder-Homepage.

Verzeichnis	für Version
suse80	SuSE 8.0
suse81	SuSE 8.1
suse90	SuSE 9.0
suse91	SuSE 9.1, läuft auch auf SuSE 9.2
suse93	Für SuSE 9.2 und 9.3

Die jeweils neueste Version können Sie sich selbstverständlich jederzeit von der Homepage www.fwbuilder.org herunterladen. Beachten Sie aber bitte, dass die verschiedenen fwbuilder-Versionen nicht kompatibel sind. Neuere fwbuilder-Versionen konvertieren die fwbuilder-Datei. Danach ist sie mit einer älteren Version nicht mehr zu öffnen.

RFC

RFC steht für «request for comment», also für «zu kommentieren». Besser wäre das vielleicht mit «Empfehlung für den Gebrauch» oder «Gebrauchsanweisung» zu übersetzen, solange der entsprechende RFC schon etwas älter ist und sich als «Standard» durchgesetzt hat.

Damit Sie die RFC nicht erst suchen müssen, hat Ihnen der Autor diese hier angehängt.

E.1   RFC 1918

Den Text der RFC 1918[38]:

```
Network Working Group                                          Y. Rekhter
Request for Comments: 1918                                  Cisco Systems
Obsoletes: 1627, 1597                                        B. Moskowitz
BCP: 5                                                       Chrysler Corp.
Category: Best Current Practice                             D. Karrenberg
                                                                 RIPE NCC
                                                         G. J. de Groot
                                                                 RIPE NCC
                                                                 E. Lear
                                                    Silicon Graphics, Inc.
                                                           February 1996


                  Address Allocation for Private Internets

Status of this Memo

   This document specifies an Internet Best Current Practices for the
   Internet Community, and requests discussion and suggestions for
   improvements.  Distribution of this memo is unlimited.

1. Introduction

   For the purposes of this document, an enterprise is an entity
   autonomously operating a network using TCP/IP and in particular
```

determining the addressing plan and address assignments within that
network.

This document describes address allocation for private internets. The
allocation permits full network layer connectivity among all hosts
inside an enterprise as well as among all public hosts of different
enterprises. The cost of using private internet address space is the
potentially costly effort to renumber hosts and networks between
public and private.

2. Motivation

With the proliferation of TCP/IP technology worldwide, including
outside the Internet itself, an increasing number of non-connected
enterprises use this technology and its addressing capabilities for
sole intra-enterprise communications, without any intention to ever
directly connect to other enterprises or the Internet itself.

The Internet has grown beyond anyone's expectations. Sustained
exponential growth continues to introduce new challenges. One
challenge is a concern within the community that globally unique
address space will be exhausted. A separate and far more pressing
concern is that the amount of routing overhead will grow beyond the
capabilities of Internet Service Providers. Efforts are in progress
within the community to find long term solutions to both of these
problems. Meanwhile it is necessary to revisit address allocation
procedures, and their impact on the Internet routing system.

To contain growth of routing overhead, an Internet Provider obtains a
block of address space from an address registry, and then assigns to
its customers addresses from within that block based on each customer
requirement. The result of this process is that routes to many
customers will be aggregated together, and will appear to other
providers as a single route [RFC1518], [RFC1519]. In order for route
aggregation to be effective, Internet providers encourage customers
joining their network to use the provider's block, and thus renumber
their computers. Such encouragement may become a requirement in the
future.

With the current size of the Internet and its growth rate it is no
longer realistic to assume that by virtue of acquiring globally
unique IP addresses out of an Internet registry an organization that
acquires such addresses would have Internet-wide IP connectivity once

---

38 http://www.ietf.org/rfc/rfc1918.txt.

the organization gets connected to the Internet. To the contrary, it is quite likely that when the organization would connect to the Internet to achieve Internet-wide IP connectivity the organization would need to change IP addresses (renumber) all of its public hosts (hosts that require Internet-wide IP connectivity), regardless of whether the addresses used by the organization initially were globally unique or not.

It has been typical to assign globally unique addresses to all hosts that use TCP/IP. In order to extend the life of the IPv4 address space, address registries are requiring more justification than ever before, making it harder for organizations to acquire additional address space [RFC1466].

Hosts within enterprises that use IP can be partitioned into three categories:

   Category 1: hosts that do not require access to hosts in other
               enterprises or the Internet at large; hosts within
               this category may use IP addresses that are
               unambiguous within an enterprise, but may be
               ambiguous between enterprises.

   Category 2: hosts that need access to a limited set of outside
               services (e.g., E-mail, FTP, netnews, remote login)
               which can be handled by mediating gateways (e.g.,
               application layer gateways). For many hosts in this
               category an unrestricted external access (provided
               via IP connectivity) may be unnecessary and even
               undesirable for privacy/security reasons. Just like
               hosts within the first category, such hosts may use
               IP addresses that are unambiguous within an
               enterprise, but may be ambiguous between
               enterprises.

   Category 3: hosts that need network layer access outside the
               enterprise (provided via IP connectivity); hosts in
               the last category require IP addresses that are
               globally unambiguous.

We will refer to the hosts in the first and second categories as "private". We will refer to the hosts in the third category as "public".

Many applications require connectivity only within one enterprise and

do not need external (outside the enterprise) connectivity for the
majority of internal hosts. In larger enterprises it is often easy to
identify a substantial number of hosts using TCP/IP that do not need
network layer connectivity outside the enterprise.

Some examples, where external connectivity might not be required,
are:

- A large airport which has its arrival/departure displays
  individually addressable via TCP/IP. It is very unlikely
  that these displays need to be directly accessible from
  other networks.

- Large organizations like banks and retail chains are
  switching to TCP/IP for their internal communication. Large
  numbers of local workstations like cash registers, money
  machines, and equipment at clerical positions rarely need
  to have such connectivity.

- For security reasons, many enterprises use application
  layer gateways to connect their internal network to the
  Internet. The internal network usually does not have
  direct access to the Internet, thus only one or more
  gateways are visible from the Internet. In this case, the
  internal network can use non-unique IP network numbers.

- Interfaces of routers on an internal network usually do not
  need to be directly accessible from outside the enterprise.

3. Private Address Space

The Internet Assigned Numbers Authority (IANA) has reserved the
following three blocks of the IP address space for private internets:

     10.0.0.0   -   10.255.255.255 (10/8 prefix)
     172.16.0.0   -   172.31.255.255 (172.16/12 prefix)
     192.168.0.0   -   192.168.255.255 (192.168/16 prefix)

We will refer to the first block as "24-bit block", the second as
"20-bit block", and to the third as "16-bit" block. Note that (in
pre-CIDR notation) the first block is nothing but a single class A
network number, while the second block is a set of 16 contiguous
class B network numbers, and third block is a set of 256 contiguous
class C network numbers.

An enterprise that decides to use IP addresses out of the address space defined in this document can do so without any coordination with IANA or an Internet registry. The address space can thus be used by many enterprises. Addresses within this private address space will only be unique within the enterprise, or the set of enterprises which choose to cooperate over this space so they may communicate with each other in their own private internet.

As before, any enterprise that needs globally unique address space is required to obtain such addresses from an Internet registry. An enterprise that requests IP addresses for its external connectivity will never be assigned addresses from the blocks defined above.

In order to use private address space, an enterprise needs to determine which hosts do not need to have network layer connectivity outside the enterprise in the foreseeable future and thus could be classified as private. Such hosts will use the private address space defined above. Private hosts can communicate with all other hosts inside the enterprise, both public and private. However, they cannot have IP connectivity to any host outside of the enterprise. While not having external (outside of the enterprise) IP connectivity private hosts can still have access to external services via mediating gateways (e.g., application layer gateways).

All other hosts will be public and will use globally unique address space assigned by an Internet Registry. Public hosts can communicate with other hosts inside the enterprise both public and private and can have IP connectivity to public hosts outside the enterprise. Public hosts do not have connectivity to private hosts of other enterprises.

Moving a host from private to public or vice versa involves a change of IP address, changes to the appropriate DNS entries, and changes to configuration files on other hosts that reference the host by IP address.

Because private addresses have no global meaning, routing information about private networks shall not be propagated on inter-enterprise links, and packets with private source or destination addresses should not be forwarded across such links. Routers in networks not using private address space, especially those of Internet service providers, are expected to be configured to reject (filter out) routing information about private networks. If such a router receives such information the rejection shall not be treated as a routing protocol error.

Indirect references to such addresses should be contained within the
enterprise. Prominent examples of such references are DNS Resource
Records and other information referring to internal private
addresses. In particular, Internet service providers should take
measures to prevent such leakage.

4. Advantages and Disadvantages of Using Private Address Space

The obvious advantage of using private address space for the Internet
at large is to conserve the globally unique address space by not
using it where global uniqueness is not required.

Enterprises themselves also enjoy a number of benefits from their
usage of private address space: They gain a lot of flexibility in
network design by having more address space at their disposal than
they could obtain from the globally unique pool. This enables
operationally and administratively convenient addressing schemes as
well as easier growth paths.

For a variety of reasons the Internet has already encountered
situations where an enterprise that has not been connected to the
Internet had used IP address space for its hosts without getting this
space assigned from the IANA. In some cases this address space had
been already assigned to other enterprises. If such an enterprise
would later connects to the Internet, this could potentially create
very serious problems, as IP routing cannot provide correct
operations in presence of ambiguous addressing. Although in principle
Internet Service Providers should guard against such mistakes through
the use of route filters, this does not always happen in practice.
Using private address space provides a safe choice for such
enterprises, avoiding clashes once outside connectivity is needed.

A major drawback to the use of private address space is that it may
actually reduce an enterprise's flexibility to access the Internet.
Once one commits to using a private address, one is committing to
renumber part or all of an enterprise, should one decide to provide
IP connectivity between that part (or all of the enterprise) and the
Internet. Usually the cost of renumbering can be measured by
counting the number of hosts that have to transition from private to
public. As was discussed earlier, however, even if a network uses
globally unique addresses, it may still have to renumber in order to
acquire Internet-wide IP connectivity.

Another drawback to the use of private address space is that it may

require renumbering when merging several private internets into a
single private internet. If we review the examples we list in Section
2, we note that companies tend to merge. If such companies prior to
the merge maintained their uncoordinated internets using private
address space, then if after the merge these private internets would
be combined into a single private internet, some addresses within the
combined private internet may not be unique. As a result, hosts with
these addresses would need to be renumbered.

The cost of renumbering may well be mitigated by development and
deployment of tools that facilitate renumbering (e.g. Dynamic Host
Configuration Protocol (DHCP)). When deciding whether to use private
addresses, we recommend to inquire computer and software vendors
about availability of such tools. A separate IETF effort (PIER
Working Group) is pursuing full documentation of the requirements and
procedures for renumbering.

5. Operational Considerations

   One possible strategy is to design the private part of the network
   first and use private address space for all internal links. Then plan
   public subnets at the locations needed and design the external
   connectivity.

   This design does not need to be fixed permanently. If a group of one
   or more hosts requires to change their status (from private to public
   or vice versa) later, this can be accomplished by renumbering only
   the hosts involved, and changing physical connectivity, if needed. In
   locations where such changes can be foreseen (machine rooms, etc.),
   it is advisable to configure separate physical media for public and
   private subnets to facilitate such changes. In order to avoid major
   network disruptions, it is advisable to group hosts with similar
   connectivity needs on their own subnets.

   If a suitable subnetting scheme can be designed and is supported by
   the equipment concerned, it is advisable to use the 24-bit block
   (class A network) of private address space and make an addressing
   plan with a good growth path. If subnetting is a problem, the 16-bit
   block (class C networks), or the 20-bit block (class B networks) of
   private address space can be used.

   One might be tempted to have both public and private addresses on the
   same physical medium. While this is possible, there are pitfalls to
   such a design (note that the pitfalls have nothing to do with the use
   of private addresses, but are due to the presence of multiple IP

subnets on a common Data Link subnetwork). We advise caution when proceeding in this area.

It is strongly recommended that routers which connect enterprises to external networks are set up with appropriate packet and routing filters at both ends of the link in order to prevent packet and routing information leakage. An enterprise should also filter any private networks from inbound routing information in order to protect itself from ambiguous routing situations which can occur if routes to the private address space point outside the enterprise.

It is possible for two sites, who both coordinate their private address space, to communicate with each other over a public network. To do so they must use some method of encapsulation at their borders to a public network, thus keeping their private addresses private.

If two (or more) organizations follow the address allocation specified in this document and then later wish to establish IP connectivity with each other, then there is a risk that address uniqueness would be violated. To minimize the risk it is strongly recommended that an organization using private IP addresses choose randomly from the reserved pool of private addresses, when allocating sub-blocks for its internal allocation.

If an enterprise uses the private address space, or a mix of private and public address spaces, then DNS clients outside of the enterprise should not see addresses in the private address space used by the enterprise, since these addresses would be ambiguous. One way to ensure this is to run two authority servers for each DNS zone containing both publically and privately addressed hosts. One server would be visible from the public address space and would contain only the subset of the enterprise's addresses which were reachable using public addresses. The other server would be reachable only from the private network and would contain the full set of data, including the private addresses and whatever public addresses are reachable the private network. In order to ensure consistency, both servers should be configured from the same data of which the publically visible zone only contains a filtered version. There is certain degree of additional complexity associated with providing these capabilities.

6. Security Considerations

   Security issues are not addressed in this memo.

7. Conclusion

With the described scheme many large enterprises will need only a
relatively small block of addresses from the globally unique IP
address space. The Internet at large benefits through conservation of
globally unique address space which will effectively lengthen the
lifetime of the IP address space. The enterprises benefit from the
increased flexibility provided by a relatively large private address
space. However, use of private addressing requires that an
organization renumber part or all of its enterprise network, as its
connectivity requirements change over time.

8. Acknowledgments

We would like to thank Tony Bates (MCI), Jordan Becker (ANS), Hans-
Werner Braun (SDSC), Ross Callon (BayNetworks), John Curran (BBN
Planet), Vince Fuller (BBN Planet), Tony Li (cisco Systems), Anne
Lord (RIPE NCC), Milo Medin (NSI), Marten Terpstra (BayNetworks),
Geza Turchanyi (RIPE NCC), Christophe Wolfhugel (Pasteur Institute),
Andy Linton (connect.com.au), Brian Carpenter (CERN), Randy Bush
(PSG), Erik Fair (Apple Computer), Dave Crocker (Brandenburg
Consulting), Tom Kessler (SGI), Dave Piscitello (Core Competence),
Matt Crawford (FNAL), Michael Patton (BBN), and Paul Vixie (Internet
Software Consortium) for their review and constructive comments.

9. References

   [RFC1466] Gerich, E., "Guidelines for Management of IP Address
       Space", RFC 1466, Merit Network, Inc., May 1993.

   [RFC1518] Rekhter, Y., and T. Li, "An Architecture for IP Address
       Allocation with CIDR", RFC 1518, September 1993.

   [RFC1519] Fuller, V., Li, T., Yu, J., and K. Varadhan, "Classless
       Inter-Domain Routing (CIDR): an Address Assignment and
       Aggregation Strategy", RFC 1519, September 1993.

10. Authors' Addresses

   Yakov Rekhter
   Cisco systems
   170 West Tasman Drive
   San Jose, CA, USA
   Phone: +1 914 528 0090
   Fax: +1 408 526-4952
   EMail: yakov@cisco.com

```
Robert G Moskowitz
Chrysler Corporation
CIMS: 424-73-00
25999 Lawrence Ave
Center Line, MI 48015
Phone: +1 810 758 8212
Fax: +1 810 758 8173
EMail: rgm3@is.chrysler.com


Daniel Karrenberg
RIPE Network Coordination Centre
Kruislaan 409
1098 SJ Amsterdam, the Netherlands
Phone: +31 20 592 5065
Fax: +31 20 592 5090
EMail: Daniel.Karrenberg@ripe.net


Geert Jan de Groot
RIPE Network Coordination Centre
Kruislaan 409
1098 SJ Amsterdam, the Netherlands
Phone: +31 20 592 5065
Fax: +31 20 592 5090
EMail: GeertJan.deGroot@ripe.net


Eliot Lear
Mail Stop 15-730
Silicon Graphics, Inc.
2011 N. Shoreline Blvd.
Mountain View, CA 94043-1389
Phone: +1 415 960 1980
Fax:   +1 415 961 9584
EMail: lear@sgi.com
```

Abkürzungsverzeichnis

DHCP	Dynamic Host Configuration Protocol
DMZ	DeMilitarized Zone
DNS	Domain Name Service
FTP	File Transfer Protocol
HTTP	HyperText Transfer Protocol
ICMP	Internet Control Message Protocol
IP	Internet Protocol, wird auch abgekürzt für Internet-Adresse («IP-Nummer») verwendet
KMU	kleine und mittelständige Unternehmen
LAN	Local Area Network
NTP	Network Time Protocol
OSI	Open Systems Interconnection
SMTP	Simple Message Transfer Protocol
SNMP	Simple Network Message Protocol
SSH	Secure SHell
SSL	Secure Sockets Layer
TCP	Transmission Control Protocol
UDP	User Datagram Protocol
VPN	Virtual Private Network
WWW	World Wide Web

Stichwortverzeichnis

A
Amavis 192
Antivir 192
Anwendungsschicht 17, 20
application layer 17
arp 176

B
Bastion Firewall 97
Bitübertragungsschicht 18

C
Choke Firewall 97

D
Darstellungsschicht 17
data link layer 18
DHCP-Server 26
Diffie-Hellmann 61
DMZ 21
DNS 55
DNS-Server 26

E
Editor 84
ethtool 158
Exploit 21

F
Festplattenkonfiguration 142
Firewall 22
FreeS/WAN 49
FTP 46
FTP-Server 26
FW-Builder 29

H
HTTP-Server 26

I
ifconfig 159
ifport 159
ifstatus 177
ifup 177
Internet 22
Internetschicht 20
ip 163
ip addr 165
ip link 163
ip maddr 172
ip monitor 173
ip mroute 173
ip neigh 169
ip route 165
ip rule 167
ip tunnel 170
IP umstellen 159
IPSec 49
IP-Spoofing 22
iptables 62

L
LAN 23

M
MAC-Adresse umstellen 162
Mailserver 27
Man-In-The-Middle-Attack 24
mtr 183
MTU umstellen 161

N
NAT 48
netstat 178
network layer 17
Netzwerk-Diagnose 175
Netzwerkschicht 20
nmap 177
NTP-Server 27

O
OpenSwan 49
OSI-Modell 16

P
Päckchen 14, 15, 47, 135, 137, 176, 181
physical layer 18
ping 179
Port-Liste 199
presentation layer 17
PresharedKey 52
Protokoll-Liste 199
Proxy 25
Proxy-Server 27

R
Regelwerk installieren 138
Regelwerk kompilieren 137
Relaying 194
route 173, 179
RSA 54, 57
RSA-Key 51

S
session layer 17
Sicherungsschicht 18
Sitzungsschicht 17
SMTP-Server 27
SNMP 25
snort 77, 82
spamassassin 192
ssh 46, 80
sudo 79

T
TCP/IP-Referenzmodell 19
tcpdump 181
traceroute 182
transport layer 17
Transportschicht 17, 20
Trusted Root CA 56

V
Vermittlungsschicht 17
vi 84
VPN 25, 47, 48, 49

W
Weitere IP auf Netzwerkkarte legen 161

X
X509 50, 55